# Inhalt

# Spree – Fluss der vielen Gesichter

Die Wiege Berlins stand an der Spree, an einer natürlichen Furt des Flusses entstand einst die Doppelstadt Berlin-Cölln. Auch in den folgenden Jahrhunderten spielte der Fluss im Leben der Stadt eine entscheidende Rolle und regte die Fantasie der Bewohner an. Erstmals wählt Erdmann Wircker in einem Lobgedicht an König Friedrich I. von Preußen für die sich entwickelnde Metropole den Namen »Spree-Athen«. Später teilte das Spreewasser mancherorts im Verein mit der Berliner Mauer als natürliche Grenze die beiden Hälften der Stadt. Und fast symbolisch wächst nun in der gesamtdeutschen Hauptstadt am Spreebogen das Parlaments- und Regierungsviertel empor. Und wer hat nicht schon vom Spreewald gehört, jener Niederungslandschaft im südöstlichen Brandenburg, wie es sie in Mitteleuropa kein zweites Mal gibt.

Kontraste prägen die Spreelandschaft nahezu von Anfang an: einerseits pulsierendes, zivilisationsgeprägtes Stadtareal, andererseits oftmals noch unberührte Naturidylle. Die Spree hat viele Gesichter, auf einer Länge von 398 km wechselt sie ihr Antlitz oftmals und zeigt uns immer wieder neue Ansichten. Manchmal weitet sie sich vom Fluss zu einer fließenden Seenkette.

Sie beginnt ihren Lauf in den bewaldeten Höhen des Oberlausitzer Berglandes, prägt in tief eingeschnittenen oder sich weit öffnenden Tälern große Teile Sachsens und Brandenburgs und mündet schließlich in Berlin-Spandau in die Havel. Schon in ihrem Quellgebiet zeigt die Spree ihre Wechselhaftigkeit: Am Südhang des 583 m hohen Kottmars tritt sie an die Oberfläche, doch ihr wahrer Quellort ist bis heute umstritten. Um das Privileg Ort der wahrhaftigen Spreequelle zu sein streiten seit Jahrzehnten die Lausitzgemeinden Ebersbach, Neugersdorf und Walddorf.

Wir beginnen unsere Entdeckungsreise an den Spreequellen des Kottmars, folgen unserem Fluss durch das schöne Lausitzer Bergland mit seiner vom Vulkanismus geprägten Landschaft, durchstreifen das beschauliche Oberlausitzer Heide- und Teichgebiet und überqueren den Lausitzer Grenzwall um in die Regionen der an Widersprüchen reichen Niederlausitz vorzudringen. Dort begegnet uns oft noch die Tristesse der Braunkohlereviere, doch lassen hier und dort erste landschaftliche Inseln um stillgelegte rekultivierte Tagebaue bereits die Zukunft dieses Landstriches aufscheinen. Eine Rückverwandlung der verletzten Natur hat begonnen, vor unseren Augen rollen die verschiedenen Akte der »Geburt« einer neuen Landschaft ab. Einen der reizvollsten Spreeabschnitte erreichen wir mit dem verzweigtem Flusslabyrinth des Ober- und Unterspreewaldes. Im Spreewald wurden in der Umgebung des Burger Schlossberges Siedlungsspuren bis 5000 v. Chr. nachgewiesen. Die Chronik der meisten Orte in der Lausitz wird jedoch erst im 6./7. Jahrhundert n. Chr. aufgeschlagen, als slawische Stämme diese Gefilde besiedelten. Im Verlauf einer großen Völkerwanderung verließen sie ihr ursprüngliches Siedlungsgebiet nördlich der Karpaten zwischen Oder und Dnepr, wo sich vor mehr als 2 000 Jahren ihre Sprache und Kultur formte. Noch heute leben Nachkommen der Slawen, die Sorben/Wenden, in der Lausitz, pflegen ihre Traditionen, ihre Sprache und ihr Brauchtum.

Im 11. Jahrhundert begann im Zuge der deutschen Ostbewegung das Städtezeitalter an der Spree, das zum Aufstieg von Bautzen, Cottbus und Berlin führte. Aber nicht nur die großen, überregional bedeutsamen Zentren sind eine Reise wert. Auch viele kleine Spreeorte bergen wundervolle architektonische und museale Kleinode, überraschen mit sehenswerten technischen Denkmalen und lohnenswerten Ausflugszielen wie das Sonnenuhrendorf Taubenheim, die Pfefferküchlerstadt Weißenberg, die Stadt der Teiche Peitz oder die alte Burgstadt Beeskow.

Die Menschen an der Spree nutzten schon sehr früh das Wasser und die Energie des Flusses. In Bautzen zieht noch heute die Alte Wasserkunst, die von 1496–1965 die Stadt mit Trinkwasser versorgte, technikinteressierte Besucher an. Die Spreewehrmühle in Cottbus war von 1801–1959 als Öl- und Getreidemühle in Betrieb. Die Friedrichshagener Braumeister in Berlin-Köpenick hielten mit gefrorenem Spreewasser den begehrten Gerstensaft kühl.

An den Ufern der Spree schufen begnadete Gartenarchitekten reizvolle Parklandschaften wie Fürst Hermann von Pückler-Muskau in Branitz oder Peter Joseph Lenné in Berlin-Tiergarten.

Feste mit Lokalkolorit gehören ebenfalls zum Leben an der Spree – vom Spreequellfest in Walddorf bis zum Stralauer Fischzug in Berlin bieten sich jedes Jahr zahlreiche Gelegenheiten zum Feiern. In den letzten Jahren sind eine Vielzahl von modernen Gasthöfen und Hotels entstanden, die auch einen längeren Aufenthalt im Spreeland angenehm machen.

Wir folgen der Spree von der Quelle bis zur Mündung, gehen wichtigen Nebenflüssen wie dem Löbauer Wasser, dem Schwarzen und Weißen Schöps und der Dahme nach und unternehmen Abstecher zu spreeverbundenen künstlichen Wasserstraßen wie dem Oder-Spree-Kanal und dem Landwehrkanal. Beschreibungen von Natur, Landschaft und Reisezielen mit Tipps für Freizeitspaß, Übernachtung und Empfehlungen für typische Gerichte der regionalen Küche weisen den Weg links und rechts des Flusses.

Begeben wir uns also auf Entdeckungsreise entlang der Spree, die uns auch abseits bekannter Touristenpfade führen wird.

# Die Spreequelle oder die Qual der Wahl

Ebersbacher Spreequelle · Neugersdorfer Spreequelle · Spreequelle am Kottmar bei Walddorf · Kottmar · Kottmarsdorf · Beckenberg Neugersdorf · Ebersbach

Anreise:
***mit dem PKW:*** *über die A 4 bis Bautzen, dann über die B 96 bis Ebersbach*
***mit der Bahn:*** *Regional-Express bis Bautzen, dann mit der Regional-Bahn bis Ebersbach bzw. Neugersdorf*

Neugersdorfer Spreequelle

Nach einer alten sorbischen Sage sorgte einst der Riese Sprejnik dafür, dass es mehrere Spreequellen gibt. Zur Verteidigung der von ihm errichteten Stadt Budissin, dem heutigen *Bautzen*, fertigte er Pfeile und Bogen an. Um seine Waffen zu testen schoss er einige Pfeile in Richtung des Oberlausitzer Berglandes ab, wo sie später von den Menschen geborgen wurden. Beim Ausgraben der großen Geschosse stießen sie an mehreren Stellen auf Wasser, das sich in Bächen zu einem Fluss ansammelte. Fortan nannten die Einheimischen den Fluss Spree zu Ehren des Riesen, der diese Wundertaten vollbracht hatte. Soweit die Mythologie. Aber auch in der jüngeren Geschichte gab es vor allem im letzten Drittel des vorigen Jahrhunderts zahlreiche Reibereien um die älteste historisch belegbare Spreequelle. Gleich drei Orte – Ebersbach, Neugersdorf und Walddorf – bewarben sich um das Anrecht im Besitz der »echten« Spreequelle zu sein.

Unter den Schildern die zum »Spreeborn« weisen, trägt auch eines die mundartsprachliche Version: »Zun Spraaburn«.

**Ebersbacher Spreequelle** Die Ebersbacher waren im »Kampf« um die Spreequelle besonders pfiffig und flink. Nach Überlieferungen überbauten sie bereits 1736 »ihre« historische Spreequelle, die als *Spreeborn* bezeichnet wird, mit einem schlichten Gebäude. Kein Geringerer als der damalige Kronprinz Friedrich von Preußen, der später als Friedrich der Große die Geschichte Europas maßgeblich mitgestaltete, unterstützte den Bau und stellte dafür 50 Taler zur Verfügung. Da das Holzhaus nach mehr als 100 Jahren zu verfallen drohte, entschlossen sich die Bürger von Ebersbach ein stabileres Spreequelldach zu bauen. Ein eigens dafür gegründeter Spreequellverein trieb das Vorhaben voran und im Jahre 1896 weihte die Gemeinde einen neuen Pavillon im Stil der Gusseisenrenaissance ein. Während dieses sehenswerte Gebäude dem Zahn der Zeit erfolgreich widerstehen konnte, besteht heute keine Möglichkeit mehr klares Spreewasser aus der quadratischen Quellfassung zu schöpfen. Schuld daran sind die benachbarten Industrie- und Gewerbeflächen, auf denen Beton und Pflastersteine den Untergrund versiegeln. Sie verhinderten mehr und mehr das Eindringen von Niederschlagswasser in den Boden und damit die Neubildung von Grundwasser. Die Folge war das Versiegen der

Die historische Bedeutung der Ebersbacher Spreequelle wird anhand der am Pavillon angebrachten Wappen der früheren Anrainernationen und -staaten deutlich: Deutschland, Österreich, Sachsen und Preußen sind hier vereinigt. Kleiner erscheinen die Wappen der Städte, die an der Spree liegen.

Ebersbacher Spreequelle – der Spreebach fließt heute etwa 50 m nördlich aus Richtung Neugersdorf kommend am Pavillon vorbei.

Die nachlassende Quellkraft des Spreeborns rief im beginnenden Zeitalter des Tourismus, vor allem aber im letzten Drittel des vorigen Jahrhunderts die Nachbargemeinde Neugersdorf und Walddorf auf den Plan. Die Ebersbacher wehrten sich mit fast allen Mitteln. Eine Informationstafel, die am gusseisernen Pavillon angebracht ist, vermerkt, dass sogar Generalfeldmarschall von Moltke zur Beweisführung um die richtige Spreequelle aufgeboten wurde. Der Preußische Offizier bestätigte im Jahre 1887 auf der Grundlage alter Militärkarten, dass der Spreeborn in Ebersbach die »älteste geschichtlich einwandfrei belegte Spreequelle« sei. Letztendlich nutzte jedoch auch dieser Einspruch von höchster Stelle nicht.

Die Spreequelle in Neugersdorf liegt 1 km südöstlich des Ebersbacher Spreeborns. Die vom Kottmar bei Walddorf kommende Oberspree fließt parallel zur Hauptstraße in Ebersbach, bis sie sich mit dem aus südlicher Richtung kommenden Spreewasser der beiden anderen Quellen im Bereich der Straßenkreuzung Hauptstraße/Bahnhofstraße vereinigt.

**Neugersdorfer Spreequelle** In Neugersdorf sprudelt vor dem Eingang zum Freibad Wasser über einen Stein, auf dem in goldenen Lettern »Spreequelle« geschrieben steht. Allerdings mogeln die Neugersdorfer hier ein wenig: Die eigentliche Quelle, die man 1888 publikumswirksam einfasste, verschwand bereits im Jahre 1927 unter dem Erweiterungsbau für das Volksbad. Ein Rohr leitet seither das aus dem Untergrund ans Tageslicht drängende Wasser von seinem früheren Austrittspunkt zum besagten Stein. So teilt auch diese zweite Spreequelle das Schicksal des Ebersbacher Spreeborns, sie musste sich den menschlichen Bedürfnissen unterordnen.

Eine der Attraktionen des Neugersdorfer Volksbades ist eine Wasserrutsche, die als »Neugersdorfer Spreegeist« nicht nur ein ungewöhnliches Aussehen hat, sondern auch den Bezug zur unweit entspringenden Spreequelle herstellt.

**Spreequelle am Kottmar/Walddorf** Am bewaldeteten Westhang des 583 m hohen Kottmar entspringt mitten in urwüchsiger Natur die dritte Spreequelle, die im Jahre 1921 eine aus Phonolithsteinen errichtete Einfassungsmauer erhielt. Die künstliche Umrahmung verleiht dem Naturschauspiel einen würdigen Rahmen ohne es zu erdrükken oder zu beeinträchtigen. Gewidmet wurde die Mauer den Gefallenen des Ersten Weltkrieges, die zum Heimatverband Lusatia gehörten und aus Orten der Lausitz stammten. Im Jahre 1957 rekonstruiert genießt die Spreequellumrahmung heute Denkmalsschutz. Zur Anlage gehört auch ein Stein

Spreequelle am Kottmar

Eine der am Nordhang entspringenden Quellen ist das »Löbauer Wasser«, das über Obercunnersdorf, Löbau und Weißenberg der Spree zufließt – quasi eine »vierte Spreequelle«.

mit einer Abbildung des Spreelaufs von der Quelle bis zur Haveleinmündung in Berlin.

**Wandergebiet Kottmar** Die bewaldeten Hänge des Kottmar sind ein ideales Wandergebiet. Auf der Bergkuppe erwartet eine der ältesten Berggaststätten der Oberlausitz hungrige und erschöpfte Wanderer. Falls die Beine noch tragen, empfiehlt sich ein Aufstieg auf den *Aussichtsturm*, von dem man bei schönem Wetter einen herrlichen Panoramablick auf das Oberlausitzer Bergland bis zum Zittauer Gebirge genießen kann. Der Kottmar und andere einzeln aufragende Phonolith- und Basaltberge in der Oberlausitz verdanken ihr Entstehen einer intensiven Vulkantätigkeit während des Tertiär. Im Quartär kamen Lösslehme und Sandschichten hinzu, auf denen sich ein dichter Bergmischwald aus Fichten, Eichen, Buchen und Birken herausbildete. Der Mensch fügte Monokulturen aus Nadelgehölzen hinzu. Waldblumen wie der violettblühende Hasenlattich oder das gelbblühende Johanniskraut sorgen für Farbtupfer entlang der Wanderwege. Das Regenwasser, das die Wurzeln der Waldpflanzen nicht aufnehmen, versickert im Boden, bis es die undurchlässige Basalt- bzw. Granitzone erreicht. Durch diesen Untergrund bedingt sucht sich das Wasser in zahlreichen Quellaustritten den Weg zur Erdoberfläche. Ans Tageslicht gelangt nehmen die zunächst kleinen Rinnsale Kurs auf zwei Meere. Die am Nord- und Westhang sprudelnden Quellen gelangen über Spree, Havel und Elbe zur Nordsee, die am Süd- und Osthang entspringenden Bäche fließen zur Neiße und mit dieser über die Oder zur Ostsee. Der Kottmar bildet also eine unsichtbare Wasserscheide, wobei zukünftiges Ostsee- und Nordseewasser hier nur wenige Schrittes voneinander entfernt fließen.

Der Wald- und Quellenreichtum des Kottmar und das geheimnisvolle Spiel der Nebelfelder regten schon immer die Fantasie der Menschen an. Poesievoll erzählt eine Sage von einer Elfe, die im Kottmar zu Hause sein soll. Die zarte Elfe zeigt sich, so wird berichtet, manchmal am Osthang des Berges an einer goldklaren Quelle, dem *Goldborn*. Sie ist ein Wesen von zierlicher Gestalt, das mit einem Krug Wasser aus der Quelle schöpft um es in der früher moorreichen Umgebung zu verteilen. Sobald sich Menschen nähern, löst sich die sehr scheue Elfe in Nebelschwaden auf. Nur einmal überwand die Schöne aus Liebe zu einem jungen Adligen aus dem Hause Gottmar ihre Scheu, aber mit schlimmen Folgen. Da ein Heiratsversprechen des jungen Gottmars einer dauerhaften Bindung der beiden im Wege stand, schenkte die Elfe ihrem Angebeteten zum Abschied eine Kette mit einem Tropfen der Goldbornquelle. Er musste das heilige Versprechen ablegen diese Kette niemals abzulegen. Kurz nach der Hochzeit während einer Fahrt im Kottmargebiet entriss ihm seine Braut jedoch aus Eifersucht das Geschenk und das Unglück nahm seinen Lauf. Die erboste Elfe ließ den Reisewagen samt Insassen und Pferdegespann in dem Moor des Kottmar-Osthanges versinken. Das Schloss derer von Gottmar am Westhang des Berges, wo auch die Spreequelle entspringt, ging gleichzeitig durch einen Blitz getroffen in Flammen auf. Angesichts des zauberhaften Kottmarwaldes hat diese alte schaurig-schöne Geschichte bis heute nichts an magischer Kraft verloren.

Das Kottmargebiet gehörte im Mittelalter zur Stadt Löbau. Ein Förster schenkte hier das Löbauer Bier aus, das im Vergleich zum Zittauer Bier im benachbarten Eibau deutlich billiger war. Es kam zu einem fast 30-jährigen Streit über die Ausschankrechte. An diese Auseinandersetzung erinnert das historische Fest des Bierzuges, das alljährlich am ersten Juliwochenende in Eibau gefeiert wird.

Seit 1994 gibt es alljährlich Anfang September das Spreequellfest mit einem abwechslungsreichen Programm in Walddorf. Auskunft erteilt die Tourist-Information Eibau ✆ (03586) 70 20 51.

Die Quellen am Osthang des Kottmar weisen derart gute Wasserkennwerte auf, dass sie in der Vergangenheit für die Textilveredlung in der Kottmarbleiche genutzt wurden. Die Weichheit des Quellwassers ist heute noch überragend gut.

**Bockwindmühle Kottmarsdorf** Von der Spreequelle bei Walddorf am Kottmar begeben wir uns zunächst nach Kottmarsdorf, wo sich vis-a-vis des Spreequellberges seit Frühjahr 1993 wieder die Flügel einer Bockwindmühle im Wind drehen. Die im Jahre 1843 erbaute Mühle produzierte genau ein Jahrhundert lang Mehl. Seit 1961 ist sie als Schauanlage in Betrieb. Während einer Führung erfahren wir auf unterhaltsame Weise mehr über ihre Funktionsweise – auch über Details: beispielsweise die Alarmeinrichtung, die einst den Müller an das Nachschütten von Getreide erinnerte. Das fachkundige Personal informiert über das »Windmühlenland Oberlausitz« und die Geschichte der Mühlen. Ein Themenkomplex widmet sich der Mühle als Denkmal und den damit verbundenen Problemen der Erhaltung und Pflege dieser Zeugnisse der Produktionsgeschichte.

Neben dem Museum gibt es hier auch eine gemütliche Berggaststätte. Vom Beckenberg bietet sich zudem ein schönes Panorama der Berglandschaft mit ihren einzeln aufragenden Basaltriesen.

**Beckenberg** Auf der anderen Seite des Kottmar lohnt ein Besuch des Beckenberges bei *Eibau*. Hier lädt das Heimat- und Humboldtmuseum zur Besichtigung ein. Gezeigt werden natur- und völkerkundliche sowie heimatgeschichtliche und kunsthandwerkliche Sammlungen, darunter eine traditionelle Weberstube.

**Neugersdorf** In Neugersdorf steht auf dem *Hutungsberg* an der Seifhennersdorfer Straße der 19,5 m hohe *Bismarckturm*. Am 9. Oktober 1904 fand die feierliche Einweihung statt. Die Nutzung als Aussichtsturm dauerte zunächst etwa 50 Jahre, dann machte der bauliche Verfall die Besteigung des Turms zu einem gefährlichen Unterfangen. Nach Jahren des Dornröschenschlafs wurde am 12. September 1993 die Wiedereröffnung gefeiert – fast drei Jahre hatten die Rekonstruktionsarbeiten gedauert. Seither gewährt der Turm an Sonnabenden, Sonntagen und Feiertagen von 10 bis 11 Uhr sowie von 14 bis 16 Uhr wieder Besuchern Einlass.

Der Ort selbst wurde 1306 erstmals vom Markgrafen von Brandenburg als »Gerhardsdorpp« erwähnt und erhielt 1924 Stadtrecht. Er besitzt einen gitterförmigen Straßengrundriss, der an die planvolle Neuansiedlung von Glaubensflüchtlingen aus Böhmen und Mähren nach dem Dreißigjährigen Krieg erinnert. Nach der Zerstörung der Siedlung

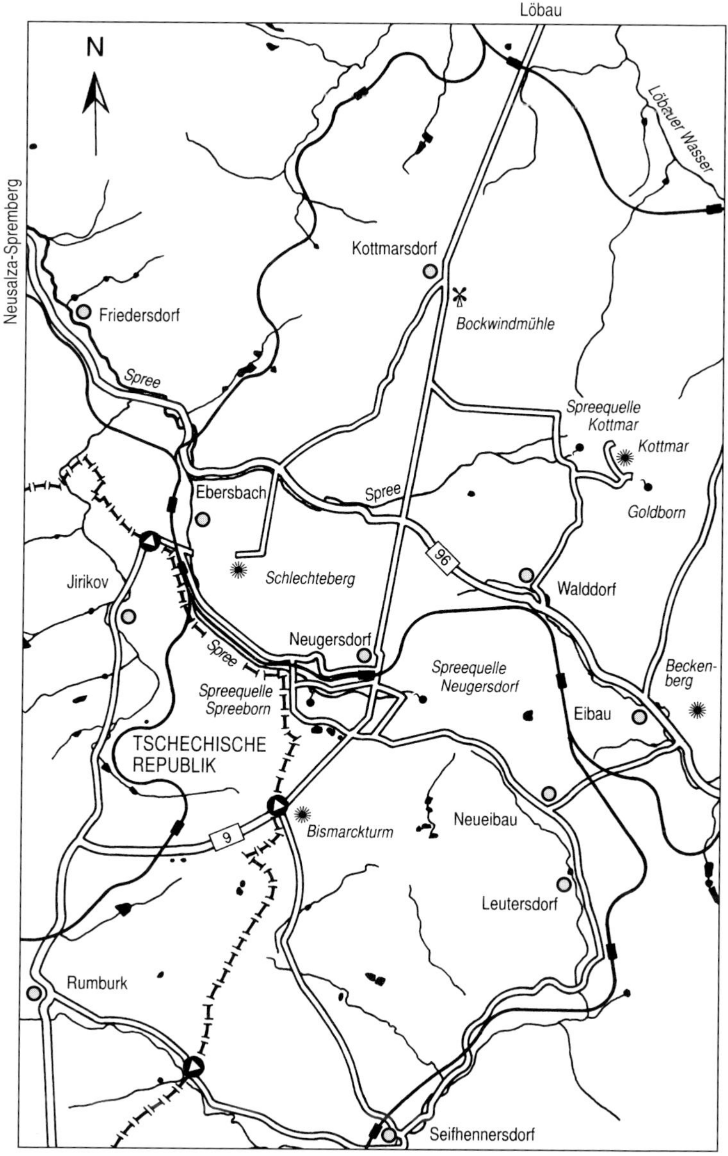
Löbau
N
Neusalza-Spremberg
Löbauer Wasser
Kottmarsdorf
Bockwindmühle
Friedersdorf
Spree
Spreequelle
Kottmar
Kottmar
Ebersbach
Spree
Goldborn
96
Schlechteberg
Jirikov
Walddorf
Neugersdorf
Spree
Spreequelle
Neugersdorf
Beckenberg
Spreequelle
Spreeborn
Eibau
TSCHECHISCHE
REPUBLIK
Neueibau
9
Bismarckturm
Leutersdorf
Rumburk
Seifhennersdorf

Spreequelle Neugersdorf vor dem Völkerbad

Neugersdorf war berühmt für seinen Jakobimarkt, der noch im 19. Jahrhundert in Sachsen einen bedeutenden Stellenwert besaß, ähnlich der Leipziger Messe. Höhepunkt des in unserer Zeit Ende Juli/Anfang August stattfinden Festes ist das »Gierschdurfer Schissen«, ein Armbrustschießen.

während der Hussitenkriege im Jahre 1429 war der Ort fast in Vergessenheit geraten. Die neu Zugezogenen brachten die Kunst des Webens in Neugersdorf zur Vollendung. Bald stand der Ort an der Spitze der Oberlausitzer Textilherstellung. Die frühe wirtschaftliche Blüte wird u. a. durch den Bau der stattlichen barocken *Saalkirche* mit ihren beeindruckenden Deckenmalereien und dem kostbaren Rokoko-Kanzelaltar deutlich. Bürgerhäuser aus dem späten 19. und frühen 20. Jahrhundert widerspiegeln den Wohlstand, der mit der Bekleidungsindustrie in das inzwischen größer gewordene Dorf Einzug hielt.

**Ebersbach** Die in jeder Beziehung überragende Sehenswürdigkeit des benachbarten Spreequellortes ist das *Heimat- und Humboldtmuseum* auf dem *Schlechteberg* in Ebersbach. Die Einrichtung dieses Museums geht auf den im Jahre 1861 gegründeten ersten naturwissenschaftlichen Verein der Oberlausitz, den Humboldtverein in Ebersbach, zurück. Bereits ein Jahr nach seiner Gründung trat der Verein mit einer Ausstellung an die Öffentlichkeit. Dank zahlreicher engagierter Mitglieder wie

August Weise (1835–1910) und Hermann Andert (1879–1945) entwickelte sich das Humboldtmuseum, das in der 1912 eröffneten Humboldtbaude auf dem Schlechteberg ein festes Domizil fand, zum führenden Museum im Oberlausitzer Bergland. Zu den Schwerpunkten der ständigen Exposition gehören die Flora und Fauna der Region, die geologische Entwicklung und Minerale der Oberlausitz sowie die wissenschaftlichen Leistungen von Vereinsmitgliedern. So legte Hermann Andert, Mitglied der Deutschen Geologischen Gesellschaft, im Jahre 1934 ein Standardwerk zur Fauna der Oberkreide in Sachsen, Böhmen und Schlesien vor. August Weise veröffentlichte 1888 »Die Nachrichten aus Vergangenheit und Gegenwart« und 1904 erschienen seine »Geschichtsbilder von Ebersbach und Umgebung«.

Die Humboldtbaude wurde bereits im Jahre 1938 erstmals erweitert, damals erhielt das Gebäude auch eine Gaststätte.

In anschaulicher Art und Weise vermittelt die Ausstellung mit Hilfe eines Panoramabildes die geologischen Vorgänge vor 15 Millionen Jahren im Ebersbacher Tal, als sich die mächtigen Einzelberge wie der Kottmar und der Schlechteberg aus erkalteten Lavamassen formten. Die wirtschaftliche Nutzung der steinernen Riesen in der heutigen Zeit verdeutlicht der Themenkomplex »Die Klunst – ein sterbender Berg«. Seit 1905 schrumpfte die Klunst von einst 440 m auf bislang 362 m, da man hier im großen Stil Dolerit abbaut. Das auch als Grünstein oder Granodiorit bezeichnete Gestein findet im Straßenbau als Schotter und Splitt Anwendung. Doch auch das bekannte Hartsteingewerbe der Oberlausitz macht sich den großen Naturreichtum zu Nutze. Meisterhände verwandeln Steinplatten in filigrane Kunstwerke, die in der Region vielerorts als Türstöcke anzutreffen sind. Die steinernen Türrahmen zieren oft auch das überall in der Oberlausitz und in Nordböhmen verbreitete Umgebindehaus.

Ein weiteres Panoramabild veranschaulicht die größte Ausdehnung von Eismassen während der Elstereiszeit. Das aus Skandinavien vordringende Eis gelangte bis zu den Vulkanbergen der Oberlausitz und umschloss sie teilweise.

Die Ebersbacher Vereinsfreunde haben am Schlechteberg noch eine weitere Attraktion geschaffen – einen *Alpengarten.* 1913 angelegt, 1986 erweitert und rekonstruiert genießt er nunmehr als »Geschützter Park« besondere Aufmerksamkeit. Wer hier noch nicht genug vom Wandern hat, sollte sich zum *Hermann-Andert-Wanderweg* begeben,

In Ebersbach sind zwei überregional bekannte Mundartgruppen zu Hause – die »Aberschbaächer Heedelirchen« und die »Edelroller«. Letztgenannte Namensgebung bezieht sich auf die typische Aussprache des Buchstabens R, der in der Oberlausitz ein »rollendes« Klangbild besitzt.

der am 12. Juli 1964 eingeweiht wurde und rund um den Schlechteberg führt.

Wieder in Ebersbach angelangt begeben wir uns zur zwischen 1682 und 1685 erbauten Barockkirche. Im Kircheninneren beeindrucken das bemalte hölzerne Tonnengewölbe und die dreigeschossigen Emporen. 54 Bilder aus der biblischen Geschichte zieren die untere Empore. Eindrucksvoll präsentieren sich auch der Baldachinaltar von 1787 und der Orgelprospekt von 1685.

Eine weitere Rarität kann im »Alten Rathaus« in der Hauptstraße besichtigt werden – eine der ältesten Dorfbüchereien Sachsens. Ihren Grundstock legte der sozial engagierte Fabrikant Carl Gabriel August Franke (1800–1879), der im Jahre 1843 Bücher und Geld für eine öffentlich zugängliche Bücherei spendete. Ein Jahr später öffnete die Bücherei die Türen für die Einwohner von Ebersbach.

## Der besondere Tipp:

**Jenseits der Grenze**

Unterhalb der Spreebornquelle in Ebersbach bildet die Spree auf einer Länge von ca. 1,2 km die Grenze zur Tschechischen Republik. Sie trennt nicht nur zwei Staaten voneinander, sondern auch zwei Nachbargemeinden – Jirikov, das frühere Georgswalde, und Ebersbach. Zum Glück blieb es eine »grüne« Grenze, von Befestigungsanlagen verschont. Neue Wege beschreiten die Gemeinden entlang des Grenzstroms mit einem Projekt, das sich »Kleine Euroregion Mandau-Spree« (Malý Euroregion Mandava-Spréva) nennt. Interessanterweise besitzt die Mandau wie die Spree ebenfalls drei Quellen, die bei Vlči Hora (Wolfsberg), Zahrady (Gärten) und Panský (Herrenwalde) entspringen. Das Wasser der Mandau fließt über Neiße und Oder zur Ostsee, die westlich gelegenen Bäche lassen das Elbwasser anschwellen und gelangen zur Nordsee.

Im Rahmen des Projektes »Kleine Euroregion Mandau-Spree« wird ein abwechslungsreiches Veranstaltungsprogramm in den tschechischen und deutschen Orten geboten: Konzerte, Sportwettkämpfe, Ausstellungen, Markttage, Kirmes und Tage der offenen Tür. Der Veranstaltungskalender, der über die Stadtverwaltungen der Spreequellorte Ebersbach ✆ (03586) 36 51 33 oder Neugersdorf ✆ (03586) 7 80 80 angefordert werden kann, informiert über das aktuelle alljährlich wechselnde Programm.

# Der glücklose Rivale

## Naturlehrpfad Kottmar · Obercunnersdorf Löbau · Löbauer Berg · Glossen · Weißenberg Gröditzer Skala · Teichwanderweg Wartha–Guttau

Anreise:
***mit dem PKW*** *über die A 4 bis Bautzen und über die B 178 weiter bis Löbau, von hier aus Landstraßen zu den einzelnen Reisezielen in der Umgebung*
***mit der Bahn*** *Löbau liegt an der Hauptstrecke Dresden–Görlitz; von Löbau aus ist nur Obercunnersdorf mit der Bahn zu erreichen*

Altes Umgebindehaus in Obercunnersdorf

Der erste große Nebenfluss der Spree, das Löbauer Wasser, entspringt wie diese selbst am Kottmar und mündet bereits nach 50 km bei Wartha in das Spreegewässer. Die Spree legt bis zur Vereinigung der beiden Fließgewässer nur etwa 10 km mehr zurück als das Löbauer Wasser, aber durch die vielen kleinen Zuflüsse im Oberlausitzer Bergland schwillt sie bis dahin zu einem ansehnlichen Fluss an. In der Oberlausitz wurden viele Bäche und Flüsse nach Orten benannt, im Fall des Löbauer Wassers stand die heutige Kreisstadt Löbau Pate. Auf diesem Reiseabschnitt wollen wir dem Löbauer Wasser von seiner Quelle bis zur Spreeeinmündung bei Wartha folgen.

Zu den Zuflüssen der Spree im Oberlausitzer Bergland gehören u. a. das Butterwasser nördlich von Kirschau und die Elze, die sich von Osten über Cunewalde und Weigsdorf-Köblitz der Spree nähert.

**Naturlehrpfad Kottmar** Am Nordhang des Kottmar, dem Spreequellberg, bringt uns ein *Lehrpfad* die Naturausstattung und -bedingungen des Kottmargebietes näher. Er macht auf geologische und hydrologische Besonderheiten aufmerksam und stellt zahlreiche einheimische Pflanzen wie etwa den violettblühenden Hasenlattich, das gelbblühende Johanniskraut oder den Roten Fingerhut vor. Der Lehrpfad beginnt in der Alten Schulgasse in Obercunnersdorf und endet am Freibad desselben Ortes. Die Fußwanderung dauert etwa 60 min.

**Obercunnersdorf** Inmitten der *denkmalgeschützten Dorfanlage* von Obercunnersdorf, die vorwiegend aus Umgebindehäusern besteht, präsentiert sich unser Fluss noch wenig urwüchsig. Im Laufe von Jahrhunderten zwängten ihn die Bewohner immer wieder in ein steinernes und betoniertes Bett. Neben dem Löbauer Wasser waren die Straßen das ordnende Element, wenn es darum ging den Standort für ein neues Haus zu bestimmen. Einheitliche Baufluchten und gleichmäßige Abstände spielten keine Rolle und so wirkt die Struktur des Dorfes recht regellos. Im Vergleich zu vielen am Reißbrett entworfenen Siedlungen bietet Obercunnersdorf einen wohltuenden Anblick, den die hübschen *Umgebindehäuser* unterstreichen. Beim Durchstreifen der schmalen Gassen und versteckten Winkel des Ortes will das Gefühl nicht weichen, dass aus einem der Häuser plötzlich eine Märchengestalt der Gebrüder Grimm auftauchen könnte. Ein ausgeschilderter *Denkmalsweg* durch das Dorf hilft beim

Seit 1848 beherrscht ein gewaltiger Eisenbahnviadukt das Tal des Löbauer Wassers in Obercunnersdorf. Die aus 7 Bögen bestehende Brücke wurde im Zuge des Streckenbaus Löbau-Zittau errichtet.

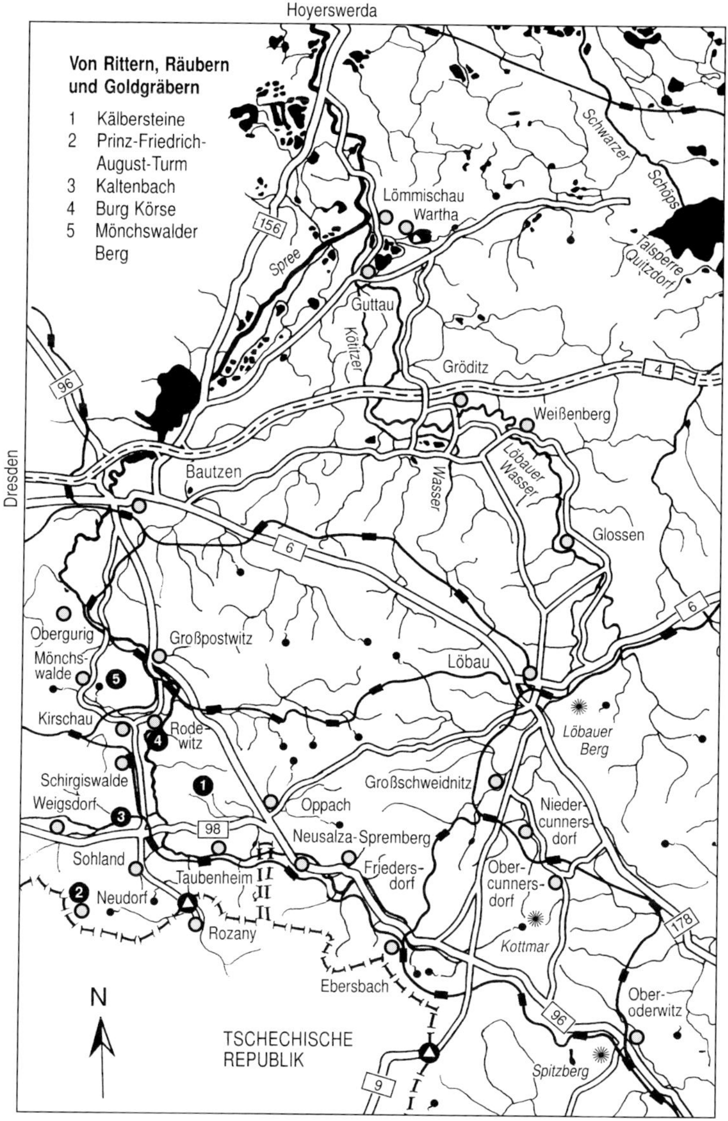


Karte auch für das folgende Kapitel ab S. 28.

Kennenlernen dieser romantischen Gemeinde. Er führt im Norden des Dorfes auch an der *Alten Rinnmühle* vorbei, die man heute als Café nutzt. In der Mitte des Ortes befindet sich die *Alte Post*, ein Gebäude von 1753 mit einem Gebinde im Obergeschoss. Nur wenige Schritte davon entfernt gelangen wir zum *Pfarramt*, das aus dem Jahre 1719 datiert und noch über eine original erhaltene Blockstube verfügt. Das eigenartigste Gebäude ist jedoch das sogenannte *»Schunkelhaus«*. Es wurde schrägwinklig und in sich gedreht errichtet. Von weitem erweckt es den Eindruck, als würde es schaukeln. Auch die barocke *Dorfkirche* aus dem 17. Jahrhundert gilt als Kleinod. Im Kircheninneren zieren wertvolle Holzmalereien von 1663 die Emporen. Sie fügen sich zu einer anmutigen Bilderbibel zusammen. Zudem gelang es Denkmalpflegern 1960 hölzerne Altar- und Kanzelausschmückungen aus der Entstehungszeit freizulegen. In kriegerischen Zeiten gewährten die wehrhaften Mauern der Kirche den Dorfbewohnern Schutz, den sie in ihren einfachen Holzhäusern nicht fanden.

Am alljährlich im September stattfindenden »Tag des offenen Denkmals und Umgebindehauses« laden auch Privatleute zur Besichtigung ihrer Umgebindehäuser ein. Informationen erteilt das Fremdenverkehrsbüro Obercunnersdorf ✆ 035875/9 54.

**Löbau** Über Niedercunnersdorf, auch ein Waldhufendorf, strebt nun das Löbauer Wasser der gleichnamigen Kreisstadt zu. Wir folgen unserem Fluss über die Landstraße von Niedercunnersdorf und Großschweidnitz nach Löbau, dessen Namen im Wendischen/Sorbischen so viel wie »lieblicher Ort« bedeutet. Die Siedlung entwickelte sich im Zuge der deutschen Ostbewegung, als der böhmische König Ottokar I. Siedler aus Flamen, Franken u. a. Gebieten in die von Slawen bewohnte Region holte. Regionale Bedeutung erlangte die Handels- und Handwerkerstadt mit dem am 21. August 1346 gegründeten Sechsstädtebund, in dem sich Löbau, Görlitz, Bautzen, Kamenz, Zittau und Lauban (heute Lubau, Republik Polen) zusammenschlossen um sich gemeinsam vor den zahlreichen Raubrittern und anderen Wegelagerern zu schützen. Aus dieser Gemeinsamkeit erwuchs allmählich ein politisches Bündnis, das den adligen Herrschern schon bald ein Dorn im Auge war. Ab Mitte des 15. Jahrhunderts entzogen sie dem Sechsstädtebund Stück für Stück seine schon von König

An die böhmische Zeit Löbaus erinnert das Stadtwappen. Der doppelgeschwänzte silberne Löwe war das Herrschaftssymbol Böhmens und bereits Teil des ältesten Löbauer Siegels aus dem 13. Jahrhundert.

Am Löbauer Marktplatz

Karl IV. 1355 anerkannten Rechte. Am 23. September 1814 tagten die Städtepartner zum letzten Mal, kaum ein Jahr später ging das Bündnis endgültig in die Brüche. Görlitz und Lauban fielen im Ergebnis des Wiener Kongresses, der Europa nach der Niederschlagung Napoleons neu ordnete, an Preußen. Danach gab es noch bis 1848 einen Vierstädtebund der auf sächsischem Territorium verbliebenen Städte Bautzen, Löbau, Kamenz und Zittau. 1991 fanden sich jedoch die historischen Schwesterstädte in alter Tradition wieder in einem Sechsstädtebund zusammen – dieses Mal um Kultur und Tourismus neu zu beleben.

Teile der ehemaligen preußischen Gebiete gehören heute dem Niederschlesischen Oberlausitzkreis an. Mit 1313,51 km² ist er der größte Landkreis des Bundeslandes Sachsen.

Löbau als Gründungs- und Tagungsort des Sechsstädtebundes bewahrt den ursprünglichen *Conventspokal* in seinem *Stadtmuseum* in der Johannisstraße auf. Er wurde während der Sitzungen mit Wein gefüllt und herumgereicht. Schwierige Probleme oder Streitigkeiten zwischen den Städten löste man nicht selten in geselliger Runde auf weinselige Art. Den Pokal zieren die Wappen der am Bund beteiligten Orte und sein Fassungsvermö-

Das Löbauer Stadtmuseum wurde 1894 gegründet. Zunächst erhielt es 4 Räume im Rathaus. 1899 bezog es sein jetziges Domizil. Die Volkskundeausstellung im zweiten Obergeschoss richtete man nach der Restaurierung 1974 ein.

gen entspricht etwa drei Flaschen Wein. Außerdem erfahren wir im Stadtmuseum alles über das Bierbrauen im Mittelalter, die einstige Haupterwerbsquelle der Löbauer. 80 % der Bürger besaßen zur damaligen Zeit Bierhöfe, das Geschäft mit dem veredelten Gerstensaft brachte ihnen Wohlstand. Doch die Wirren des Dreißigjährigen Krieges, in dessen Ergebnis die Stadt von Böhmen an Sachsen fiel, trieb auch Löbau wie viele andere Ortschaften an den Rand des Ruins. Der wirtschaftliche Neuanfang gelang mit der Leineweberei, die Löbau zu neuer Blüte verhalf. Der Leinwandhandel erlitt jedoch mit der durch Napoleon 1806 verhängten Kontinentalsperre gegen England einen empfindlichen Einbruch. Im 19. Jahrhundert schwang sich die Textilherstellung beginnend mit der im Jahre 1835 gegründeten Rot- und Buntfärberei zur wichtigsten Wirtschaftskraft der Stadt auf, die 1846 mit dem Anschluss an das Eisenbahnnetz weiteren Aufschwung erlebte.

Die Giebelhausgruppe an der »Hopfenblüte« am Löbauer Altmarkt überstand den Stadtbrand von 1710 und ist das einzige Beispiel für die Stadtbebauung aus dem 17. Jahrhundert.

In der Altstadt von Löbau gestatten uns einige Gebäude den Blick zurück bis kurz nach der großen Stadtbrandkatastrophe von 1710. Ihr *Rathaus*, damals ebenfalls zerstört, bauten die Löbauer unter Einbeziehung von Resten des Vorgängerbaus wieder auf. Es präsentiert sich mit einem wunderbaren frühgotischen Turm. An der dem Altmarkt zugewandten Seite des Turms befindet sich eine *Uhr mit Judutenkopf* (Zeichen der Gerichtsbarkeit). Über dem Zifferblatt bewegt sich eine Mondphasenkugel, die den Einwohnern auch bei wolkenverhangenem Nachthimmel den Anteil der von der Sonne beleuchteten Mondhälfte anzeigt. Unter der Zifferblattuhr mit der Mondphasenkugel ließen die Stadtväter eine *Sonnenuhr* anbringen, ebenso an der Ostseite des Rathausturms. So können wir, ausreichend Sonnenlicht vorausgesetzt, sowohl am Vormittag (Ostseite des Turms) als auch am Nachmittag (Südseite) die genaue Uhrzeit an Gnomonen ablesen. Die Sonnenuhrenkunstwerke stammen von Martin Hölzel, der aus dem Sonnenuhrenort Taubenheim stammt.

Das sehenswerte *Löbauer Altstadtensemble* ist ein Spiegelbild verschiedener Zeitepochen, die sich durch unterschiedliche Baustile zu erkennen geben.

Die aus dem Jahre 1458 stammende *Heilig-Geist-Kirche* südlich der Altstadt und die *Krypta der Johanniskirche* in der östlichen Altstadt stehen für das Zeitalter der Gotik. Den *Altmarkt* und die angrenzenden Straßen prägt die barocke Bauweise (Rathaus, Stadthaus »Goldenes Schiff«, Haus Schlockwerder, Giebelhäuser in der Badergasse). Klassizismus begegnet uns u. a. am *Neumarkt 11*. Der klassizistische Baustil gewann in Löbau jedoch keine große Bedeutung, dafür sind historisierende Baustile (Neogotik, Neobarock) sehr häufig anzutreffen. Wir finden sie nicht nur in der Altstadt (Johanniskirche, Nikolaikirche), auch außerhalb des ehemaligen mittelalterlichen Stadtgebietes wurden Gebäude im historisierenden Stil errichtet wie die katholische *Kirche Mariä* Namen in der August-Bebel-Straße oder das 1847 fertig gestellte *Bahnhofsgebäude*. Während der wirtschaftlichen Blütezeit Ende des 19. Jahrhunderts bis zum Beginn des Ersten Weltkrieges entstand eine Vielzahl von *Häusern im Jugendstil* wie in der Bahnhof- und Inneren Zittauer Straße oder am Neumarkt. Avantgardistische Architektur im Stil der Moderne vom Anfang der 30er Jahre des 20. Jahrhunderts können wir in der *Kirschallee 1* besichtigen. Hier ließ der Löbauer Nudelfabrikant Schminke eine ungewöhnliche Villa, die Schiffsaufbauten ähnelt, nach Plänen des Bauhausarchitekten H. Scharoun erbauen.

Ähnlichkeiten von Mariä Namen mit der Kirche in Selzthal in Tirol sind nicht zufällig. Die Bauherren nutzten Pläne dieses Sakralbaus, die sie vom Benediktinerkloster zu Prag erhielten.

**Löbauer Berg** Ein Wahrzeichen der Stadt befindet sich auf dem 447 m hohen Löbauer Berg, der als ehemaliger Vulkankegel die Landschaft prägt und etwa 2 km von der Ortsmitte entfernt liegt. Im Jahre 1854 weihte die Stadt hier einen 28 m hohen *Aussichtsturm* ein. Der nach dem damaligen sächsischen König Friedrich August benannte Turm ist der einzige in Europa, der in seiner Art noch erhalten blieb: ausgeschmückt mit byzantinisch-romanischem und gotischem Dekor verzieren ihn zahlreiche Inschriften und Medaillons. Der von der Aussichtsplattform gebotene Panoramablick gehört zu den schönsten der Oberlausitz. Bei guter Sicht erkennen wir im Süden das *Zittauer Gebirge* und den *Kottmar*, im Osten die *Landeskrone bei Görlitz*, im Westen den Gebirgszug des *Oberlausitzer Berglandes mit dem Czorneboh*. Nach Norden blicken wir

Zwischen dem Löbauer Berg und dem Schafberg (449 m) besteht eine Verbindung durch einen Sattel. Hier befand sich einst eine 5 ha große bronzezeitliche Befestigungsanlage, deren Überreste als »Schlackenwall« noch heute erkennbar sind.

Alte Pfefferküchlerei in Weißenberg

In der näheren Umgebung gibt es immer wieder kleine Anhöhen, die sich als Aussichtspunkte eignen: u. a. der Horkenberg bei Kittlitz (304 m), der Petschkenberg bei Golssen (227 m) der Strohmberg bei Maltitz (265 m)

ins *Oberlausitzer Tiefland* mit seinen mehr als 1 000 Teichen.

**Glossen** In Richtung Norden fließt auch das Löbauer Wasser, das sich kurz hinter Löbau bei Georgewitz-Bellwitz durch ein kleines *Durchbruchstal* in der ansonsten sanft hügeligen Landschaft windet. Kurz darauf erreicht der Fluss den Ort Glossen mit einem barocken *Herrenhaus* von 1688. Die alte Dreiflügelanlage dient heute als Kurklinik für Kinder, die man kürzlich um ein neues Gebäude erweiterte. Der Neubau passt sich dem historischen Ensemble in gelungener Weise an. Die schöne Landschaft und Abgeschiedenheit dieser Gegend garantieren ruhige und erholsame Tage.

**Weißenberg** Idyllische Kleinstadtatmosphäre empfängt uns 5 km weiter nordöstlich in Weißenberg. Die gut erhaltene mittelalterliche Stadtanlage, kleine Gassen, Ackerbürgerhäuser, das barocke Rathaus und die evangelische Kirche mit spätromanischem Kern erinnern an längst vergangene Zeiten.

Das kleine Städtchen erhebt sich auf einem *Umlaufberg* des Löbauer Wassers. Die Einwohner nutzten im Mittelalter das Löbauer Wasser zum Betreiben von Mahlmühlen und Gerbereien. Ein »süßes Gewerbe« im wahrsten Sinne des Wortes bildete sich im 16. Jahrhundert heraus – die Pfefferkuchenbäckerei. Das Privileg zum Pfefferkuchenbacken erhielten die Bäcker der Stadt Weißenberg im Jahre 1588. Noch heute eröffnet die *»Alte Pfefferküchlerei«* am Marktplatz Einblicke in dieses historische Handwerk. In dem einzigen Museum dieser Art in Deutschland können wir den kompletten Herstellungsprozess des weihnachtlichen Festgebäcks nachvollziehen und in der ehemaligen Scheune der Bäckerei wartet eine *Ausstellung mit Meisterwerken aus Pfefferkuchenteig* auf.

Schon die Mönche im 12. Jahrhundert schätzten die Pfefferkuchen als Köstlichkeit. Pfefferküchlereien entstanden jedoch erst im 13. Jahrhundert, wobei regional unterschiedliche Begriffe wie Leb-, Honigküchler- und Lebzeltereien verwendet wurden.

Die »Alte Pfefferküchlerei«, die aus der Mitte des 17. Jahrhunderts datiert, besteht aus Backhaus, Backstube, Ladenstube und Laden, Gewürzkammer und Wohnräumen. Der letzte Pfefferküchlermeister Paul Opitz vermachte der Stadt Weißenberg 1939 sein Anwesen, in dem 1941 das Museum seine Türen für Besucher öffnete. Die Backeinrichtungen – ein altdeutscher Backofen, eine Garkammer, Herd und Löschkessel – nehmen die Weißenberger zu besonderen Anlässen auch heute noch in Betrieb. Gebacken werden die Lebkuchen übrigens mit der im Ofen vorhandenen Restwärme, die nach dem Löschen des Feuers verbleibt. Da die »Alte Pfefferküchlerei« nur selten zum Backen genutzt wird, stammt das Angebot an Leckereien im historischen Laden hauptsächlich aus der Pfefferkuchenstadt Pulsnitz. Dort behauptete sich die traditionelle Pfefferkuchenherstellung gegenüber der übermächtigen Konkurrenz der Schokoladenindustrie.

Alljährlich im Dezember duftet es in Weißenberg lecker nach Pfefferkuchen, wenn das Neujährchenbacken stattfindet. »Neujährchen« sind kleine aus Pfefferkuchen geformte Wesen, die man zum neuen Jahr als Zeichen für Glück und Gesundheit verschenkt.

**Gröditzer Skala** Bevor das Löbauer Wasser auf die Oberlausitzer Heide- und Teichlandschaft zuströmt, durchfließt es kurz hinter Weißenberg ein *Durchbruchstal.* Hier schuf sich der Fluss durch festes Sedimentgestein, der sogenannten Grauwacke, einen bis zu 40 m tiefen Einschnitt. In diesem Minicañon bildete sich eine interessante Flora und

Fauna heraus. So finden wir hier die nördlichsten Vorkommen an Bergahorn und -ulmen sowie wundervolle uralte Rotbuchen vor und können mit Geduld und Ruhe eine artenreiche Vogelwelt beobachten; selbst der selten gewordene Eisvogel zieht in der Gröditzer Skala noch seine Kreise.

Der Begriff Skala stammt aus dem Slawischen und bedeutet so viel wie Fels oder Felstal. An die früheren Bewohner im Gebiet der Gröditzer Skala erinnern die Reste eines slawischen Burgwalls in Gröditz.

Das Gebiet war bereits ab 1760 als Weichaer Anlagen bekannt. Im Jahre 1936 ging es in das Eigentum des Landesverbandes »Sächsischer Heimatschutz« über und wurde zum *Naturschutzgebiet* erklärt. Am besten erreichen wir dieses wildromantische Tal über das Dorf Weicha (1 km westlich von Weißenberg). Etwa in der Dorfmitte zweigt von der Hauptstraße ein Weg nach Norden ab, der als Sackgasse, befahrbahr für Fahrzeuge bis 1,5 t, ausgeschildert ist. Von dieser Abzweigung sind es ca. 300 m bis zum Wald am Talrand. Hinweisschilder markieren das Naturschutzgebiet und bieten zwei Alternativen zum Durchwandern des Tals an. Der »Obere Weg« führt am sogenannten *Mosesfelsen* und an der *Bastei* vorbei. Der »Untere Weg« verläuft zunächst am Südufer des Löbauer Wassers und nimmt nach Überqueren einer Holzbrücke Kurs auf das *Dorf Gröditz* am westlichen Ende des etwa 1,5 km langen Tals.

**Teichwanderweg Wartha-Guttau** Befanden wir uns in der Gröditzer Skala noch in einer gebirgsähnlichen Landschaft, so erreichen wir dem Löbauer Wasser folgend nach 6 km eine Naturregion mit einem gänzlich anderen Charakters. In der *Oberlausitzer Heide- und Teichlandschaft* herrscht flaches Land vor, in dem sich das Löbauer Wasser in mehrere Fließe aufteilt und zum Teil über seenartige Teiche zur Spree gelangt. Stimmungsvolle Bilder bieten sich uns entlang des Teichwanderweges von Guttau nach Wartha, der an der Biosphärenreservatsverwaltung für die »Oberlausitzer Heide- und Teichlandschaft« in Wartha beginnt und am östlichen Ortsausgang von Guttau endet. Wir passieren insgesamt 8 Teiche, unterwegs weisen Informationstafeln auf das Leben im und am Teich hin. Spezialthemen widmen sich dem Lebensraum Röhricht, der Teichfischerei und der Schellente. Etwa 1 km nordwestlich von Wartha gelangt das durch die Teiche zu einem längerem Verweilen zu-

Zu den bekannten Persöhnlichkeiten von Wartha zählt der sorbische Komponist K. A. Kocor (deutsch: Katzer), der hier von 1842–1852 als Lehrer tätig war.

rückgehaltene Löbauer Wasser als *»Altes Fließ«* zur Spree und vereinigt sich nun mit deren Wassermassen.

Von unserem Abstecher entlang des Löbauer Wassers kehren wir wieder in das südliche Oberlausitzer Bergland zurück und begleiten den Spreelauf auf unserem nächsten Reiseabschnitt bis vor die Tore der Stadt Bautzen.

Zu den schönsten Naturkompositionen am Löbauer Wasser gehört der Auenwaldbestand an den Warthaer Teichen.

## Der besondere Tipp:

**Auch für Großmütter und -väter geeignet**

Die von ehemaligen Vulkankegeln geprägte Landschaft rund um den Kottmar bietet seit kurzem einen neuen Freizeitspaß. Am Nordhang des 511 m hohen Spitzberges bei Oberoderwitz (6 km südöstlich vom Kottmar) gibt es seit 1995 eine Sommerrodelbahn. Die Bahn besitzt eine 587 m lange serpentinenartige Abfahrtsrinne, in der die mit Rollen ausgestatteten Rodel mit einer maximalen Geschwindigkeit von 50 km/h ins Tal gleiten. Das ist nicht etwa nur ein Vergnügen für junge Leute – die bisher älteste Rodlerin zählte immerhin 94 Jahre. Der Name Sommerrodelbahn täuscht etwas, denn auch im Winter ist hier Rodelzeit. Lediglich bei Regenwetter muss die Talfahrt ausfallen.

# Von Rittern, Räubern und Goldgräbern

## Neusalza-Spremberg · Grenze Sachsen-Böhmen Taubenheim · Sohland · Schirgiswalde Kirschau · Mönchswalde

Anreise:
***mit dem PKW:*** *Autobahn A 4 bis Bautzen; über die B 96 bis Neusalza-Spremberg, von hier aus Ortsverbindungsstraßen entsprechend dem gewähltem Reiseziel*
***mit der Bahn:*** *Regionalzüge bis Bautzen, von wo aus Verbindungen zu folgenden Bahnhöfen bestehen: Singwitz (Obergurig, Mönchswalde), Kirschau, Sohland, Taubenheim, Neusalza-Spremberg*

Spreewehr in Kirschau

Bis kurz vor Bautzen bahnt sich die Spree ihren Weg mühsam durch das zerklüftete Oberlausitzer Bergland. Die Flussufer boten in der Vergangenheit günstige Siedlungsplätze und so reihen sich die Orte hier heute aneinander wie an einer Kette. Im 19. Jahrhundert blühte die Textilindustrie in dieser Region auf und der Bedarf an Siedlungs- und Wirtschaftsfläche nahm immer mehr zu. Städte und Dörfer weiteten sich in benachbarte Täler aus und kletterten die Berghänge hinauf. Die traditionelle Architektur konnte sich in dieser Region bis heute behaupten und so erwarten uns interessante Orte und architektonische sowie kulturelle Kleinodien.

Das Oberlausitzer Bergland reicht von Seifhennersdorf im Osten bis nach Sebnitz im Westen. Die nördlichen und südlichen Ausläufer erstrecken sich bis kurz vor die Tore Bautzens bzw. bis in den böhmischen Raum hinein. Der höchste Gipfel ist der Valtenberg mit 589 m.

**Neusalza-Spremberg** Wir beginnen unsere Tour in Neusalza-Spremberg, ca. 4 km nordwestlich vom Spreequellort Ebersbach entfernt. Hier begrüßt uns gleich hinter dem Ortseingang an der B 96 das *Reiterhaus*, eines der ältesten Umgebindehäuser der Oberlausitz. Das Gebäude entstand um 1660 und besitzt neben dem Hauptgebäude einen rechtwinklig angebauten Seitenflügel. Entgegen der sonstigen Umgebindebauweise ist das Untergeschoss des Anbaus massiv errichtet, während sich das Obergeschoss als Umgebinde präsentiert. Als Umgebinde bezeichnet man das äußere Stützgerüst aus Säulen, Rahmen, Spannriegeln und Kopfbändern, das normalerweise das Erdgeschoss umgibt und die Last des Daches und des Obergeschosses trägt. Die Wände bestehen entweder aus Blockholz, einem Fachwerk, oder aus Mauerwerk. Letztere Bauweise setzte sich zuerst im Stallbereich durch. Das Umgebindehaus vereint in seiner Art den alten slawischen Blockbau mit der deutschen Fachwerkbauweise. An vielen dieser Häuser lassen sich kunstvolle Handwerksarbeiten wie prächtiges Schnitzwerk an Balken und Fensterblenden, filigrane schmiedeeiserne Fenstergitter sowie reich verzierte Giebel und Türstöcke entdecken. Am Giebel des Reiterhauses in Neusalza-Spremberg prangt eine hölzerne Reiterfigur, die dem Baudenkmal seinen Namen gab. Die Figur, ehemals eine Siegertrophäe, errang die Tochter des einstigen Besitzers im Jahre 1874 auf einem Kirmeswettstreit. Während die jungen Männer um den 1. Preis beim Adlerschießen kämpften, wetteiferten

Der sächsische Architekt O. Grunder prägte die Bezeichnung »Umgebinde« Ende des 19. Jahrhunderts auf der Grundlage alter böhmischer Bezeichnungen wie »Umschrot« oder »Umbschrot«.

Der Brauch des Ritterstechens reicht bis weit ins Mittelalter zurück, als die Ritter nicht nur auf dem Schlachtfeld, sondern oftmals auch unter ihren Untertanen grausam hausten. Beim Ritterstechen konnten die Untergebenen ihrem angestautem Zorn auf die Peiniger freien Lauf lassen.

die jungen Frauen und Mädchen beim Ritterstechen um das begehrte Reiterbild. Bewaffnet mit einer Lanze mussten sie mit verbundenen Augen das Herz eines Holzritters treffen. Wer dem Ziel am nächsten kam, gewann. Offensichtlich erfüllte der Sieg der Tochter die ganze Familie im Reiterhaus mit Stolz und so schmückt seit vielen Jahrzehnten die heiß umstrittene Trophäe für jeden sichtbar den Hausgiebel.

Bereits seit 1956 beherbergten einige Räume des Reiterhauses die »Oberlausitzer Heimatstuben«. Nach der Rekonstruktion fand am 27. Juni 1984 seine Wiedereröffnung als Baudenkmal und *Heimatmuseum* statt. Die Exposition informiert über die Oberlausitzer Handweberei und gibt Auskunft über die Geschichte von Neusalza-Spremberg. Besucher können die Einrichtung einer historischen Schusterstube kennen lernen und einen Blick in eine traditionelle bäuerliche Schlafkammer werfen.

Sehenswert sind in Neusalza-Spremberg auch die zahlreichen Faktorenhäuser am *Ober- und Untermarkt*, die von der Zeit der Heimindustrie künden. Beachtenswert sind auch die beiden *Kirchen* des Ortes. Das Spremberger Gotteshaus im Ortszentrum besitzt Türrahmungen aus der Zeit der Gotik und der Renaissance, im Ortsteil Neusalza entstand für böhmische Exulanten ein Barockbau. Im Zuge der Gegenreformation hatten sich viele Glaubensflüchtige aus Böhmen in Neusalza angesiedelt. Die Gottesdienste wurden deshalb bis zum Ende des 18. Jahrhunderts auch in böhmischer Sprache abgehalten.

Spremberg wurde 1242 erstmals erwähnt. Die Gründung von Neusalza erfolgte im Jahre 1670 durch den Gutsherren von Spremberg, Friedrich von Salza. Beide Orte schlossen sich 1920 zur Stadt Neusalza-Spremberg zusammen.

Die Stadt ist gut auf Winter- wie auf Sommergäste eingestellt. An den Hängen des 399 m hohen *Häscheberges* lädt an schneereichen Tagen die Skiwiese mit Lift zum Wintersport ein, östlich davon erwartet von Mai bis September das 1994 eröffnete *Wald- und Erlebnisbad* Sonnen- und Wasserfreunde. Zur 30 000 m² großen Anlage des Bades gehören ein Erlebnisbereich mit Großwasserrutsche, Strömungskanal, Wasserfall, Fontänen, Luftstrudel sowie ein Sportbecken mit 25-m-Bahnen und ein Naturbecken mit Sprungturm.

Wer dagegen Ruhe und Abgeschiedenheit sucht, dem bietet der *Spreepark* mit dem von der Spree durchflossenen Kerbtal wohltuende Erholung. Der etwa 1 km lange Wanderweg führt durch einen artenreichen Baumbestand, parallel dazu fließt die Spree in einem steinernen Flussbett. Am Rande dieser Naturidylle eröffnete 1994 das »Hotel am Spreepark« seine Pforten – eine gute Adresse für gepflegte Gastlichkeit und ein günstiger Ausgangspunkt für weitere Spreeerkundungen.

Neben unangetasteter Naturidylle weist die Spree in Neusalza-Spremberg bereits eine Flussregulierung auf, die in den Jahren 1933/34 zum Bau einer Umgehungsstraße vorgenommen wurde.

**Grenze Sachsen-Böhmen** Kurz hinter Neusalza-Spremberg begibt sich die Spree für etwa 600 m auf tschechisches Territorium. Bereits im Mittelalter war dieses Grenzgebiet zwischen Böhmen und Sachsen ein Eldorado für Schmuggler und zwielichtige Gestalten. Zu Berühmtheit gelangte am Ende des 18. Jahrhunderts der verwegene Räuberhauptmann Karraseck. Mit seiner Bande machte er die sächsischen Orte unsicher, plünderte und raubte nach Herzenslust, denn er konnte sich bei Gefahr in die böhmischen Wälder zurückziehen. Lange Zeit gelang es nicht ihn zu stellen, immer wieder entging er den Häschern. Seiner gerechten Strafe konnte er sich dennoch nicht entziehen, doch mehr dazu im nächsten Kapitel.

Karraseck wurde 1756 in Smichow bei Prag geboren und lebte in den letzten Jahren seiner Freiheit in der böhmischen Enklave Neuleutersdorf bei Neugersdorf. Er und seine Spießgesellen genossen das Leben unbehelligt, da sie stets in anderen Dörfern Sachsens auf Beutezüge gingen. Beim letzten verhängnisvollen Coup brachen sie allerdings mit ihrem Grundsatz und bestahlen einen Leutersdorfer Gutsbesitzer, der außerdem Ortsrichter war.

Mit dem 1834 gegründeten Deutschen Zollverein, dem Sachsen angehörte, schuf man eine Grenzbarriere in Form von Zollschranken. Doch dem Schmuggel gebot dies keinen Einhalt, im Gegenteil, er nahm einen deutlichen Aufschwung. Umschlagstellen für das Schmuggelgut waren oftmals Gaststätten in Grenznähe. Alte Straßenbezeichnungen wie »Grenzschankstraße« in *Friedersdorf* zwischen Neusalza-Spremberg und Ebersbach gelegen, erinnern heute noch an diese Zeiten. Flussabwärts von Neusalza-Spremberg kommend führt kurz hinter dem Ortseingangsschild von *Oppach* die Grenzstraße zu einem Weg »An der Spree«, der entlang des Flusses auf deutscher Seite bis nach Taubenheim reicht und uns zu einer kurzen Wanderung im Grenzland einlädt.

**Taubenheim** steht für die weit zurückreichenden Verbindungen zu unserem Nachbarland. Den durch den Dreißigjährigen Krieg verwüsteten und menschenleeren Ort bauten böhmische Exulanten wieder auf. In der heutigen Zeit ist Taubenheim weithin bekannt für seine vielen Sonnenuhren. Insge-

Die Spree als Grenzfluss bei Taubenheim

samt 17 dieser Zeitmesser zieren den Ort, restauriert oder geschaffen vom Grafiker Martin Hölzel. Die meisten dieser farbenprächtigen Chronometer schmücken Umgebindehäuser, die oftmals auch Blitzschlangen (hölzerne Verzierungen in Form von Schlangen) an den Giebelseiten tragen.

Der Ortsname Taubenheim geht auf die erstmals im Jahre 1345 erwähnte Bezeichnung Tubinheym (Ort der Tauben) zurück. Südlich des Dorfes gibt es an der Grenze zu Böhmen auch den Taubenberg, der lange Zeit als Granitsteinbruch genutzt wurde.

Um den Ort besser kennen zu lernen folgen wir dem von den Einwohnern angelegten *Themenwanderweg*, der uns mit historischen Gebäuden von Taubenheim bekannt macht und im Ortszentrum beginnt. Der Weg führt vorbei an der alten Schmiede, dem Oberen und dem Niederen Schloss, der spätklassizistischen Dorfkirche und vielen Umgebindehäusern mit Sonnenuhren. In der Sohlander Strasse 40 befindet sich ein Gebäudekomplex, der von 1782 bis 1930 zuerst als Mahl-, dann als Sägemühle die Wasserkraft der Spree nutzte. Der Fluss wurde hinter der Kirchschule aufgestaut und das Wasser über einen Graben zu den Mühlrädern geleitet.

Ein weiterer Anziehungspunkt des Themenwanderweges wartet nahe des Bahnhofes auf uns. Nach

Passieren der Gleise sehen wir an der Straße zum Ortsteil Neutaubenheim eine *Freilichtausstellung* mit landwirtschaftlichen Geräten aus der Oberlausitz aus der Zeit von 1900 bis 1950.

**Sohland** Von Taubenheim bis Sohland legt die Spree eine Wegstrecke von etwa 1 km zurück. Etwas abseits des Flusslaufes ragt eine überdimensional wirkende Brücke in die Höhe, die man 1796 als Spreeübergang errichtete. Ihre Funktion büßte sie jedoch mit der im Jahre 1947 durchgeführten Spreeverlegung ein. Der Fluss erreicht nun auf kürzerem Weg den ersten großen Stausee, der zwischen 1937 und 1941 angelegt wurde. Mit Tretbooten kann man ihn näher erkunden, die verbrauchten Kalorien lassen sich in der am Ostufer gelegenen Gaststätte »Am Stausee«, an der sich auch der Tretbootverleih befindet, wieder ersetzen.

Vermutlich gründeten fränkische Siedler Sohland Anfang des 13. Jahrhunderts. Einer der unzähligen Gutsherren des in den nachfolgenden Jahrhunderten mehrmals aufgeteilten Sohländer Besitzes war Ernst Christoph August von der Sahla. Er scheiterte mit zwei Attentatsversuchen auf den französischen Kaiser Napoleon I.

Seit 1990 bietet Sohland eine Attraktion mehr. Nach 60-jähriger Pause eröffnete die *Waldbühne* wieder ihren Spielbetrieb. Rechts der Spree im *Gebiet der Kälbersteine* gelegen bietet die Naturbühne ein vielseitiges Programm, zu dem Märchenaufführungen, Chorkonzerte, Heimatnachmittage mit Mundartprogrammen und Lustspiele gehören. Anfang September am Ende der alljährlichen Spielsaison findet hier das zünftige Jägerfest statt.

Auf der linken Spreeseite lädt die gut erhaltene, überwiegend aus Umgebindehäusern bestehende Ortschaft zu einem Streifzug ein. Folgen wir der alten Dorfstraße und anschließend der Lessingstraße in Richtung *Neudorf*, gelangen wir zum jüngst wiedereröffneten *Prinz-Friedrich-August-Turm*, der auf einer Anhöhe von 480 m einen reizvollen Blick in das schöne Spreetal gewährt.

Seit kurzem gibt es zudem die Möglichkeit über den nahe gelegenen *Fußgänger- und Radfahrergrenzübergang Sohland-Rozany* auch die tschechische (böhmische) Seite kennen zu lernen. Für konditionsstarke Wanderer empfiehlt sich eine etwa 7 km lange Tour vom Aussichtsturm zum *Dreiherrenstein*, einer alten Grenzmarke, und weiter nach *Wehrsdorf* im *Kaltbachtal*. Von diesem alten Waldhufendorf, in dem einst die Weberei große Bedeutung besaß, gelangen wir über die Verbindungsstraße wieder nach Sohland zurück.

Spreebrücke in Schirgiswalde

Das mittelhochdeutsche Wort »scherge« (Gerichtsperson) ist Teil des Stadtnamens von Schirgiswalde. Die erste urkundliche Erwähnung findet sich in einer Urkunde aus dem Jahre 1346.

**Schirgiswalde** Nach unseren Abstechern in böhmische Gefilde oder nach Wehrsdorf wenden wir uns wieder der Spree zu, die bei Sohland von ihrem bisherigen Ost-West-Kurs abweicht und sich nun nach Norden orientiert. 2 km hinter Sohland erreichen wir den nächsten Ort – Schirgiswalde. Auf dem Weg dorthin musste die Spree die wohl schwierigste Arbeit leisten und sich mühsam ihre Bahn durch den harten Granit des Oberlausitzer Berglandes graben.

In Schirgiswalde bezaubert das anmutige Stadtbild mit zahlreichen Umgebinde- und Laubenhäusern vor allem am *Markt*. Überragt wird das Städtchen von der katholischen *Pfarrkirche*, die zwischen 1739 und 1741 entstand. Sie ist zugleich das bedeutendste Zeugnis aus der böhmischen Vergangenheit von Schirgiswalde, die bis zu den Anfängen des Ortes im 13./14. Jahrhundert zurückreicht. Bis Oktober 1809 gehörte die Gemeinde aufgrund ihrer böhmischen Zugehörigkeit dem österreichischen Vielvölkerstaat an und bildete eine Enklave im sächsischem Territorium. Infolge der Neuordnung Europas nach der Niederschlagung Napoleons musste auch Österreich einige Gebiete abtreten und Schirgiswalde fiel an Sachsen. Damit begann eine kuriose Begebenheit im sächsisch – böhmischen Spreeland, die die Gemächlichkeit bürokratischer Verwaltung schon im frühen 19. Jahrhundert verdeutlicht. Nach dem Motto, es ändert sich sowieso nicht viel am Status quo der in viele Einzelstaaten zerfallenen deutschen Lande, ließ sich die sächsische Regierung viel Zeit mit der Übernahme ihrer Hoheitsrechte in Schirgiswalde – immerhin 36 Jahre. Diese »staatenlose« Zeit ging als »Republik Schirgiswalde« in die Geschichte ein. Die oberste Verwaltungsgewalt in dem »Stadtstaat« übte ein Stadtrichter aus, es existierten sogar schon Pläne für den Bau eines Regierungssitzes am Obermarkt. Übergriffe eines weiterhin in der Stadt wirkenden Justizamtmannes aus Böhmen machten der Farce endlich ein Ende. Die offizielle Übergabe erfolgte am 4. Juli 1845. In der sächsischen Ära ergriff die Industrialisierung auch Schirgiswalde, die sich wie andernorts im Oberlausitzer Bergland besonders stürmisch im Bereich der Textilbranche vollzog.

Die Lage von Schirgiswalde als österreichische Insel In Sachsen war ideal für den Schmuggel. Zahlreiche zwielichtige Gestalten wie der Räuberhauptmann Karrasek fanden hier immer wieder Zuflucht vor sächsischen Ordnungshütern.

**Kirschau** 1 km spreeabwärts treffen wir in der Gemeinde Kirschau auf eine Reihe historischer Zeugnisse, die an die über 150-jährige Tradition der Textilherstellung erinnern. Im Jahre 1845 begann Gotthelf August Friese mit der Produktion von Packleinen, das er aus Flachsabfällen auf Handwebstühlen fertigen ließ. Aus diesen bescheidenen Anfängen entwickelte sich eine Grobgarnindustrie, die die kleine Spreegemeinde über die Grenzen Deutschlands hinaus bekannt und zu einem der wohlhabendsten Orte in Sachsen machte. Das kleine Dorf mauserte sich zu einer Siedlung mit stattlichen Villen und Wohnhäusern. Nach dem Ersten Weltkrieg kamen Jugendstilbauten wie die *Kirche* und das *Postamt* hinzu.

Die ungewöhnliche Jugendstilkirche von Kirschau mit einer Rundkuppel, die im Jahre 1923 eingeweiht wurde, entstand im Auftrag der Textilfabrikantenfamilie Friese und nach Plänen des in Dresden wirkenden Architekten Bohling.

Vom wirtschaftlichen Aufstieg Kirschaus künden jedoch nicht nur steinerne Zeugen, sondern auch vier alte Webstühle aus der Anfangszeit der Handwebtechnik. Im Gewerbehof der Lessingstraße 7 in den Räumen der ABS Oberland GmbH kann man nach Voranmeldung ✆ (03592) 3 82 20 die Arbeits-

Die im Sechsstädtebund vereinigten Orte Bautzen, Löbau, Kamenz, Görlitz, Zittau und Lauban zogen mit Unterstützung des deutschen Kaisers Karl IV. erstmals im Jahre 1352 gegen die Burg Körse und vernichteten sie beim zweiten Angriff 7 Jahre später fast vollständig.

weise dieser Veteranen studieren. Einen weiteren Webstuhl hat man im *Museum* von Kirschau aufgebaut, umrahmt von Schautafeln zur Geschichte der Kirschauer Grobgarninduistrie.

Ein anderer Teil der Ausstellung widmet sich der sagenumwobenen *Burg Körse*, deren Standort wir wenige Meter südlich des Mueumsgebäudes noch erkennen können. Das Modellfoto der Burg vermittelt eine Vorstellung von dem mittelalterlichen Gebäude, dessen Mächtigkeit sich angesichts der kläglichen Überreste nur noch schwer erahnen lässt. Auf einem von der Spree umflossenen felsigen Talsporn legten bereits die slawischen Milzener um 1000 n. Chr. eine Wehranlage an. Während der deutschen Ostbewegung entstand etwa 100 Jahre später die Burg Körse mit Hauptburg, Bergfried, Vorburg, Zugbrücke, Toren und Bastionen. Die strategische Lage auf dem Talsporn der Spree, die einerseits ein großes Maß an Sicherheit für die Burgbewohner garantierte, nutzten die Ritter andererseits zu gewinnträchtigen Raubzügen, deren Leidtragende die Kaufleute der Oberlausitz waren. Mitte des 14. Jahrhunderts hatten die raublustigen Ritter jedoch die Schmerzgrenze der Lausitzer überschritten, das im Sechsstädtebund vereinte Bürgertum der Region zerstörte das Raubritternest der Körse für immer. Es halten sich allerdings bis heute hartnäckig Gerüchte, dass ein Goldschatz tief unter der ehemaligen Burg vergraben sein soll. Wenn man den Sagen Glauben schenkt, haben lediglich Sonntagskinder die Chance in den Besitz dieser verborgenen Reichtümer zu gelangen. Ein gewisser Karl Lende aus Bautzen und ein einheimischer Bauer hatten bereits in weit zurückliegenden Zeiten den Versuch unternommen den Schatz zu bergen. Beide trafen in den Tiefen des Berges jedoch angeblich auf einen schwarzen Ritter, der das Gold verteidigte. Diese und andere Schauergeschichten schreckten andere Wagemutige aber nicht ab zu Schaufel und Spitzhacke zu greifen. Anfang des 17. Jahrhunderts gruben die vielen Schatzsucher, zu denen sich auch Bergleute gesellten, am Südhang des Burgberges einen etwa 11 m langen Gang, den die Einheimischen »Kuxloch« nennen. Statt des erhofften Schatzes fanden sie je-

Im Oberlausitzer Bergland wurde beim Valtenberg etwa 500 Jahre lang mit sehr geringer Ausbeute nach Gold gegraben. Unweit der Quelle der Wesenitz befindet sich der Eingang zu einem der Goldbergwerke, dem »Valentin-Erb-Stollen«.

doch nur Eisenglanz, die Goldgräberstimmung an der Spree verflog so schnell, wie sie aufgekommen war.

**Mönchswalde** Über die Ortsverbindungsstraße Kirschau–Rodewitz–Großpostwitz folgen wir der Spree nun flussabwärts bis *Obergurig*. Auf dem Weg in Richtung Mönchswalde überspannt eine über 200-jährige *Steinbrücke* den Fluss. Das 1774 errichtete Baudenkmal zeigt deutlich, wie schmal die Verkehrswege zu damaliger Zeit waren – ganz im Gegensatz zu der neu errichteten Brücke nebenan.

Abschied vom Oberlausitzer Bergland nehmen wir am besten auf dem Gipfel des *Mönchswalder Berges*. Vom dortigen Aussichtsturm bietet sich uns ein herrlicher Panoramablick auf das Mittelgebirge im südöstlichen Teil Sachsens. Die Küche in der Bergbaude verwöhnt den Gaumen mit Wildgerichten und wie kann es anders sein, wenn auch nur als Zusatz auf der Speisekarte vermerkt, auf Wunsch mit böhmischen Knödeln.

Eine Wanderung durch das Spreetal vor den Toren von Bautzen führt uns von Grubschütz aus entlang eines Wanderweges durch Wiesen und den Humboldthain, vorbei am Spreebad und der ehemaligen Frankensteinschen Mühle bis zur Heilig-Geist-Brücke unweit der Neuen Wasserkunst in Bautzen.

## Der besondere Tipp:

**Ein selbst hergestelltes Tuch**

Die Oberlausitz ist bekannt für ihre lange Tradition in der Textilherstellung, die sich auf die Jahrhunderte zurückreichende Handweberei gründet. Eine der schönsten Varianten sich mit diesem Handwerk vertraut zu machen bietet das Hotel »Alter Weber« in Weigsdorf-Köblitz bei Schirgiswalde ✆ (035877) 52 36 oder 82 44. Während eines 6-tägigen Aufenthaltes erhalten interessierte Gäste hier 3 x 2 Stunden Unterricht am Handwebstuhl in Kirschau. Für die Fertigung von Meisterwerken wird diese Einführung sicherlich noch nicht reichen, aber es fördert das Verständnis für die Handweberei und so mancher entdeckt dabei vielleicht sogar ein neues Hobby.

# Wie das Spreewasser bergauf fließt

## Bautzen · Talsperre Bautzen · Kleinwelka

Anreise:
***mit dem PKW*** *über die Autobahn A 4*
***mit der Bahn*** *Bautzen liegt an der Strecke Dresden–Görlitz, der Bahnhof in Bautzen ist etwa 700 m von der Altstadt entfernt*

Blick zur Alten Wasserkunst (rechts) und zum Mühltor

Nach dem Verlassen des Oberlausitzer Berglandes begibt sich die Spree in eine fruchtbare Lösslandschaft. Kurz vor Bautzen passiert sie jedoch noch einmal felsiges Gestein, einen etwa 30 m hohen Felssporn aus Granit. Unterhalb dieser steilen Felswand schlängelt sich das Fließgewässer weiter in Richtung Norden. Auf der strategisch einst günstigen Anhöhe über der Spree liegt die Bautzener Altstadt mit der Ortenburg. Im Mittelalter bot das Felsplateau den Bewohnern einen guten Schutz. Allerdings kamen sie nur schwer an das im Tal fließende Spreewasser heran. Das lebenswichtige Nass musste bergauf transportiert werden.

Unterhalb des Bautzener Felssporns kreuzte im Mittelalter eine wichtige Handelsstraße die Spree, die »Via Regia« (Hohe bzw. Königsstraße). Sie verband West- und Mitteleuropa mit Mittelasien.

**Alte Wasserkunst** Den mühseligen Transport des kostbaren Wassers in Eimern ersetzte ab 1496 die Alte Wasserkunst, die nach Plänen von M. Gregor am westlichen Rand der Altstadt entstand. Am 1. November 1496 war es soweit, das Spreewasser floss bergauf bis zum höchsten Punkt der Stadt, dem *Fleischmarkt*. Doch die Freude über die neue Errungenschaft sollte nicht lange währen; am 4. Dezember 1515 zerstörte ein Feuer das Holzbauwerk der Alten Wasserkunst. Auch der Nachfolgebau, ebenfalls aus Holz gefertigt, existierte nicht lange. Bereits im Jahre 1558 baufällig geworden – die Feuchtigkeit hatte ihre zerstörerische Kraft voll entfaltet – trat ein Steinturm an seine Stelle, der den Stürmen der Zeit bis heute trotzte und zum Wahrzeichen von Bautzen geworden ist.

Vor Errichtung der Alten Wasserkunst belieferten Brunnen und Zisternen in der Altstadt Bautzen mit Wasser. Der wachsende Bedarf und Trockenzeiten hatten zur Folge, dass der kräftezehrende Weg zur Spree immer öfter angetreten werden musste.

Das fast 48 m hohe massive Bauwerk mit seinen 2,54 m dicken Wänden barg die Fördertechnik, die aus Wasserrad, Pumpwerk, Sammelbrunnen, Druckleitungen sowie einem offenem Kupferkessel bestand. Das Wasserrad trieb das Pumpwerk an, welches das Wasser aus Sammelbrunnen über Druckleitungen in den 35 m höher gelegenen Kupferkessel förderte. Von hier aus gelangte das Spreewasser über hölzerne Röhrleitungen zu den öffentlichen Röhrbütten. Dort schöpften die Bautzener das kostbare Nass in verschiedenste Behältnisse und trugen es nach Hause. Das Röhrsystem nutzte die Schwerkraft aus. Zunächst belieferte es die höchstgelegenen Röhrbütten der Stadt, Überlaufwasser lief durch weitere Röhrleitungen zu den nächsttieferen Röhrbütten.

Ein »Kunstmeister«, der das Handwerk des Schlossers oder Tischlers beherrschte, überwachte die Anlage der Alten Wasserkunst und das Röhrleitungssystem und führte Instandsetzungsarbeiten durch.

Jahre 1798 begann das Zeitalter der eisernen Wasserröhren. Es dauerte weitere 90 Jahre, bis das Wasser durch diese Leitungen in die Häuser gelangte. Im Laufe der Zeit stattete man die Alte Wasserkunst immer wieder mit neuer Technik aus. Ihre Stillegung erfolgte erst im Jahre 1965 unmittelbar nach Fertigstellung einer neuen Fernversorgungsleitung. Bautzen erhält nunmehr sein Trinkwasser aus dem 15 km spreeabwärts gelegenen *Commerau*. Das über 500 Jahre alte Bauwerk der Alten Wasserkunst birgt heute ein *Museum*. Hier können wir Relikte aus vergangenen Zeiten besichtigen, so ein Teilstück einer hölzernen Röhrleitung oder die in den Jahren 1874–1878 eingebauten Turbinen und Kolbenpumpen, die das alte, vom Wasserrad angetriebene Pumpwerk ersetzten. In 40 m Höhe befindet sich eine Aussichtsplattform, die einen schönen Blick über das Spreetal und auf die Stadtsilhouette gestattet. Es fällt auf, dass man sich beim Aufsetzen der Dachspitze nicht an der Mitte des Turmabschlusses orientierte. Der auf diese Weise an den Rand gedrängte Helm ließ im Mittelalter Platz für eine Kanone. Hier offenbart sich die zweite Funktion der Alten Wasserkunst. Als Teil der Stadtmauer diente sie in kriegerischen Zeiten zur Verteidigung der Stadt. Im unteren Turmdrittel befand sich ein Wehrgang, durch dessen Ausgusslöcher die Verteidiger der Stadt heißes Wasser und Pech auf die Angreifer schütteten.

Unmittelbar neben der Alten Wasserkunst steht die 1473 erstmals erwähnte Michaeliskirche, die nach der Reformation als Parochialkirche der protestantischen Sorben diente.

Mit der Wehrhaftigkeit der Alten Wasserkunst konnte sich die 1610 eingeweihte *Neue Wasserkunst* südwestlich der Altstadt zwischen Äußerer Lauenstraße und Fischergasse nicht messen. Aber ausgerechnet gegen sie richteten sich zu Beginn des Dreißigjährigen Krieges am 1. Oktober 1620 die Angriffe des sächsischen Heeres. Kanonenkugeln zerstörten das Bauwerk, das erst zwischen 1720 und 1725 neu erstand. Ursprünglich erhielt das Pumpwerk über den *Mühlgraben* Spreewasser. Die technische Ausrüstung existiert heute allerdings nicht mehr, nur der Turm der Neuen Wasserkunst blieb als Zeugnis erhalten.

**Stadtbefestigungsanlage** Obwohl sich die Bautzener Altstadt auf dem Granitplateau des Felssporns etwa 30 m über der Spree erhebt, benötigte auch sie im kriegerischen Mittelalter wehrhafte Mauern. Zu Beginn des 15. Jahrhunderts musste Bautzen zweimal den Belagerungen der Hussiten standhalten, nach leidvollen Erfahrungen begann danach der verstärkte Ausbau der Wehranlagen. Doch auch diese vermochten es nicht die Stadt während des Dreißigjährigen Krieges vor schweren Zerstörungen zu schützen. Am schlimmsten traf es Bautzen im Jahre 1634, als Wallensteins Truppen plündernd und brandschatzend durch die Straßen zogen. Trotz der erlittenen Schäden und der flächendürstenden Industrialisierung seit dem 19. Jahrhundert, der andernorts viele historische Bauwerke zum Opfer fielen, präsentiert sich das heutige Stadtbild mit einer fast vollständig erhaltenen Altstadt einschließlich einer an der Nord- und Westseite komplett erhaltenen Befestigungsanlage.

Das Vorhandensein von Stadtmauern lässt sich bis zum Jahre 1282 zurückverfolgen. Größte Bedeutung besaß die innere Stadtmauer mit einer Breite von 2 m und einer Höhe bis zu 9 m. Die äußere Stadtmauer, die zum Schutz der Vorstädte erbaut worden war, trug man zwischen 1825 und 1827 ab.

Als westlicher Teil der Stadtbefestigung erhebt sich am südlichen Zugang zur Altstadt der *Lauenturm*. Es folgen in nördlicher Richtung die *Fischerbastei*, die *Alte Wasserkunst*, das *Mühltor*, die *Mühlbastei* und der *Burgwasserturm*. An der nördlichen Seite des Felssporns weist die Stadtbefestigung weitere Türme auf: den *Matthias-*, den *Nikolai-* und den *Schülerturm*. Als Zeugnis der östlichen Stadtbefestigung ragt mit 56 m der *Reichenturm* in die Höhe. Er besitzt eine Aussichtsplattform, so dass wir uns Zeit für eine Besichtigung nehmen sollten. Beim genauen Betrachten des Bauwerks fällt seine Neigung in nordwestliche Richtung auf – wir stehen vor dem «schiefen Turm« von Bautzen. An Höhe übertrifft ihn nur noch der Turm der *Domkirche St. Peter* mit 83 m. Zusammen mit dem 54 m hohen *Rathausturm* bestimmen sie die prägnante Stadtsilhouette.

Die innere Stadtmauer entfernte man im 19. Jahrhundert an der Ost- und Südseite der Altstadt. Neben dem Reichenturm blieb der Wendische Turm erhalten und wurde durch Gottfried Semper (Architekt der Oper in Dresden) in den Bau der Alten Kaserne (1842–1844) mit einbezogen.

**Altstadtzentrum** Zum *Rathaus* und damit zum historischen Mittelpunkt der Altstadt von Bautzen gelangen wir vom »schiefen Turm« aus über die Reichenstraße, die als Fußgängerzone zum Bummeln einlädt. Nach etwa 300 m sind wir auf dem *Hauptmarkt* angekommen, an dessen Nordseite das 1732 fertig gestellte Rathaus steht. Überlieferungen besagen, dass bereits der böhmische König Ottokar I. Anfang des 13. Jahrhunderts für sieben städtische Beamte »ein sonderlich stattliches stei-

In der Bautzener Altstadt

Im Mittelalter befand sich auf dem Hauptmarkt die Richtstätte, hier wartete der Galgen auf die zum Tode Verurteilten. Im Jahre 1408 erlebte die Stadt eine Massenhinrichtung, als König Wenzel IV. 14 an einem Handwerkeraufstand beteiligte Zunftmeister hinrichten ließ.

nernes Haus« auf dem Hauptmarkt errichten ließ, von dem allerdings nichts übrig blieb. Von einem anderen, aus dem 15. Jahrhundert stammenden Vorgängerbau des heutigen Rathauses stammt der bereits erwähnte Turm, der die Zerstörungen des Stadtbrandes von 1634 überstand. Vor dem Rathaus befindet sich der *Marktbrunnen* mit dem »Ritter Dutschmann«, der Sandsteinfigur eines römischen Kriegers.

Am Hauptmarkt begrüßen uns historische Bauten des sächsischen Hochbarocks, die zum größten Teil nach dem verheerenden Stadtbrand von 1634 entstanden. An der südwestlichen Seite des Marktes Ecke Lauenstraße/Heringstraße übernachteten im *Hartmannsche Haus* gekrönte Häupter wie der preußische König Friedrich II., der französische Kaiser Napoleon I. und der russische Zar Alexander I.

Hinter dem Rathaus beginnt der *Fleischmarkt*, den die *Domkirche St. Peter* dominiert. Der Bau begann unter dem Meißner Bischof Bruno II. im Jahre 1213 und verlief in mehreren Etappen bis um

1500. Seit der Reformationszeit nutzten beide große Kirchenkonfessionen das spätgotische Bauwerk für Gottesdienste. Im Zeitraum von 1566 und 1952 trennte man deshalb den Kircheninnenraum durch ein 4 m hohes Gitter in zwei Teilbereiche. Zwei Orgeln begleiten die getrennt stattfindenden Gottesdienste. Die Andacht der evangelischen Gemeinde untermalt eine Jugendstil-Orgel der Firma Eule, während die katholischen Gottesdienstbesucher den Klängen einer Orgel aus der Werkstatt der Firma Kohl lauschen. Einen einmaligen, leider sehr seltenen Hörgenuss bietet das Zusammenspiel beider Instrumente.

Das Stadtmuseum am Kornmarkt bewahrt das abgebaute Gitter als historisches Zeugnis der fast 400 Jahre währenden räumliche Teilung auf.

Zwischen 1921 und 1980 war Bautzen Sitz des Bischofs von Meißen. Die Domkirche St. Peter besaß dadurch zeitweilig den Rang einer Kathedrale. Von ebenfalls glanzvollen Zeiten künden die wertvollen Kunstgegenstände der *Domschatzkammer St. Petri* (An der Petrikirche 6). Zu sehen sind u. a. zwei Engelsfiguren von Balthasar Permoser sowie eine spätgotische Monstranz aus der Werkstatt eines Bautzeners Goldschmiedes. Für Freunde sakraler Kunst sei angemerkt, dass neben der Domschatzkammer das *Stadtmuseum Bautzen* (nahe dem Reichenturm) mit einer beachtenswerten Sammlung kirchlicher Schnitzplastiken aus dem Mittelalter aufwartet. Hervorhebenswert ist ebenfalls die Gemäldegalerie des Stadtmuseums mit Werken von Cranach d. Ä., Pesne, Roessler, Runge, Slevogt, Liebermann und Dix.

Im Städtischen Museum sind neben der Gemäldesammlung außerdem die Ausstellungen zur Stadtgeschichte sowie zur Oberlausitzer Volkskunst vom 17. bis zum 19. Jahrhundert von Interesse.

**Ortenburg** Doch zurück zur Domkirche St. Peter bzw. der Domschatzkammer, von dort aus erreichen wir über die Schlossstraße in Kürze die Ortenburg. Sie entstand vermutlich 958 als Feste des slawischen Volksstammes der Milzener. Den ältesten noch erhaltenen Teil der Anlage stellt der Burgwasserturm dar, der aus der Zeit um 1400 datiert. Die Wasserversorgung der Burg sicherte ein am Turmfuß vorhandener Brunnen, fast 100 Jahre später versorgte die Alte Wasserkunst die Befestigungsanlage mit Wasser.

Der *Hauptbau der Ortenburg*, das Schloss, wurde 1486 eingeweiht und erhielt Ende des 16. Jahrhunderts drei weithin sichtbare Renaissancegiebel. Der Bauherr des Schlosses war kein Geringerer als der König von Ungarn und Böhmen, Matthias Corvinus, nach dem man auch den spätgotischen Schlossturm an der Nordostseite der Ortenburg benannte. Das an der Ostseite des Turms eingelassene 9 m hohe Denkmal erinnert an den einstigen Landesherren. Es zeigt den Herrscher mit seinen königlichen Insignien und den Wappen der von ihm beherrschten Länder. Über allem prangt die Inschrift »MATTHIAS REX«. Seit 1635 herrschten sächsische Kurfürsten und Könige in der Oberlausitz. Königliche Verwalter, Landvogte oder Amtshauptmänner residierten im Schloss.

Die Lausitz war während der Herrschaftszeit von Corvinus Teil eines Vielvölkerstaates, dem Schlesien, Mähren, Österreich, Steiermark, Dalmatien und Kroatien angehörten.

Zu den architektonisch schönsten Objekten des Schlosses zählt der von italienischen Meistern 1662 fertiggestellte *Audienzsaal*, den eine prachtvolle Stuckdecke schmückt. Eine neunteilige Bildfolge erzählt die Geschichte der Lausitz von der Belehnung durch Karl den Großen im Jahre 806 bis zur Übernahme der Lausitz durch die sächsischen Landesherren.

Im Jahre 1002 wurde Bautzen als »civitas Budissin« erstmals urkundlich erwähnt, die offizielle Umbenennung von Budissin in Bautzen fand erst 1868 statt.

Als erster Neubau in sächsischer Zeit entstand Mitte des 17. Jahrhunderts das Hofrichterhaus, das sich nördlich des Schlosses befindet. Links daneben erbaute man im Jahre 1869 anstelle des alten Salzspeichers das Schwurgerichtsgebäude, das seit 1973 das *Sorbische Museum* beherbergt. Die Ausstellungsräume bieten einen Einblick in Geschichte, Kultur und Literatur der Sorben/Wenden, die in der Lausitz aus den slawischen Stämmen der Milzener und Lusizer hervorgingen. Die Slawen ließen sich bereits im 6./7. Jahrhundert in der Lausitz nieder, wurden jedoch im Zuge der deutschen Ostbewegung nach hartem Widerstand unterworfen und in das deutsche Staatsgefüge eingegliedert. Aber noch heute leben in der Lausitz ihre Nachkommen, eine nationale Minderheit, die ihre eigenen Bräuche und Traditionen pflegt. So erklärt sich auch die in der Ober- und Niederlausitz immer wieder anzutreffende Zweisprachigkeit – Deutsch/Sorbisch (Wendisch) – vor allem bei Orts- und Straßennamen. Während die Bezeichnung »Wenden« ein deutscher Begriff ist und auf das lateinische Wort »Venedi« römischer Geschichtsschreiber zurückgeht, das die Gruppe der Elb- und Osteeslawen zusammenfasste, leitet sich der Aus-

Zu Beginn des 10. Jahrhunderts leitete König Heinrich I. die deutsche Ostbewegung ein. Ein erster Eroberungszug gegen die slawischen Milzener fand 932/933 statt. Im Jahre 990 unterlag dieser Volksstamm endgültig. Bautzen selbst wurde Ende des 10. Jahrhunderts von Eckhard II., Markgraf von Meißen, in Besitz genommen.

druck »Sorben« aus dem Slawischen her. Als »Surbi« tauchten sie erstmals in der Geschichtsschreibung auf, »Serbja« nennen sich die sorbischen Bewohner heute in ihrer Muttersprache. »Sorbe« bedeutet so viel wie Milchbruder und weist auf den früheren Brauch der gemeinsamen Pflege des Nachwuchses durch eine Amme hin. Vieles mehr wäre zu erwähnen, denn Bautzen stellt heute noch ein wichtiges Zentrum sorbischer Kultur dar. Vertiefende Informationen erhält man u. a. im Museum oder bei Mitarbeitern der *Sorbischen Kulturinformation* in der Kurt-Pchalek-Straße 26. Vormerken sollte man sich insbesondere die Herbstkonzerte sorbischer Musik, die die Domowina – Bund Lausitzer Sorben e. V. seit 1970 im Festsaal des Museums veranstaltet.

Seit Juli 1996 zieht zudem der jährliche *Bautzener Theatersommer* steigende Besucherzahlen auf der Ortenburg an. Die Organisatoren wählten als Erstinszenierung ein Stück über den berühmt-berüchtigten Räuberhauptmann Karraseck (siehe auch Kapitel »Von Rittern, Räubern und Goldgräbern«), der nach seiner Gefangennahme von 1800 bis 1803 in einer winzigen Gefängniszelle des *Burgwasserturms* der Ortenburg einsaß. Jeweils einmal am Tag gegen Mittag öffneten seine Wächter das kleine Fenster für kurze Zeit. Dann riefen die Kinder von Bautzen: »Karraseck, bist du noch da?« worauf der verwegene Räuber antwortete: »Karraseck is noa ni weg!«. Zwei Jahrhunderte später lieferte diese kleine Begebenheit die Grundidee für ein Theaterstück des Deutsch-Sorbischen Volkstheaters Bautzen.

Nach einer dreijährigen Untersuchungshaft in der Ortenburg musste sich Karraseck vor seiner Überführung nach Dresden zwei Stunden lang am Pranger in Bautzen verhöhnen und beschimpfen lassen. In Dresden trat er am 6. September 1803 mit 38 Jahren als »Baugefangener erster Klasse«, versehen mit Fußketten und -kugeln, seine Strafe an. Er starb am 14. September 1809.

**Talsperre Bautzen** Nachdem wir das historische Zentrum von Bautzen kennen gelernt haben, wenden wir uns wieder der Spree flussabwärts zu. Nunmehr durcheilt unsere Spree flaches Land. In der Vergangenheit kam es hier nach der Schneeschmelze im Frühjahr immer wieder zu katastrophalen Überschwemmungen. Der Bau der Talsperre Bautzen zwischen 1968 und 1975 dämmte diese Gefahren. Die 600 ha große silbrige Wasserfläche des Stausees bildet ein attraktives Wassersportparadies, zu dem ein ausgedehnter *Ferienpark* mit einem abwechslungsreichen Angebot in Bautzen-

Spree bei Niedergurig

Die Talsperre Bautzen dient hauptsächlich der Brauchwasserversorgung des Braunkohlenkraftwerkes Boxberg. Außerdem erhalten landwirtschaftliche Betriebe bei Bedarf Wasser.

Auf dem Dorfplatz von Quatitz steht ein Gedenkstein für Andreas Gärtner, den »sächsischen Archimedes«, der in diesem Dorf das Licht der Welt erblickte.

Burk gehört (Bootsverleih, Surfschule, Tennisplätze mit Kursangeboten, Kegelbahn, Strandpromenade, Spielplatz, Campingplatz, Ferienwohnungen).

Der Stausee lässt sich auf einem Uferweg gut umrunden. Vom Ferienpark kommend treffen wir als erstes auf das Dorf *Niedergurig*, wo die Spree den Talsperrenstausee bereits wieder verlassen hat und als eingedeichter Fluss ihren Weg fortsetzt. Ein Spreearm umspült eine kleine Insel, auf der sich Überreste des Herrenhauses des einstigen Rittergutes erhielten. Am Fuß des Staudamms geht es weiter in Richtung *Quatlitz*. Dort setzen wir den Weg nach Süden durch das Landschaftsschutzgebiet Spreeniederung fort.

**Kleinwelka** Bevor wir wieder in Bautzen eintreffen, lohnt ein Besuch in *Kleinwelka*, das wir nach ca. 4 km erreichen. Mit über 100 aus Beton modellierten lebensgroßen Saurierplastiken kreierte der Künstler Franz Gruß hier einen *Saurierpark*, der Jung und Alt erfreut. Die zweite Attraktion Kleinwelkas öffnete im Jahre 1992 ihre Türen für Besucher – der mit 2 601 $m^2$ in seiner Art größte

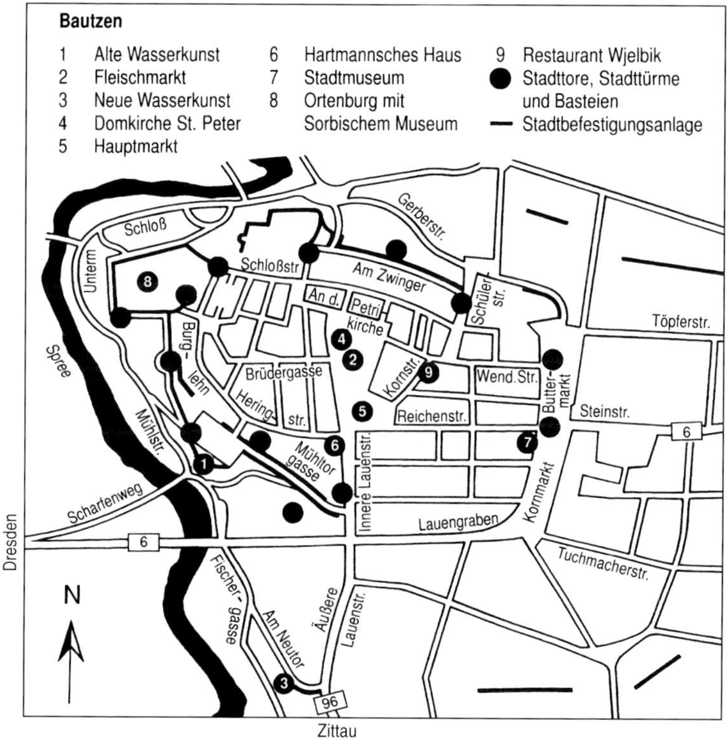


Irrgarten Deutschlands. Sollte nach dem Besuch der Dinos und des Irrgartens noch Zeit bleiben, empfiehlt sich zum Abschluss des Bautzen-Aufenthaltes eine Besichtigung der *Miniaturstuben alten Handwerks & Mechanisches Dorf »Oberlausitz«* im Bautzener Vorort *Seidau*. Von Kleinwelka kommend verlassen wir deshalb die B 96 unmittelbar nach Unterquerung der Autobahn A 4 und erreichen über die Welkaer Straße die Teichwitzer Straße. Hinter einem Gartenzaun begrüßt uns in Seidau als erstes das Gesicht eines alten Bekannten, des Räuberhauptmanns Karraseck. Sein Dasein beschränkt sich hier auf das eines harmlosen Riesenräuchermanns. Die Drechslerei und Werkstatt

Lohnenswert ist auch ein Abstecher nach Panschwitz-Kuckau (18 km nordwestlich von Bautzen) mit dem Kloster St. Marienstern und den Erinnerungsstätten des sorbischen Dichters Jakub Bart, genannt Čišinski.

Ausflugstipp: Pfarrkirche von Radibor (7 km nordwestlich von Bautzen) mit wertvollen Schnitzfiguren

der Miniaturstuben fertigte außerdem die Volksfigur »Eierjokl« und ein mechanisches Wasserspiel. In der Schauanlage »Kleine Oberlausitz« erleben Besucher die Sehenswürdigkeiten der Region en miniature im Maßstab 1 : 20. Die Arbeiten stehen in der Tradition erzgebirgischer Holzschnitzkunst, greifen aber zumeist typische Oberlausitzer Motive wie die des Räuberhauptmanns Karraseck auf.

Von Kleinwelka wenden wir uns wieder in Richtung Bautzen und setzen von dort unsere Reise über die B 156 zum Teichgebiet um Uhyst fort.

## Der besondere Tipp:

**Sorbische Gastlichkeit**

Eine Vielzahl historischer Bürgerhäuser prägt das Gesicht der Bautzener Altstadt. Doch das 600 Jahre alte Gewölbe des Hauses in der Kornstraße 7 wartet mit Besonderem auf. Denn hier können wir auch die kulinarischen Spezialitäten der sorbischen Küche kennen lernen. Das Restaurant »Wjelbik« (kellerartiges Gelass) beeindruckt mit seiner großen Palette typisch sorbischer Speisen, die vom einfachen Quark mit Leinöl bis zum erlesenen sorbischen Hochzeitsessen reicht. Spezialitäten sind Fischgerichte, sorbischer Bauernkuchen sowie der Kräuterhaustrunk »Moja lubka« (Mein Liebchen). An sorbischen Abenden erfahren die Gäste von der Wirtin zudem Interessantes über die Bräuche und Trachten der Sorben/Wenden.

# Im Gebiet der Teiche und des Schwarzen Goldes

## Oberlausitzer Heide- und Teichlandschaft Olba-See · Bergbaulandschaft um Uhyst

Anreise:
***mit dem PKW*** *über die A 4 bis Bautzen und von dort entlang der B 156 Richtung Norden*
***mit der Bahn*** *bis Hoyerswerda und von dort bis Bahnhof Uhyst*

Frühling im Oberlausitzer Heide- und Teichgebiet

**Oberlausitzer Heide- und Teichlandschaft** Dort, wo die Spree die Talsperre Bautzen verlässt, beginnt die Oberlausitzer Heide- und Teichlandschaft. Wie ein grünes Band zieht sie sich fast 15 km in nördliche Richtung bis nach *Uhyst* und über 30 km von *Wittichenau* im Westen bis nach *Niesky* im Osten. Hier, im Gebiet des *Breslau-Magdeburger Urstromtales* der Elstereiszeit, bildeten sich durch das oft nicht mehr als einen halben Meter unter der Oberfläche lagernde Grundwasser sowie durch die kleinen Flüsse und Bäche breite Flussauen und feuchte Brüche heraus. Unsere Vorfahren nutzten diese natürlichen Bedingungen schon seit alters her zur Anlage von Fischteichen. So sind in der Region neben natürlichen viele künstliche Gewässer anzutreffen. Heute findet der Besucher fast 1000 Teiche vor, die eine Fläche von nahezu 500 ha einnehmen. Die ersten ihrer Art legten die Menschen bereits im 15. Jahrhundert in den Besitzungen des *Klosters Marienstern* (Nähe Kamenz) und der Herrschaften *Hoyerswerda* bzw. *Bad Muskau* an. Um 1590 beschrieb ein Görlitzer Chronist den Wasserreichtum: »Unzählig ist die Menge der Teiche, unglaublich groß die Zahl der Wässerlein so hier entspringen.« Bis heute ist das so geblieben. Seit etwa 100 Jahren besteht das Teichgebiet in jener flächenmäßigen Ausdehnung, wie wir sie heute kennen. Hinter *Niedergurig* schimmern die ersten Gewässer und die Spree teilt sich in zwei Hauptarme auf.

Um 1715 gab es in der Lausitz u. a. die Teichwirtschaften Baruth, Uhyst, Kreba, Guttau und Förstchen.

Als nächsten Ort steuern wir *Klix* an, ein hübsches Dörfchen, das eine günstige Gelegenheit für eine kurze Rast bietet. Gegenüber der Kirche liegt der sehenswerte Gasthof, der aus einer Mühle hervorging. Im Biergarten sitzend kann man auf den Mühlenteich schauen, den hier die Kleine Spree speist. Die Umgebung des Dorfes zählt zu den schönsten Flecken dieser Wasser-, Wiesen-, Feld- und Waldlandschaft. Kurz hinter dem Dorf entfernen sich die beiden Spreearme voneinander. Während der östliche, breitere den Namen Spree beibehält, aber auch *Hauptspree* genannt wird, erhielt der westliche Arm die Bezeichnung *Kleine Spree* (siehe auch Kapitel »Entlang der Kleinen Spree zu den Lausitzer Seen«). Erst knapp 30 km weiter

Die Naturwacht des Biospärenreservates »Oberlausitzer Heide- und Teichgebiete (siehe »Informationen und Ratschläge für unterwegs«) bietet geführte Wanderungen zum besseren Kennenlernen der Naturbeschaffenheit dieser Region an.

nördlich, bei *Spreewitz*, vereinigen sich beide wieder.

Von Klix führt uns unsere Reise zunächst nicht entlang des Flusses, sondern über *Guttau, Klein Saubernitz* und dann nach *Wartha* zurück an die Hauptspree. Dieser kleine Schlenker lohnt sich. Teiche, alte Bäume und breite Auen erstrecken sich links und rechts der Wege. Besonders romantische Plätzchen gibt es bei Wartha. Die Teiche berühren hier fast die schmale Straße und selten stört ein Auto. Wir sind inmitten der Natur und nur der weite Himmel spannt sich über uns. Diese Region gehört bereits zum *Biosphärenreservat Oberlausitzer Heide- und Teichlandschaft*, das den größten Teil dieses Gebietes umfasst. Biosphärenreservate bilden die Grundlage eines speziellen Forschungsprogrammes der UNESCO zu »Mensch und Biosphäre«. Anders als z. B. in Nationalparks, in denen mehr als 50 % der Fläche als Totalreservat ausgewiesen sind und in deren Grenzen sich meist keine menschlichen Niederlassungen befinden, werden in Biosphärenreservaten wie die Oberlausitzer Heide- und Teichlandschaft die dort lebenden und wirtschaftenden Menschen ausdrücklich in das Konzept einbezogen, auch die Dörfer und Siedlungen gehören als fester Bestandteil zum Schutzgebiet. Hier geht es nicht um Naturschutz allein, auch die vom Menschen geprägte Kulturlandschaft unterliegt dem Schutzstatus. Denn die vielgestaltige Naturausstattung – hier nicht zuletzt von der traditionellen Wald-, Teich- und Landwirtschaft geprägt – zeigt eine enge Verbindung zum kulturhistorischen Erbe. Eine weitere Besonderheit der Region besteht in der slawischen Erschließung des Raumes ab dem 6. Jahrhundert und die sich später rasch vollziehenden Mischbesiedlung durch Deutsche und Slawen, im Gegensatz dazu blieb z. B. der nahe Spreewald lange rein slawisch.

Mittlerweile besteht weltweit ein System von 324 Biosphärenreservaten in 111 Ländern der Erde. In Deutschland gibt es insgesamt 13, davon liegen allein zwei Schutzgebiete in Brandenburg und eines in Sachsen.

Das Großschutzgebiet umfasst eine Fläche von insgesamt 26 000 ha, charakterisiert durch einen vielfältigen Wechsel verschiedener Lebensräume. So werden die Bedingungen für die Tier- und Pflanzenwelt auf relativ kleinem Raum begünstigt. Von den über 400 Pflanzenarten sind 32 vom Aussterben bedrohte Spezies besonders geschützt. Zu

Das Oberlausitzer Heide- und Teichgebiet wurde 1990 zum Naturpark erklärt und 1994 auf Beschluss der Sächsischen Landesregierung in ein Biosphärenreservat umgewandelt. Es erstreckt sich von Hoyerswerda im Westen bis Mücka im Osten, von Klitten im Norden bis Glettau im Süden.

Heidelandschaft

61 Pflanzenarten des Biosphärenreservats stehen auf der Roten Liste der vom Aussterben bedrohten Tier- und Pflanzenarten Deutschlands, 153 erfasst die Rote Liste Sachsens. Bei den Tierarten sind es 51 bzw. 55.

ihnen zählen Sonnentau, Glockenheide, seltene Orchideen und Moorveilchen. Im Bereich der Fauna finden 15 Fledermausarten, über 150 verschiedene Brutvögel, darunter Seeadler, Kraniche, Schellenten, sowie zahlreiche Lurche und Kriechtiergattungen, aber auch viele Falter vorrangige Beachtung. Zwei Tierarten liegen den Einheimischen ganz besonders am Herzen, da sie quasi die Wappentiere des Schutzgebietes darstellen: Storch und Fischotter. Ersterer wird von den Menschen schon lange verehrt. So soll er der germanischen Frühlingsgöttin Helda als Götterbote vorangeflogen sein. Man glaubte, der etwa 80 cm große Vogel, dessen Flügelspannweite bis zu 2 m reicht, brächte den göttlichen Segen für die Bestellung der Felder. Um Adebar, Langbein, Heilebart oder Klapperstorch rankt sich manch lange Legende. Ab März jeden Jahres kehrt der Weißstorch heim ins Oberlausitzer Heide- und Teichgebiet. Hier findet er Nahrung im Überfluss. Freuen wir uns also, wenn er uns begegnet, er ist immer ein Zeichen für eine noch halbwegs intakte Umwelt. Vom zweiten

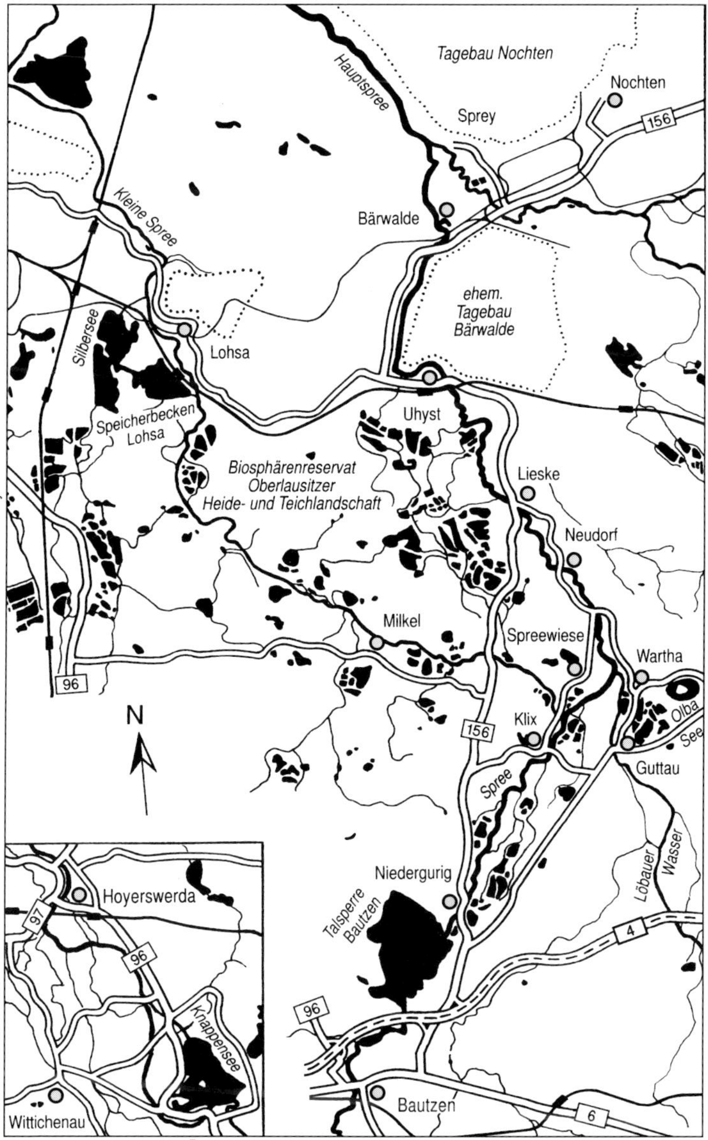
Tagebau Nochten
Hauptspree
Nochten
Sprey
156
Kleine Spree
Bärwalde
ehem.
Tagebau
Bärwalde
Silbersee
Lohsa
Uhyst
Speicherbecken
Lohsa
Hoyerswerda
Biosphärenreservat
Oberlausitzer
Heide- und Teichlandschaft
Lieske
Neudorf
Milkel
Spreewiese
Wartha
96
N
156
Klix
Olba
See
Klein Saubernitz
Guttau
Spree
Löbauer
Wasser
Hoyerswerda
97
96
Knappensee
Wittichenau
Niedergurig
Talsperre
Bautzen
4
96
Bautzen
6
Bautzen

Jeder Storch braucht täglich 500 g Nahrung: Fische, Insekten, Mäuse, Frösche, Eidechsen u. a. Ein Jungtier benötigt gar 1200 Gramm, um erwachsen zu werden und für die Reise nach Afrika gerüstet zu sein.

Für den einst über ganz Deutschland verbreiteten Otter (bis zu 10000 wurden pro Jahr noch bis Mitte unseres Jahrhunderts gejagt) sind Sachsen, Brandenburg, Mecklenburg-Vorpommern und z. T. Niedersachsen heute die letzten Rückzugsgebiete in unserer Heimat. Die Gesamtzahl beträgt nur einige Tausend.

»Wappentier«, dem Fischotter, meinten die Sorben, dass er der Wassermann sei, der unachtsame Menschen in die Tiefe reißt. Dieser muntere Geselle fällt auch durch sein Pfeifen, Knurren und Quieken auf. Lange von den Bauern als Fischräuber verfolgt und durch die zunehmende Belastung der Gewässer dezimiert wurde er in weiten Teilen Europas fast völlig ausgerottet. Dort, wo der Otter sich noch im Wasser tummelt, ist er ein sicherer Hinweis auf gesunden Lebensraum. Heute steht er unter strengem Schutz. In unserer Spreeregion leben gegenwärtig noch etwa 200 Tiere. Bei entsprechendem Verhalten kann man sie manchmal in Bächen, an Uferzonen oder in Verlandungsbereichen sehen. Wer über Naturschutz und Schutzzonen des Biosphärenreservates mehr erfahren möchte, wende sich an die Reservatsverwaltung in Mücka. Derzeit befindet sich eine zweite *Informationsstelle in Wartha* im Aufbau.

Diejenigen, die sich von Guttau zu Fuß nach Wartha begeben, gelangen auf dem Teichwanderweg (siehe auch Kapitel »Der glücklose Rivale«) direkt zum Landschaftspflegehof Wartha. Das alte Vorwerk des Rittergutes *Guttau* (um 1800 erbaut) wird zur Zeit wiederhergestellt. Es stellt einen typischen Dreiseitenhof mit Scheune, Wohnhaus, Stallgebäude und Hofteich dar. Der Plan sieht die endgültige Fertigstellung für 1998 vor, doch auch jetzt schon geben die Mitarbeiter gern Auskunft.

**Olba-See** Eine Wanderung in diesem Gebiet sollte im Sommer immer mit einem Abstecher zum Olba-See verbunden sein. Die Badestelle am idyllisch gelegenen Campingplatz bietet Ruhe und Beschaulichkeit. Den See gibt es erst seit 1932. Er entstand infolge des seit 1865 betriebenen Abbaus von Braunkohle, der meist im Tiefbau erfolgte. Bis zu 90 m ragten die Stollen in die Kohle hinein. Dabei unterhöhlten die Bergleute auch den vorgeschichtlichen *Burgwall* namens »Radisch«, eine ehemalige Sumpfburg. Bodenfunde wie Münzen aus griechischen und römischen Städten lassen auf die vormals weit verzweigten Handelsbeziehungen schließen. Eine Sage berichtet, wer am Burgwall die Ruhe störe, müsse mit dem Leben bezahlen. Am 3. Oktober 1927 schien sich diese Weissagung zu bewahrheiten – die Grube brannte. Drei Bergleute fanden in der Tiefe den Tod und die Stollen mussten geflutet werden. An ihrer Stelle breitet sich heute der Olba-See aus.

Unsere weitere Tour folgt nun der Straße über Wartha, Neudorf und Uhyst – immer parallel zur Hauptspree. Gegenüber von Wartha erstreckt sich der Ort *Spreewiese*, ein Name, der gut in die Landschaft passt. Doch ursprünglich hieß das Dorf Leichnam. Wenn die Ortsansässigen zur Erntezeit jedoch zusätzliche Arbeitskräfte benötigten, fand der Ruf nach »Landarbeitern für Leichnam« oft wenig Widerhall. Und so taufte der Gutsbesitzer den Ort einfach um. Dann geht es weiter, an grünen Wiesen und vielen Teichen vorbei nach Neudorf und Lieske. Dabei überqueren wir die alte brandenburgisch-sächsische Landesgrenze. Lieske war die erste Spreesiedlung auf preußischer Seite, heute gehört es allerdings zu Sachsen.

In der Silvesternacht 1926/27 erhielten die Briketts folgende Prägung: »Es gleicht ein Jahr genau dem anderen;
Denn keins befriedigt unseren Sinn;
doch dass gesund wir wieder wandern;
ins neue dünket uns Gewinn.«

**Bergbaulandschaft um Uhyst** Nach 5 km in nördliche Richtung erreichen wir Uhyst, ein Städtchen, in dem einst Hermann Fürst von Pückler-Muskau einige Jugendjahre verbrachte. Danach wechselt die Spreelandschaft schlagartig ihr Gesicht: soeben noch Idylle, Natur pur, jetzt riesige Löcher, Kraftwerke, Staub, oft Einöde, vom Menschen total veränderte Landschaft, die sich fast bis nach Cottbus zieht. Hier wurde und wird das »Schwarze Gold«, die Braunkohle, aus der Erde geholt. Vor 10 Millionen Jahren bedeckte üppige subtropische Vegetation diese Region Europas. Mammutbäume mit bis zu 5 m Durchmesser ragten in den Himmel. Sie starben ab und unter Luftabschluss, durch späteren Druck und hohe Temperaturen entstand daraus Torf und langsam Braunkohle. Schon im Mittelalter erkannten die Bauern der Lausitz, dass die schwarze Erde, die teilweise auf ihren Äckern zum Vorschein trat, sich im Winter bestens zum Erwärmen ihrer Häuser eignete. Aber erst Ende des 19. Jahrhunderts begann der Abbau im großen Stil, im Tagebau, allerdings weiter westlich in der Region Senftenberg-Hoyerswerda (siehe auch Kapitel »Entlang der Kleinen Spree zu den Lausitzer Seen«).

In Uhyst soll Pückler bei der Herrnhuter Brüdergemeine seine tiefe Liebe zur Gärtnerei entdeckt haben, die Voraussetzung für seine späteren Glanzleistungen in den Parks von Bad Muskau, Branitz u. a.

Heute ist die Lausitz das wichtigste Braunkohlenrevier Deutschlands. Noch Ende der 80er Jahre förderten die Bergleute bis zu 300 Millionen Tonnen jährlich. Da die Kohle unter zum Teil 80-100 m tiefen Erdschichten lagert, hob man gewaltige Gruben aus, um den Rohstoff auszubeuten. Die Kohle verarbeitet man zu Briketts, sie dient auch als Rohstoff für die Chemische Industrie, bisher wurde sie aber hauptsächlich in riesigen Kraftwerken zur Stromerzeugung verfeuert. In den letzten Jahren ging die Fördermenge jedoch auf 1/5 des Ursprünglichen zurück. Viele Gruben mussten aus Rentabilitätsgründen schließen. Auch den *Tagebau Bärwalde*, der sich bis an den Ortsrand von Uhyst erstreckt, traf das Ende. Einst verlegte man hier sogar die Straße (B 156) und die Spree, um den benötigten Platz für die riesigen Förderbrücken zu schaffen. So macht unser Fluss heute einen Bogen nach Westen und begibt sich erst ab Bärwalde wieder in sein altes Flussbett. Folgen wir der B 156 und der Spree ab Uhyst, biegt 5 km weiter die Straße nach Bärwalde und Sprey ab. In Sprey endet dieser Teil unserer Spreetour. Bevor wir sie jedoch in Richtung Cottbus fortsetzen, folgen zwei größere Abstecher entlang von Nebenflüssen, der Kleinen Spree und des Schwarzen bzw. Weißen Schöps.

Die tertiäre (Erdmittelalter) Braunkohle ist sehr weich, oft noch mit deutlichen Spuren des urzeitlichen Holzes versehen und hat einen hohen Wassergehalt. Erst durch starkes Pressen und Hitze erhält man einen festen Brennstoff.

## Der besondere Tipp:

**Das größte Loch Deutschlands**

Direkt hinter Sprey liegt der Tagebau Nochten, der größte in Deutschland. Seit 1968 wird hier Kohle gefördert. Der Vorrat beträgt etwa 900 Millionen Tonnen. Einblicke in die gewaltige Veränderung der Landschaft gewähren die Aussichtspunkte Nochten-Nord bzw Süd. Informationstafeln an Schutzhütten geben Auskunft, dass hier 65–100 m Deckgebirge abgetragen werden müssen, um an 9–20 m Kohle heranzukommen (Verhältnis Kohle-Abraum ca. 1 : 5!). Eine gespenstisch aufgerissene Landschaft tut sich vor uns auf. Stählerne Kolosse – Förderbrücken, Förderbänder, Greifer – arbeiten ohne Unterbrechung. Riesige Halden in graubraunen oder gelben Farbtönen bleiben zurück. Kilometerweit wächst kein Baum, kein Strauch, kein Pflänzchen – unheimlich und faszinierend zugleich.

Die Aussichtspunkte sind über die B 156 ab Nochten (Süd) und ab Weißwasser (Nord) zu erreichen (ausgeschildert).

# Am Schwarzen und Weißen Schöps

## Boxberg · Stannewisch · Trebus · Horka · Niesky Mücka

Anreise:
***mit dem PKW*** *über die A 15 bis Cottbus-Süd, weiter über die B 97/156 bis Boxberg*
***mit der Bahn*** *die Strecke Berlin–Bautzen bis Hoyerswerda und weiter Richtung Niesky*

Wehrkirche in Horka

Zwischen Görlitz und Löbau in der Oberlausitz entspringen die beiden »Schöps-Gewässer«, zwei der wenigen Nebenflüsse der Spree, die aus dem östlichen Einzugsgebiet Wasser heranführen. Auf unserem Ausflug wollen wir dem Weißen Schöps ein Stück flussaufwärts folgen, um dann am Schwarzen Schöps flussabwärts wieder die Spree zu erreichen.

Bei Sprey mündet der Weiße Schöps in die Spree. Die ersten 15 km flussaufwärts sind wenig verheißungsvoll, es sei denn man ist ein Freund von Industrielandschaften.

Das Kraftwerk verfügt über eine Kapazität von 1600 MW und ist eines der größten Braunkohlekraftwerke Europas. Neue Filteranlagen und die Rauchgasentschwefelung, aber auch der Neubau von Teilen der Anlage haben die Umweltbelastung deutlich verringert.

**Boxberg** Alles überragend sehen wir kurz hinter Sprey den Kraftwerksriesen Boxberg. In den 70er Jahren errichtet, werden hier jährlich Millionen Tonnen von Braunkohle verfeuert. Die vier großen Schornsteine, noch mehr die 12 Kühltürme, alle weit über 100 m hoch, bestimmen die Silhouette der Spreyer Landschaft. Die Kühltürme sind so groß, dass man bequem die Kirche einer Kleinstadt hineinstellen könnte. Bei *Kringelsdorf* breitet sich der *Tagebau Reichwalde* aus. Der Weiße Schöps wurde an dieser Stelle in ein künstliches Bett verlegt und parallel zum Nordrand der Grube gezwungen. Hier entlang verläuft auch die Betonstraße der Lausitzer Braunkohle AG (LAUBAG) nach *Viereichen*, die uns zum Aussichtspunkt Nord des Tagebaues führt. Neben den Informationstafeln hat man eine große Baggerschaufel abgestellt, die zu Anschauungszwecken mit Rohbraunkohle gefüllt ist. Alte Holzstrukturen, sogar Blätter sind in den brüchigen Stücken zu erkennen. Wir halten 10 Millionen Jahre alte Naturrelikte in den Händen.

Nördlich des Tagebaus Reichwalde bzw. Rietschen schließt sich das riesige Gelände des Truppenübungsplatzes Nochten an (etwa 20 mal 7 km). Dieses Gebiet der Muskauer Heide darf nicht betreten werden.

Während uns der Weg eben noch durch triste Bergbaulandschaft, Einöde führte, wechselt die Szenerie ganz plötzlich. Kaum zurück auf der Betonstraße breitet sich keine zwei Kilometer östlich (bei Viereichen) eine hübsche Teichlandschaft aus. Wir passieren typische Lausitzer Dörfer. Der Gegensatz könnte kaum größer sein. Gleich hinter Viereichen liegt *Rietschen*, ein Dorf, das einen Halt lohnt. Besonders der »Erlichthof« lädt zur Besichtigung ein. Dieses alte Wohnhaus von 1650 mit seinen Nebengebäuden (Scheune, Stall, Torhaus) zählt zu den wenigen noch erhaltenen Häusern mittelal-

Kraftwerk Boxberg

terlicher Bauweise. Die einstöckigen Häuser stammen aus verschiedenen Gebieten der Lausitz und wurden hier wieder aufgebaut. Neben Fachwerkbauten kann man auch Wohngebäude in der sogenannten Schrotholzbauweise besichtigen. Bei letzteren handelt es sich um Holzhäuser, die in einer speziellen Technik zusammengefügt sind. Seit 1991 bemüht man sich, den Erlichthof als *Freilichtmuseum* aufzubauen. Neben der bäuerlichen Bauweise soll es auch über die ingenieurtechnische Leistung der Altlausitzer bei der Schaffung der Fischteiche und über ihre Lebensweise informieren.

Gleich neben Rietschen wird *Daubitz* mit dem Sitz des *Naturschutzzentrums Niederspree* erreicht. Diese Bildungsstätte befindet sich am Rande eines der bedeutendsten Naturschutzgebiete Sachsens – ein Feuchtbiotop, das sich im Gebiet der *Daubitz-Quolsdorfer Teiche* entwickelte. Auf dem Programm des Bildungszentrums stehen neben Umwelt- und Naturschutzlehrgängen auch geführte Wanderungen.

Auf der Reise entlang des Weißen Schöps zeigt sich das Wasser oft in hellgelber oder bräunlicher Färbung. Doch nicht Umweltbelastungen sind die Ursache, sondern lössähnliche Lehmböden, die sich am Oberlauf gebildet haben. Bei starkem Niederschlag führt das Flüsschen viel Lehm und Sand mit sich.

**Stannewisch** Von Daubitz gelangen wir über Hähnichen (oder von der B 115 in Richtung Niesky) nach Stannewisch. Der etwas abseits mitten im Wald gelegene Ort hat sich zu einem kleinen Erholungszentrum gemausert. Neben dem idyllischen Waldbad erfreut vor allem das 10 ha große *Wildgehege* Gäste und Einheimische. Rot-, Dam- und Schwarzwild sowie Mufflons leben hier. Außerdem gibt es einen *Naturlehrpfad* und ein *Waldschulheim*, wo Schulklassen Wissenswertes über die Forstwirtschaft erfahren. Interessante Holzplastiken und verschiedene Holzgestaltungselemente schmücken von Frühjahr bis Herbst das Freigelände.

Mufflons sind zierliche Wildschafe mit schwärzlicher Mähne an der Halsunterseite. Man redet auch vom Muffelwild. Die Bezeichnung Muffel steht für das Maul mancher Haustiere wie Schaf oder Ziege und für die Nase des Wildes, besonders des Elchwildes.

Bemerkenswertes können wir auch im 3 km westlich von Stannewisch gelegenen *Kosel* entdecken. Wer es nicht weiß, fährt achtlos vorbei, denn kaum ein Hinweis deutet auf die kleine *Heimatstube* in der Dorfstraße hin. Die von privater Hand zusammengetragene Sammlung an Alltagsgegenständen von Nützlichem bis Kuriosem verdient jedoch Würdigung. Dinge des täglichen Gebrauchs aus verschiedenen Jahrzehnten dokumentieren das Leben in dieser Region der Oberlausitz: Uhren, alte Kücheneinrichtungen, der erste Fernseher u. a. Auch Sonderbares gehört dem Sammelsurium an: beispielsweise ein Kinderwagen, der mit einem amtlichen Erlaubnisschein von 1910 für das Führen eines Kinderwagens versehen ist.

**Trebus** Der nächste Zwischenstop führt uns in den kleinen Ort Trebus südlich von Kosel. Im *Töpferhof* am Waldrand wird aus Rohstoffen der Region das traditionelle Braunzeug gebrannt. Im letzten Freifeuerofen Sachsens dauert es 30 Stunden, bis all die Krüge, Vasen, Tassen, meist in schlichter Form, gebrauchsfertig zu entnehmen sind. Im dazugehörigen Laden verkaufen Mitarbeiter der Töpferei die begehrten Waren. Wie auch in anderen kleinen Betrieben des Kunsthandwerks lässt sich der Meister bei seiner Arbeit hier bereitwillig über die Schulter schauen. Laien, die sich in ihrer Freizeit selbst gern an der Töpferscheibe versuchen – was auch Ungeübte in Trebus einmal probieren können –, werden bei genauem Hinschauen vielleicht noch so manchen nützlichen Trick erlernen.

Alter Töpferspruch: »Nimm den Krug nach Töpferbrauch und führe ihn zum Munde; und trinke ihn mit einem kräft'gen Zug bis auf den Grunde.«

In Trebus

Nach all diesen unterschiedlichen Eindrücken setzen wir unsere Reise entlang des Weißen Schöps fort. In gemächlicher Fahrt und ohne Hektik geht es über die Landstraße in südöstliche Richtung durch hübsche Orte auf Niesky zu.

**Horka** Kurz vor den Toren der Stadt Niesky, wo auch die Straße nach Westen abbiegt, treffen wir auf Horka. Im Zentrum des Ortes erhebt sich eine alte Burg, so scheint es zumindest auf den ersten Blick. Doch bei genauerem Hinsehen entpuppt sich die wehrhafte Anlage als Kirche. Wir stehen vor einer der letzten europäischen *Wehrkirchen* mit Verteidigungsanlagen. Bereits um 900 angelegt, boten ihre Mauern in Kriegszeiten der Dorfbevölkerung Schutz. Bei drohender Gefahr zog sich das ganze Dorf samt Vieh, Vorräten und Hausrat in die kirchliche Wehranlage zurück. Die Mauer umschließt kreisförmig den Kirchhof. Wer sich die Mühe macht, zählt 72 Zinnen. Für jeden Bauern Horkas eine Zinne, wie die Legende besagt. Der Aufsatz stammt aber erst aus dem 15. Jahrhundert, als die Oberlausitz unter den Hussitenkriegen litt.

Die Oberlausitz galt durch ihre Lage als Verbindung vom Böhmischen Becken nach Mittel- und Norddeutschland als strategisch wichtiges Gebiet. Viele wollten sie beherrschen. Kriegszüge gehörten daher fast zur Tagesordnung. Für die Dorfbevölkerung waren die Wehrkirchen oft die einzige Rettung.

In dieser Zeit erhöhte man die Anlage auch um 1,5 m. Durch das kleine Torhaus gelangt der Besucher zu Kirchhof und Kirche. Bei Renovierungsarbeiten legten geschulte Restauratoren Fresken aus dem 15. Jahrhundert frei. Der gekreuzigte Christus und einige andere Motive sind noch gut zu erkennen. Unter dem Altar befindet sich die Gruft derer von Gersdorf, einer Familie, von der noch in Niesky die Rede sein wird. Wer den Pfarrer bittet, kann sich die Grabstätte vielleicht näher anschauen.

Niesky bedeutet im Böhmischen niedrig und bezieht sich sowohl auf das flache Land als auch auf die Glaubensauffassung der Brüdergemeine – niedrig zu Gott.

**Niesky** Nach dieser Stippvisite in Horka liegt Niesky vor uns. In dem 12 000 Einwohner zählenden Städtchen geht es recht gemütlich zu. Die »City«, der denkmalgeschützte parkähnliche *Zinzendorfplatz*, erhielt ihren Namen nach dem Reichsgrafen Nikolaus Ludwig von Zinzendorf – auf ihn ging die Gründung der Knabenschule der Brüder-Unität zurück. Dort steht auch das älteste Haus der Stadt, das sogenannte *Raschke-Haus*. Nur selten lässt sich das erste Wohnhaus, das in einer Stadt entstand, so eindeutig benennen und zugleich noch besichtigen. Hier jedoch ist es möglich. Raschke war der erste Vorsteher der Herrnhuter Gemeine in Niesky. Die selbständige evangelische Freikirchenbewegung musste im 18. Jahrhunderts ihre angestammte Heimat im katholischen Böhmen verlassen. Am 8. August 1742 kamen die ersten Brüder und Schwestern der Gemeinschaft in der Lausitz an. Auf dem Land des Gutsherren von Trebus, Siegmund August von Gersdorf, der großzügig Asyl bot, durften sie ihre neue Gemeine errichten.

Die Kleinstadt hatte lange Zeit etwas mit New York gemeinsam – das Autokennzeichen. Heute gehört Niesky zum Niederschlesischen Oberlausitzkreis und musste das alte Kennzeichen NY durch das neue NOL eintauschen.

Am Zinzendorfplatz sehen wir neben dem Raschke-Haus, das heute das Heimatmuseum und die Touristeninformation beherbergt, auch das ehemalige *Brüderhaus*, ein Zeugnis des schlichten ländlichen Barocks. Zur Zeit gestaltet man das Gebäude zur Bibliothek um. Die älteste *Schulturnhalle* Deutschlands schließt sich unmittelbar an. 1861 errichtet dient sie heute als Ausstellungsraum. Das *Pädagogikum* am selben Platz, 1751 als Knabenschule erbaut, belegt Niesky als einstigen Mittelpunkt der Brüdergemeine (heute Herrnhut), das damit auch ein Zentrum der humanistischen Bildung war. Eine weitere optische wie architekto-

Raschke-Haus in Niesky

nische Attraktion bildet die Bebauung der *Konrad-Wachsmann-Straße* und des *Deckerplatzes*, denen hübsche Holzhäuser einen besonderen Charakter verleihen. Hier lebten früher die ledigen Männer der Gemeine. Die Holzbauten gehen auf die Firma Christoph und Unmack zurück, deren Erfolgsstory im Jahre 1882 in Niesky begann. Die pfiffigen Unternehmer entwickelten Fertigteilholzhäuser, die sie hier produzierten und dann in die ganze Welt exportierten. Wenn man so will, meisterten sie die erste industrielle Vorfertigung von Häusern, deren Montage an jedem beliebigen Ort der Erde möglich wurde. Die Holzhäuser in Niesky stellen Musterhäuser dar, jedes in einer anderen Form. In den 20er Jahren förderte der Architekt Konrad Wachsmann die Produktion, bis er in den 30er Jahren emigrieren musste, weil er Jude war.

Holzbauten aus Niesky wurden sogar in den USA und China aufgestellt. In Deutschland ist vor allem das hier entworfene Zugspitzhaus bekannt.

Da Reisen, Essen und Trinken nun mal zusammengehören, bietet sich in Niesky eine Rast zur Stärkung z. B. am Zinzendorfplatz an. Als kulinarische Spezialität sei Schlesisches Himmelreich empfohlen – ein Gericht aus Rauchfleisch, Semmelknödeln und in Fleischbrühe gekochtem Dörrobst. Es gibt in Niesky und Umgebung eine eigene Version, wie dieses Gericht entstanden sein soll. Das Rauchfleisch und die Semmelknödel stammen in ihrer Art aus der böhmischen Urheimat, das Dörrobst aus der preußischen Nachbarschaft, die Gewürze aus der schlesischen Vergangenheit und der süßsaure Schuss aus dem Rheinland, aus dem einst Siedler hierher kamen. Dies alles nach Lausitzer Manier gemischt, ergibt das »Himmelreich« auf Erden. So gestärkt ist es ein Leichtes, den etwas außerhalb westlich der Stadt gelegenen *Wartturm* zu erklimmen. 88 Stufen sind emporzusteigen, doch der herrliche Rundblick entschädigt für die »Anstrengung«. Von hier oben erkennt man deutlich eine große Wasserfläche im Westen. Diese gehört dem mit 650 ha größten See Sachsens, dem *Quitzdorfer Stausee*. Der aufgestaute Schwarze Schöps erfreut sich durch sein besonders klares Wasser großer Beliebheit. Bootsverleih, Surfschule und Strand sorgen dafür, dass sich alle Besucher wohl fühlen. Auch Petrijünger sind gern gesehen. Wer keinen Angelschein besitzt, kann ihn hier erhalten. Einen nahezu garantierten guten Fang sichern sich all jene, die für einen Obulus in den angrenzenden *Sproitzer Fischteichen* ihre Angelruten nach Karpfen auswerfen. Um an eine köstliche Fischspeise zu kommen, gibt es natürlich auch eine einfachere Variante. Im »Gasthof am Markt« des südlich gelegenen *Diehsa* erwartet den Gast mit »Karpfen Blau« eine wahre Gaumenfreude.

Der Quitzdorfer Stausee ist auch ein ideales Wandergebiet. Drei markierte Wanderwege erschließen die Region. Einer führt mit 20 km Länge rings um den Stausee.

**Mücka** Unser »Heimweg« zurück zur Spree erfolgt über Mücka und Kreba nach Sprey. Sollte die Zeit noch ausreichen, bietet sich ab Mücka (dort hat die Biosphärenreservatsverwaltung Oberlausitzer Teich- und Heidelandschaft, vgl. Kapitel »Im Gebiet der Teiche und des Schwarzen Goldes«, ihren Sitz) ein Streifzug entlang des *Naturlehrpfades Mücka-Kreba* durch die Schöpsaue an. Hier sind sowohl Wanderungen auf eigene Faust als auch unter Führung möglich. Letztere haben den Vorteil, dass man nicht nur auf Details aufmerksam gemacht wird, die dem sonst ungeschulten Auge entgehen würden, darüber hinaus erfahren die Teilnehmer viel Wissenswertes über die Natur- und Land-

Im Biosphärenreservat gibt es geschickt in die Landschaft integrierte hölzerne Aussichtstürme. Schell-, Stockenten, Graureiher, Kranich, sogar Seeadler sind von dort aus gut zu beobachten.

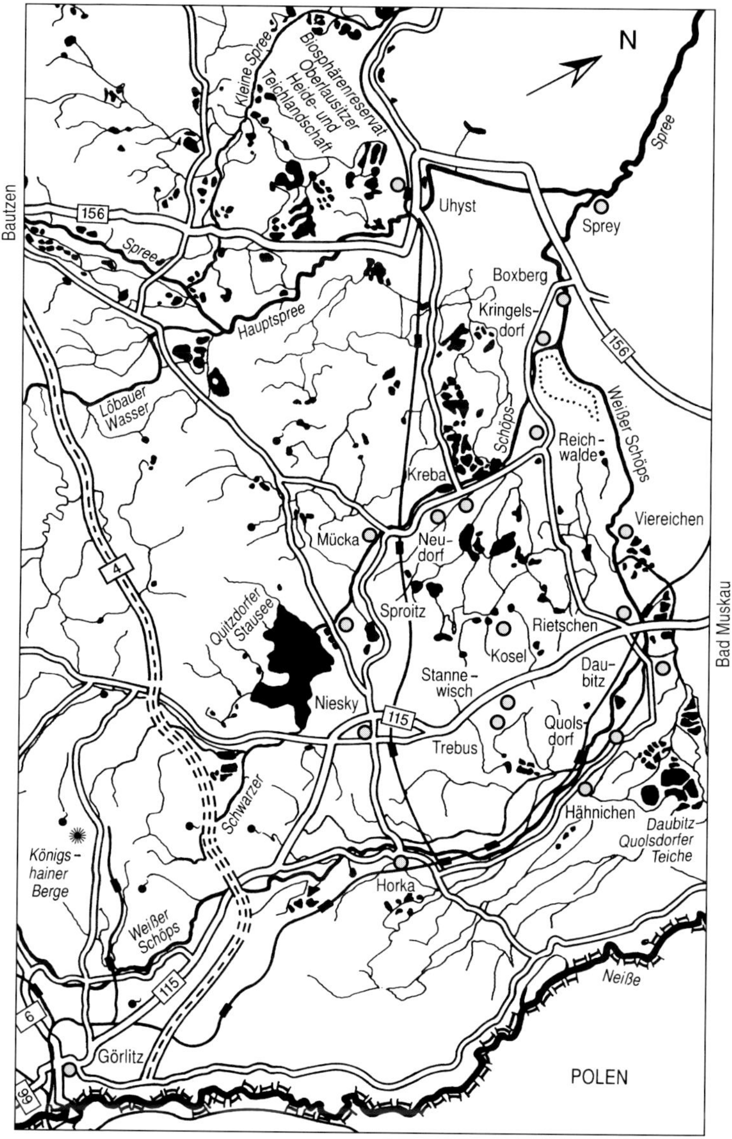
N
Bautzen
Bad Muskau
Biosphärenreservat Oberlausitzer Heide- und Teichlandschaft
Kleine Spree
Spree
156
Uhyst
Sprey
Boxberg
Kringelsdorf
Hauptspree
Löbauer Wasser
Schöps
Weißer Schöps
Reichwalde
Kreba
Viereichen
Mücka
Neudorf
4
Quitzdorfer Stausee
Sproitz
Rietschen
Kosel
Stannewisch
Daubitz
Niesky
115
Quolsdorf
Trebus
Schwarzer
Hähnichen
Daubitz-Quolsdorfer Teiche
Königshainer Berge
Horka
Weißer Schöps
Neiße
6
Görlitz
99
POLEN

Die Schafhaltung ist heute leider nicht mehr profitabel, für die Landschaftspflege aber unersetzbar. Deshalb zahlt man den Züchtern Entschädigungen.

schaftspflege: Ein kundiger Exkursionsleiter weist beispielsweise auf die Bedeutung der Moorschnucken für die Landschaftspflege hin, die quasi als ökologische Rasenmäher dienen und Wiesen wie Weiden vor Verbuschung bewahren.

Krebas Umgebung scheint nur aus Teichen zu bestehen. Insbesondere im Herbst zieht es viele Einheimische und Besucher hierher, wenn die großen Fischzüge beginnen und die Seen abgefischt werden. Vor allem Karpfen, aber auch einige Zander, Aale u. a. gehen ins Netz. Dabei findet ein großes Volksfest, das »Lachefischen« (Lach = alter, toter Flussarm), statt.

## Der besondere Tipp:

**Im kleinsten Gebirge Deutschlands**

Bekanntermaßen ist ein Überblick über die jeweilige Reiseregion immer von Vorteil. Hier bietet sich dieser im kleinsten Gebirge Deutschlands, in den Königshainer Bergen. Ob das mit dem kleinsten Gebirge stimmt, sei einmal dahingestellt, denn wer kann schon mit Sicherheit sagen, wo genau das Vorland endet und das »richtige« Gebirge beginnt. Doch lassen wir den Oberlausitzern ihren »Besitzerstolz«. Je nach Kondition kann der Reisende den durch mannigfaltige Felsgruppen und Steinbrüche charakterisierten Höhenzug (ca. 7 km südlich des Quitzdorfer Stausees bei Thiemendorf) bequem in 1–2 Stunden durchwandern. Ein Lehrpfad berichtet über den Gesteinsaufbau des Stockgranits. Auf dem Hochsteinplateau befindet sich ein Aussichtsturm, von dem der Blick weit ins Land reicht. Bei gutem Wetter zeigt sich am Horizont sogar die Schneekoppe des Riesengebirges.

# Entlang der Kleinen Spree zu den »Lausitzer Seen«

## Milkel · Knappensee/Knappenrode Wittichenau · Dubring · Silbersee · Hoyerswerda

Anreise:
***mit dem PKW*** *über die B 4 bis Bautzen und weiter über die B 156 Richtung Commerau*
***mit der Bahn*** *die Strecke Berlin–Bautzen bis Hoyerswerda und weiter bis Königswartha*

Handwerkergasse in der Altstadt von Hoyerswerda

Unser zweiter Abstecher, der nördlich von Bautzen beginnt, dort, wo die Spree sich in zwei Flussarme (Hauptspree und Kleine Spree) teilt, führt uns nun über 30 km entlang der *Kleinen Spree*. Als erstes Ziel steuern wir den Ort Milkel an. Das ab Klix in vielen Serpentinen geschwungene Asphaltband der Straße windet sich durch eine abwechslungsreiche Landschaft mit hügeligen Feldern und kleinen Waldgebieten. Im Juni/ Juli tauchen Lupinen die Umgebung in ein leuchtendes Gelb, auf den Getreidefeldern sorgen Mohn- und Kornblumen für rote und blaue Tupfer.

Neuere Theorien von Geologen und Hydrologen besagen, dass die Kleine Spree eigentlich die »Richtige« ist und die Hauptspree die Verlängerung des Löbauer Wassers (vgl. »Der glücklose Rivale«) bildet, das bei Wartha in die Spree mündet. Die 2 km zwischen Klix und Wartha wären demnach nur eine künstliche Verbindung von Spree und Löbauer Wasser.

**Milkel** Viele Reisende beachten das auf den ersten Blick unscheinbar wirkende Milkel gar nicht, doch ihnen entgeht ein hübsches architektonisches Kleinod. Leider deutet kein Hinweisschild darauf hin. Nur wer die Abzweigung nach Rauden benutzt, sieht gleich danach rechts hinter hohen Bäumen das gelbe *Barockschlösschen* leuchten. Durch den gepflegten Park mit den alten Kastanien, Buchen und Erlen gelangen wir vor das schöne vierstöckige um 1720 erbaute Gutshaus mit seinen halbrunden Ecktürmen. Die Fassade glänzt neu, aber das Innere macht einen verlassenen Eindruck und dies täuscht nicht. Nachdem der große Besitz der Gräfin von Holnstein 1945 enteignet worden war, diente das Haus als sorbische Sprachschule bzw. sorbisches Gymnasium. Nach der politischen Wende 1990 wechselte die Gymnasialschule ihr Domizil und zog nach Bautzen um. Seit Abschluss einiger notdürftiger Renovierungsarbeiten steht das Schloss zum Verkauf. Bleibt zu hoffen, dass sich bald ein Käufer findet, der sich um den Erhalt dieses schönen Anwesens kümmert.

Der Park von Milkel wurde 1843/44 als englischer Landschaftspark angelegt. Die Pläne stammen u. a. von Hermann Fürst von Pückler-Muskau.

Von Milkel führt uns unsere Spreereise über Steinitz und Wartha nach *Groß Särchen* am Knappensee. Bereits im 11. Jahrhundert wird hier eine sorbische Ansiedlung bezeugt, im 16. Jahrhundert ein herrschaftliches Vorwerk mit Försterei und Schäferei, das der Sächsische Kurfürst August der Starke 1696 dem Oberst Johann von Schadowitz übereignete. Der Oberst galt als sehr aufgeschlossen und gerecht gegenüber seinen Untertanen und wurde so zur Legende. Manche Sage rankt sich um ihn – im Volksmund als »Krabat-Sagen« bekannt.

Der legendäre Krabat erlernte bei einem Müller das Handwerk und das Zaubern. Seine magischen Kräfte gebrauchte er zu allerlei Kunststücken und Streichen, mit denen er zum Beispiel die Habsucht der Viehhändler anprangerte oder die Neugier des Wittichenauer Pfarrers bestrafte. Verehrung und Bewunderung bei seinen Untertanen gewann Krabat vor allem, indem er aus kargem Sandboden fruchtbare Äcker schuf oder Sümpfe trockenlegte. Der Name Krabat leitet sich von Kroatien ab, da der Oberst aus dieser Region stammte. Er starb 1704 im Gasthaus »Zum Schwan«, das er bewohnte, einem der ältesten heute noch stehenden Gebäude des Dorfes.

Vor seinem Tode verkündete Krabat: Wenn sein Geist den Körper verließe und ein schwarzer Rabe setzte sich auf den Schornstein des Sterbehauses, so sei er verloren. Erschiene aber stattdessen ein weißer Schwan, so habe er ein seliges Ende gefunden. Nach seinem letzten Atemzug, so erzählt die Legende, ließ sich ein weißer Schwan auf dem Dach nieder. Seitdem trägt das Wirtshaus, in dem der Oberst starb, den Namen »Zum Schwan«.

**Knappensee** Heute liegt Groß Särchen am Knappensee, einem der neuen Lausitzer Seen, die der Bergbau hinterließ. Nur ältere Einheimische können sich vielleicht erinnern, dass noch vor gut 50 Jahren (1913–1945) an dieser Stelle Grubenarbeiter 58 Millionen t Kohle pro Jahr aus der Grube Werminghoff förderten. Eine ungewollte Flutung im April 1945 ließ in kurzer Zeit den 264 ha großen See entstehen. 10 km lange begrünte Ufer, Freizeitanlagen und kleine Inseln bilden nun ein Idyll für Badefreunde, Wasser- und Angelsportler. Von Groß Särchen folgen wir der Landstraße dann über Koblenz nach Knappenrode. Zwischen Koblenz und dem nur 5 km entfernten Knappenrode befindet sich eine der größten Graureiherkolonien Deutschlands. Auch zahlreiche Storchenpaare nisten auf Dächern, Masten und Türmen.

**Knappenrode** In Knappenrode erwartet seit 1993 die zu einem einzigartigen *Bergbaumuseum* umgestaltete alte Brikettfabrik Besucher. Die Ausstellungen veranschaulichen auf eindrucksvolle Weise, welchen Stellenwert der Bergbau in der Lausitz seit über 100 Jahren besitzt und in welchem Maße er das Leben und Handeln der Menschen bestimmt. Der Abbau des Schwarzen Goldes in der Lausitzregion begann 1789 etwa 25 km westlich des Ortes bei Senftenberg/Reppist. Aus dem Stollen geholt, mit den Füßen gestampft und in Eimern getrocknet nutzte man die Kohle zunächst als Heizmaterial überwiegend für den Privatgebrauch, doch schon bald wurde sie zum wichtigsten Brennstoff für die

Im Ringen der deutschen Arbeiter um soziale Absicherungen spielte die Bergbauregion Lausitz eine große Rolle. Beispielsweise garantierte die hier ab 1. 1. 1912 gültige Vereinbarung den Arbeitern der 131 Braunkohlenwerke erstmals in Deutschland 6 Tage bezahlten Jahresurlaub.

Der Gutsherr von Löwenstein, ein großer Pferdeliebhaber, verkaufte von 1911–1930 seinen gesamten Besitz um Hoyerswerda nach und nach an die Kohlengruben. Das Geld brachte er beim Wetten durch oder kaufte dafür Pferde. Um auf seinen Ländereien Platz für die Tagebaue zu schaffen, mussten die weiträumigen Wälder abgeholzt werden. 4 Jahre dauerte die größte Abholzaktion, die es in der Lausitz je gab.

sich rasch entwickelnde Industrie. 1871 erfand ein Berliner Unternehmer die Brikettherstellung und 1880 entstand die erste Brikettfabrik unter dem Namen »Matador«. Von nun an rollten Jahr für Jahr ununterbrochen Eisenbahnwaggons mit tausenden Tonnen von Brennstoff in die Hauptstadt. Im Jahre 1893 nahmen die Bergleute den ersten Tagebau bei Reppist in Betrieb. Um 1900 beschäftigte die Bergbauindustrie schon mehr als 10 000 Arbeiter. Es herrschte Goldgräberstimmung in der Lausitz. Spekulanten, die den Bauern mithilfe reichlich spendierten Alkohols ihren Besitz abschwatzten, brachten riesige Flächen an sich und gelangten durch den ehemals fast wertlosen Heideboden beinahe über Nacht zu großem Reichtum. Orte wie Buchwalde (heute Knappensee) verschwanden spurlos von der Landkarte. Gleichzeitig entwickelten sich neue Siedlungen für die zuziehenden Arbeiter. Eine dieser neuen Ortschaften war das 1907 gegründete *Laubusch* zwischen Hoyerswerda und Senftenberg. Die strenge Amtsvorschrift für derartige Ortsgründungen sah einen viereckigen Marktplatz mit Rathaus, Schule und Gasthaus vor, dazu parallel verlaufende Straßenzüge mit Wohngebäuden unterschiedlicher Art, denen man schon von außen ansah, ob darin Arbeiter, Beamte oder Ingenieure wohnten. Aus einer Region, die, wie ein Heimatforscher aus Hoyerswerda 1962 schrieb, »... vor 100 Jahren noch bäuerlich rückständig und ungesund, auf weiten Strecken unerschlossen und menschenarm, einsamster, entlegenster Kreis der Provinz Schlesien, gut genug zur Strafversetzung unfähiger oder unbotmäßiger Beamter« war, entstand eine der größten Bergbauregionen Europas. Felder, Wiesen, Weinberge und Dörfer wurden von den »Schwarzen Löchern« verschlungen. Viele Menschen verloren ihr Stück Heimat und so prägten die Lausitzer das bittere Sprichwort »Gott hat die Lausitz erschaffen und der Teufel die Kohle darin«. Der Mensch hat die Landschaft völlig verändert und die Eingriffe in die Natur hörten auch nach der Einstellung des Kohleabbaus nicht auf. Nun folgte die mühsame Rekultivierung der brach hinterlassenen Flächen. Anmutige Seen, begrünte Hügel, neu aufgeforstete Wälder, sogar Naturschutzgebiete er-

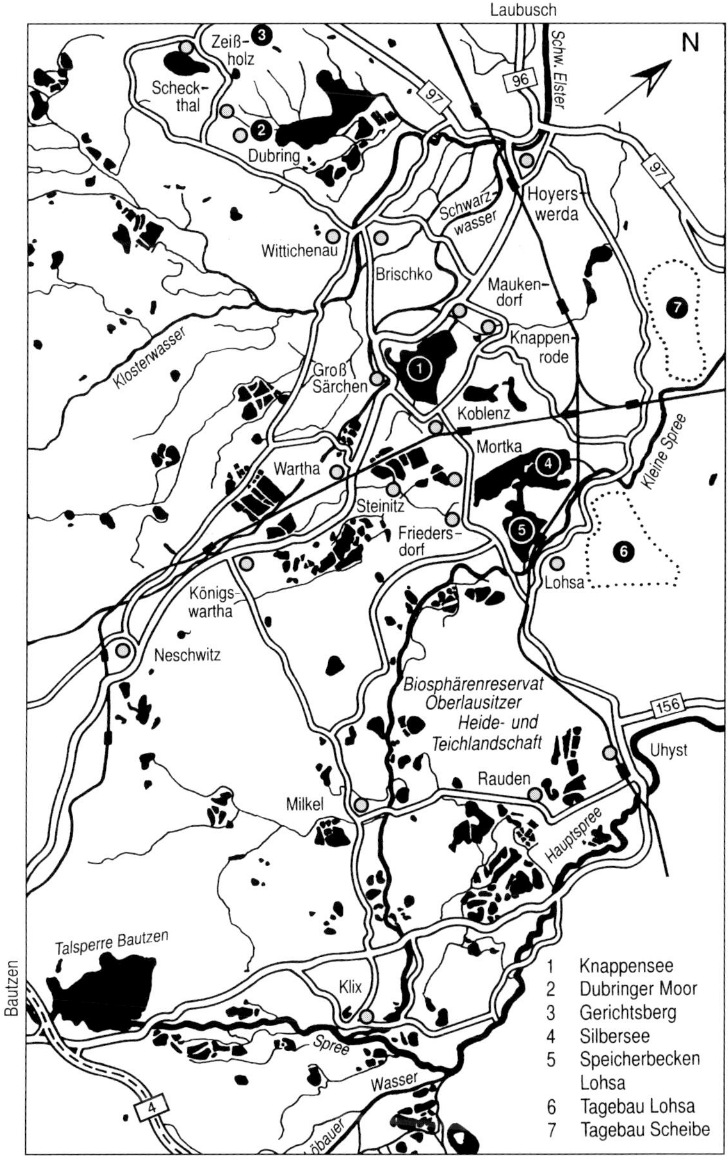
Laubusch
Schw. Elster
N
Zeiß-
holz
Scheck-
thal
Dubring
97
96
Hoyers-
werda
Schwarz-
wasser
Wittichenau
Brischko
Mauken-
dorf
Knappen-
rode
Klosterwasser
Groß
Särchen
Koblenz
Mortka
Wartha
Steinitz
Friedersdorf
Kleine Spree
Lohsa
Königs-
wartha
Neschwitz
Biosphärenreservat
Oberlausitzer
Heide- und
Teichlandschaft
156
Uhyst
Rauden
Milkel
Hauptspree
Talsperre Bautzen
Bautzen
Klix
Spree
Wasser
4
Löbauer
1 Knappensee
2 Dubringer Moor
3 Gerichtsberg
4 Silbersee
5 Speicherbecken Lohsa
6 Tagebau Lohsa
7 Tagebau Scheibe

strecken sich heute dort, wo einst riesige Gruben und Halden eine bizarre »Mondlandschaft« bildeten. Einen Eindruck von solch einer neuen, auf dem Reißbrett konzipierten Landschaft vermittelt ein Ausflug mit der ehemaligen Grubenbahn ab Knappenrode. Dazu lassen wir Auto oder Fahrrad stehen und begeben uns zum *Bergbaumuseum*, wo die insgesamt 15 km lange Fahrt beginnt. Etwa 1,5 h tuckert die Bahn durch die ehemalige Bergbaulandschaft, ein Erlebnis besonderer Art. Von Knappenrode (Ort), der ersten Haltestelle nach unserem Start, von wo im übrigen auch ein *Heidewanderweg* zum Knappensee (mit Campingplatz und FKK-Strand) führt, geht es nach *Maukendorf-Strand.* Dort gibt es zahlreiche Ausflugsgaststätten und ein Rundwanderweg lädt zu einem ausgedehnten Spaziergang um den *Maukendorfer See* ein (8,1 km). Haltepunkt Nummer 3, Brischko-Buchwalde, ermuntert mit seinen hier ausgeschilderten *Radwanderwegen* zu einer Knappenseetour oder zum Heideausflug durch die *Elsteraue.* Die nächsten Stationen sind Wittichenau-Saalauer Straße bzw. Wittichenau-Waldbad.

Die Lausitzer Grubenbahn fährt am Wochenende 9.20 Uhr und 14.30 Uhr ab Knappenrode. Die Rücktour ab Auerhahn erfolgt 11.30 Uhr und 16.30 Uhr. Montag bis Freitag wird nur auf Bestellung gefahren. ✆ (03571) 67 26 64

**Wittichenau** selbst ist ein ruhiger Ort mit anheimelnder Kleinstadtatmosphäre. In der Nähe des einladenden *Marktplatzes* mit der sächsischen Postmeilensäule (1732) und dem »Krabat«-Denkmal befindet sich die katholische *Pfarrkirche Maria Himmelfahrt.* In ihrem Inneren beherbergt sie einen wunderschönen barocken Hochaltar und daneben das Grab des legendären Krabat.

Eine besondere Attraktion bietet der Ort am Ostersonntag – das Osterreiten. Nach altem Brauch soll damit die junge Saat gesegnet werden. Ab Wittichenau zieht die große Reiterprozession, an der bis zu 400 Reiter teilnehmen, in Richtung Ralbitz. Den zahlreichen Zuschauern bietet sich ein beeindruckendes Bild: Feiertäglich gekleidete Reiter tragen Kirchenfahnen und verkünden singend die frohe Botschaft der Auferstehung. Für den festlichen Anlass entsprechend gestriegelt und herausgeputzt schmücken bunte Bänder und Schleifen und aufwändig geflochtene Zöpfe die Pferde. Erwähnung verdienen jedoch auch das *Waldbad* und der *Stadtteich* in der Flussaue der Schwarzen Elster.

»Geschmückt der Reiter, geschmückt das Ross Mit Bändern und hellen Schleifen. So reitet durchs Dorf der bunte Tross Hinter des Kreuzes goldenen Zeichen«, so lautet die Ankündigung zum beliebten Fest.

**Dubring** Unseren nächsten Haltepunkt erreichen wir in Dubring. Er eignet sich bestens für einen Streifzug durch das *Naturschutzgebiet Dubringer Moor* (Naturlehrpfad vorhanden). Neben der reizvollen und stillen Moorlandschaft mit zahlreichen heute seltenen Tier- und Pflanzenarten, die früher für die Niederlausitz typisch waren, beeindruckt besonders der alte *slawische Burgwall*. Die ovale Anlage im Moor (170 x 40 m) umschließt der Sage nach ein versunkenes Raubritterschloss. Der Dubringer Burgwall ist nachweislich bereits in der Eisenzeit als Siedlungs- und Verteidigungsplatz genutzt worden.

Empfehlenswert für eine Rast ist die Gaststätte »Teichhaus Zelder« inmitten der herrlichen Teichlandschaft am Dubringer Moor. Hier bestehen auch Reitmöglichkeiten für Kinder und ein Bootsverleih.

Die Haltestellen *Schecktahl* und *Zeißholz* bieten sich wiederum als Ausgangspunkt für Wanderungen (markierte Wege u. a. nach Dubring) an. Unsere Fahrt mit der Grubenbahn endet in Auerhahn nahe der B 97. Der 3 km entfernte *Gerichtsberg* (182 m), das *Erholungszentrum Ziegelteich* (Buslinie nach Hoyerswerda) oder die *Gaststätte Mühlengrund* lohnen hier einen Abstecher. Wir treten nach kurzem Aufenthalt die Rückfahrt nach Knappenrode an. Von dort setzen wir unsere Spreereise über Koblenz, Mortka, Lohsa nach Hoyerswerda fort.

**Silbersee** Bei Mortka breitet sich der 340 ha große Silbersee aus, der jedoch nur zur Hälfte für Erholungszwecke zur Verfügung steht. 1971 begann die Flutung des alten Tagebaues. Den östlichen Teil des Sees nimmt heute das *Speicherbecken Lohsa* ein, welches der wasserwirtschaftlichen Nutzung dient (Trinkwasserreservoir, Hoch- und Niedrigwasserausgleich der Spree). Hier fühlen sich inzwischen auch wieder Fischotter, Kormoran, Graureiher, See- und Fischadler wohl. Am Südufer des Sees (Bushaltestelle Friedersdorf/Silbersee) beginnt ein 1982/83 geschaffener *geologischer Lehrpfad*. Am Wegesrand liegen große Gesteinsbrocken, die die Gletscher während der Elster-Eiszeit aus Skandinavien bis hierher schoben. Fast 90 Findlinge dokumentieren die Kraft des Eises. Der größte Stein, ein Granit, wiegt etwa 40 t. An der Straße Lohsa-Hoyerswerda direkt am Ortsausgang Lohsa haben wir von der dort aufgestellten Schutzhütte einen guten Blick über den *Tagebau Lohsa*. Von 1914–1988 förderten die Bergleute etwa

Die Erschließung der Grube Werminghoff II. , die heute den Silbersee bildet, begann 1933. 1960 war sie ausgekohlt und die Förderung wurde eingestellt.

Angler finden am Silbersee zahlreiche ruhige Fleckchen. Hecht, Karpfen, Plötze, Zander, und Aal beißen bei entsprechendem Petri-Glück.

Neben 1,5 Milliarden t Abraum, die bewegt worden sind, mussten Buchwalde, Neu-Lohsa, Neida, zum Teil Lippen und Dreiweibern dem Tagebau weichen.

425 Millionen t Kohle zutage. Inzwischen wachsen schon wieder Bäume, glitzern erste Wasserflächen, erobert sich die Natur ihr Terrain zurück. Die abgeschrägten Uferböschungen zeigen jetzt schon an, welche Höhe der Wasserstand eines Tages erreichen wird. Die Wasserfläche beträgt dann 1600 ha und ist fast 6-mal so groß wie der Knappensee. Allerdings soll hier die wasserwirtschaftliche Nutzung als Großspeicher Vorrang haben. Über neu gebaute Stromrinnen fließt das Wasser der Spree und der Kleinen Spree zu. So wird der *Uferwanderweg* um den See einmal 31 km umfassen.

Hinter Lohsa zweigt eine Betonstraße nach Burg ab. Rechter Hand zieht die Kleine Spree in ein gerades Betonbett gepresst ihre Bahn, linker Hand dehnt sich der *Tagebau Scheibe* aus. Riesige Bagger und mächtige Förderbrücken sind heute nur noch stumme Zeugen eines einst regen Bergbaubetriebes, der Kohleabbau wurde bereits eingestellt. Gras überdeckt allmählich Abraum und Wege. Auch hier plant man einen See anzulegen. Es gibt nur wenige Landschaften wie die Südostlausitz um Lohsa und Knappenrode, die die gewaltigen Veränderungen der Landschaft infolge des Braunkohlenbergbaus und die Gestaltungskraft des Menschen bei der Rückverwandlung der verletzten Natur so bildhaft dokumentieren. Wie in einem Lehrbuch können die Besucher hier die verschiedenen Phasen der Entstehung einer »neuen Landschaft«, quasi eine Schöpfungsgeschichte im Zeitraffertempo, verfolgen.

Die Lausitzer Braunkohle AG (LAUBAG) ist heute der Betreiber aller Tagebaue in der Region. Um die Rekultivierung alter Gruben kümmert sich die Lausitz Mitteldeutsche Bergbauverwaltungsgesellschaft (LMBV).

**Hoyerswerda** Unser letzter Abstecher auf der Tour entlang der Kleinen Spree führt nach Hoyerswerda. 7 km westlich von Burg liegt die 60000 Einwohner zählende Stadt. Ihr Name verbindet sich für viele mit trostlosen Plattenbausiedlungen. Aber das stimmt nur teilweise. Der Ort, der seit 1423 über das Stadtrecht verfügt, verdankt seinen Namen vermutlich Hoyer von Friedeberg, der 1272 als Besitzer der Burg Hoyerswerda urkundlich erwähnt ist. Über Jahrhunderte unterschied sich Hoyerswerda nicht wesentlich von anderen Lausitzer Städten, erst in den 50er Jahren unseres Jahrhunderts setzten gravierende Veränderungen in seiner Entwicklung ein. Durch den Ausbau der Region zum Kohle- und Energielieferanten der DDR entstand eine völlig neue Wohnstadt. Drei Viertel aller Einwohner leben in dieser Neustadt. In der *Altstadt*, die die Schwarze Elster von der Neustadt trennt, befinden sich jedoch einige bemerkenswerte Sehenswürdigkeiten, die einen Besuch lohnen. Das relativ schlichte Schloss (Verwaltungsgebäude und Museum) schaut auf eine bereits 700-jährige Geschichte zurück. Als Grenzfeste zwischen Böhmen und Brandenburg bereits im 13. Jahrhundert genannt entstand um 1590 an dieser Stelle ein dreigeschossiges *Renaissanceschloss* für Siegfried von Promnitz. Während der Herrschaft der Fürstin von Teschen, einer Favoritin des Kurfürsten von Sachsen und Königs von Polen, August des Starken, erfolgte im 17. Jahrhundert der Umbau im Barockstil. Seit 1781 gehörte es als öffentliches Gebäude zum Staatsbesitz.

Die Besitzverhältnisse der Herrschaft um Hoyerswerda wechselten häufig. So gehörte die Stadt im Laufe ihrer Geschichte u. a. zum Königreich Polen, zur Markgrafschaft Meißen, zum Kurfürstentum Brandenburg, zum Königreich Böhmen, gelangte dann an Preußen und ist nun Bestandteil des Bundeslandes Sachsen.

Am schönen wiederhergestellten *Marktplatz* sollte man seine Schritte zum Rathaus, einigen Barock- und Bürgerhäusern, dem Sorbenbrunnen und der Postmeilensäule lenken. Die älteste Kirche, die im Stil spätgotische *Johanniskirche* südlich des Marktplatzes in der Kirchstraße steht, ziert eine Renaissancehaube auf dem weißen Turm. Wenige Meter davon entfernt erhebt sich die *Kreuzkirche*. Zwischen beiden zweigt die Lange Straße ab. Diese verlief einst parallel zum Elsterarm, der heute zugeschütteten alten Stadtgrenze. Dort begegnen wir den ältesten Häusern der Stadt, die zum Teil aus der Mitte des 18. Jahrhunderts stammen. Meist nur eingeschossig mit kleinen fast ebenerdigen Fenstern, oft schief und eng gedrängt wollen sie so gar nicht zum Bild des modernen Hoyerswerda passen. Hier lebten bescheiden die Handwerker der mittelalterlichen Stadt. Durch Sanierungsmaßnahmen erstrahlen sie seit kurzem in neuen grünen, blauen oder gelben Farben.

Im Gesellschaftshaus am Markt, dem ehemaligen Lessing-Gymnasium, wurde 1912 die Domowina, der Bund der Lausitzer Sorben, gegründet. Schüler diese Gymnasiums war u. a. auch Konrad Zuse, der später in Berlin den ersten Computer der Welt erfand.

Zum Abschluss noch ein Hinweis für all jene, die genügend Ausdauer für einen Abstecher besitzen. Etwa 20 km westlich von Hoyerswerda liegt *Senftenberg*. Dessen See ist mit einem 11 km langen, schier endlosen feinsandigem Badestrand das größte Erholungsgebiet der Lausitz. In den nächsten 10–20 Jahren sollen zwischen Calau, Senf-

Im Museumshof Großkoschen am Senftenberger See

Am östlichen Ufer des Senftenberger Sees lohnt Großkoschen einen Besuch. Im Museumshof »Senftenberger Vierseithof« erhält der Besucher einen Eindruck vom Leben der Bauern vor 100 Jahren, wie sie ihr Korn verarbeitet oder Flachs zu Leinen gesponnen haben.

tenberg, Hoyerswerda und Spremberg mit weiteren 48 Seen eine ganze Seenkette hinzukommen. Diese werden dann ca. 10 000 ha umfassen und mehr Wasser beinhalten als alle Talsperren Deutschlands zusammen. Die »Augen der Lausitz«, die Lausitzer Seenplatte, wie man dann zu Recht sagen kann, werden schon für die nächste Generation eines der größten Urlaubs-und Wassersportgebiete Ostdeutschlands sein. Ob man sich in der Zukunft noch erinnert, wie öde und leer die Landschaft noch vor wenigen Jahren war? Vielleicht überbieten dann auch schon die Rennfahrer der Formel 1 auf dem »Lausitzring« ihre heutigen Rekorde. Die moderne Rennpiste wird auf einer 400 ha großen ehemaligen Bergbaufläche westlich von Senftenberg aus dem Boden gestampft – für manche ein Traum, für andere ein Alptraum, vor allem angesichts astronomischer Höhen dafür vorgesehener Steuergelder. In etwa 5 Jahren werden hier bis zu 200 000 Zuschauer Motorsportveranstaltungen nach dem Vorbild des amerikanischen Indianapolis bejubeln. Die Planungsphase für diese Motorsportanlage ist bereits im vollen Gange.

Von unserem Ausflug entlang der Kleinen Spree kehren wir nun nach Spreewitz an die Hauptspree zurück.

Auch ein Gelände für Open-Air-Konzerte ist vorgesehen.

## Der besondere Tipp:

**Die Perle des Teichgebietes**

Nur 5 km südlich von Königswartha liegt der kleine Ort Neschwitz, der für Besucher eine Überraschung bereithält. In der Nähe des Dorfzentrums öffnet sich ein großes Parktor zu einem 5 ha großen Landschaftspark im englischen und französischen Stil. Nach nur wenigen Schritten steht man vor dem Alten Schloss. Der hübsche, dreigeschossige, in Dunkelgelb gehaltene Barockbau ruht auf einem Unterbau aus Feldsteinen, der an eine Grotte erinnert. Zu besichtigen (Führung) ist das Schlösschen, das heute der Gemeinde gehört, leider nur nach Voranmeldung ✆ (035939) 52 71, aber von April bis Oktober jeweils sonntags öffnen hier die Kleine Galerie und die Ausstellung des Naturschutzbundes für Besucher ihre Türen. Seit 1961 finden in dem monumentalen Festsaal regelmäßig Konzerte und Theateraufführungen in würdigem Rahmen statt. (Kartenservice ✆ (035939) 52 74

# Einst Mittelpunkt des Reiches

## Schwarze Pumpe · Pulsberg · Spremberg Komptendorf · Spreetal von der Talsperre Spremberg bis Cottbus

Anreise:
***mit dem PKW*** *über die A 15 bis Cottbus Süd, weiter über die B 97 bis Spremberg*
***mit der Bahn*** *die Strecke Berlin–Cottbus, von dort weiter Richtung Spremberg*

Im Spremberger Schlosspark

Ab *Spreewitz* fließen die Haupt- und die Kleine Spree wieder vereint. Gemeinsam streben sie jetzt, schon fast 20 m breit, der Stadt Spremberg zu. Kurz hinter Spreewitz bei *Trattendorf* überschreiten wir die Landesgrenze, die Spree wird brandenburgisch. Links von uns zeichnen sich die Silhouetten des Braunkohlenveredelungs- und Braunkohlenkraftwerkes Schwarze Pumpe am Horizont ab.

**Schwarze Pumpe** gehört zu den größten Betrieben der Lausitz. Es verdankt seinen eigenartigen Namen einem Heidegasthof, der hier früher stand. Das 1955 gegründete Werk produzierte Gas, Teer, Benzin, Öl, Briketts und Strom. Während man die Gas- und Benzinherstellung bereits 1992/93 einstellte, laufen andere Produktionslinien noch weiter. Doch bald wird sich das Gewirr der einander verschachtelten Betriebsteile und Fabriken lichten, damit Baufreiheit entsteht. Der Abriss der alten Anlage steht bevor. Die Zukunft gehört einem Kraftwerksneubau, bis Ende 1997 will das Land Brandenburg auf diesem Areal das modernste Braunkohlenkraftwerk Europas errichtet haben. Die Dimensionen der 4,5-Milliarden-DM-Anlage sind gewaltig: Das Kraftwerksgebäude erreicht mit 160 m die Höhe des Kölner Doms (nach Fertigstellung mit Aussichtsplattform), auch die Kühltürme ragen mit ihren 140 m ebenfalls kirchturmgleich auf. Schornsteine sucht man vergeblich. Das durch Filter- und Rauchgasentschwefelungsanlagen gereinigte Gas entweicht über die Kühltürme. Die Verarbeitung des dabei anfallenden Gipses erfolgt gleich nebenan. Die Staub-, Schwefeldioxid-, Stickoxid- und Kohlendioxidemmission liegt deutlich unter den Grenzwerten. Die umweltorientierte Umstellung der Produktion in den letzten Jahren zeigt aber schon jetzt spürbare Ergebnisse: Der einst beißende Geruch von Schwefel und Methanol hat sich verzogen, die Dunstglocke über der Region wich klarer und sauberer Luft.

**Pulsberg** Entlang des Werkes »Schwarze Pumpe« gelangen wir über Terpe an der Straße Spremberg-Haidmühl zum Pulsberg. Die Anhöhe (140–158 m) im sonst eher flachwelligen Umland ist künstlicher Natur. Darunter verbergen sich die ehemalige Hochkippe des Tagebaues Welzow Süd (1981–1986

Kokereien, Benzinveredelungs- und Gasanlagen sowie vier Braunkohlentagebaue und drei Kaftwerke gehörten in der DDR zum Braunkohlenveredelungskombinat Schwarze Pumpe.

Die Leistung des neuen Kraftwerkes wird mit zwei 800-Megawatt Blöcken 1600 Megawatt betragen. Die Lebensdauer des Neubaus soll bei ca. 30–40 Jahren liegen.
Der Wirkungsgrad dieses neuen Kraftwerkstyps liegt durch Kraft-Wärme-Kopplung mit 41 % fast doppelt so hoch wie der veralteter Kraftwerke mit ca. 24 %.

Blick von der Hochkippe Pulsberg

Von den 391 ha Gesamtfläche des Rekultivierungsgebietes Pulsberg werden 312 ha forstwirtschaftlich und 18 ha landwirtschaftlich genutzt. Erwähnenswert sind auch erste Feuchtbiotope und Trockenrasenflächen.

geschüttet) und eine einstige Mülldeponie. Nun sehen Besucher die ersten positiven Ansätze einer Rekultivierung: Heute wachsen hier Sträucher, Eichen, Birken und Kiefern. Jogger und Radfahrer okkupieren die Wege. Spaziergänger genießen von Aussichtspunkten die Fernsicht. Im Winter sausen Kinder auf ihren Schlitten den schneebedeckten Pulsberg hinab. Die Umwelt gesundet zusehends. Nur noch die älteren Bewohner erinnern sich an regionale »Klimakapriolen« der besonderen Art: Noch vor wenigen Jahren färbten Ruß und Staub die Schneelandschaft innerhalb weniger Stunden grau und schwarz. Auch wenn die Natur noch etwas Zeit braucht, der dichte Pflanzenteppich hat die einstige Brache schon erobert. In spätestens 10 Jahren wird hier nichts mehr an die ursprüngliche Nutzung erinnern.

Vom Pulsberg lohnt eine Wanderung über den Kippenweg und den Drei Eichen Weg zur *Konsulhöhe* (5,6 km). Von diesem Hügel reicht der Blick über das Werk »Schwarze Pumpe«, den alten Tagebau bis zum *Tagebau Welzow Süd*, der heute den größten Teil der jährlich hier verbrauchten 10 Millionen t Kohle fördert. Noch ist kein Ende des Förderbetriebes abzusehen, sind die Kraftwerke in ihrem Bedarf unersättlich. Die Grube frisst sich weiter nach Westen vor, nimmt Kurs auf das Dorf *Kausche*. Wie bereits so viele Ortschaften vorher muss auch diese Gemeinde den gierigen Baggerschaufeln weichen. Das gesamte Dorf wurde 1997 nach »Neu- Kausche« bei *Drebkau* umgesiedelt. Obwohl LAUBAG und Landesregierung den Umzug als Modellfall besonders unterstützten und günstige Konditionen für die Neuansiedlung schafften (u. a. Bau von Eigenheimen zu zinsgünstigen Krediten) – der Umzug bedeutet einen schmerzhaften Einschnitt in das Leben vieler Menschen. Sie lassen mit Häusern, Gärten, lieb gewordenen Plätzen nicht nur die alte Heimat, sondern ein Stück gelebtes Leben zurück.

Dem Tagebau Welzow mussten u. a. die Dörfer Roitz, Jessen, Stradow, Straußdorf, Wolkenberg, Gosda und Pulsberg weichen.

**Spremberg** Vorerst kehren wir nun der Bergbauregion den Rücken, obwohl wir ihr, da sie nun mal zur Spreelandschaft gehört, im Verlauf unserer Tour noch mehrfach begegnen werden. Nur wenige Kilometer östlich erwartet uns Spremberg. Hier durchbricht die Spree den Lausitzer Grenzwall, dadurch sind die Ufer oft steil. Die Stadt erstreckt sich zu beiden Seiten des Flusses. Zwar zählt sie heute mehr als 20 000 Einwohner, doch hat sie viel von ihrem provinziellen Charakter bewahrt. Etwa um 1300 am Spreeübergang entstanden, bestimmte vor allem die Lage an alten Handelsstraßen die Entwicklung des Ortes. Eine wichtige Handelsstraße war die Niederstraße, die dem Messeverkehr nach Leipzig diente und auch »Zuckerstraße« genannt wurde. 1363 zog Kaiser Karl IV. von Prag über Spremberg nach Frankfurt (Oder). Später wählte häufig August der Starke auf der Reise von Dresden nach Warschau die Route über Spremberg. Über Jahrhunderte passierte sonst nicht viel Aufregendes. Auch wenn der Besitz oft wechselte, das Leben ging seinen Gang. Schneider, Schuhmacher, Schmiede, Bierbrauer, Fleischer, Leineweber gingen ihrem Tagewerk nach, kleine Handwerksbetriebe bestimmten das Wirtschaftsleben. Das kleinstädtische Gleichmaß nahm jedoch Mitte des 19. Jahrhunderts einen jähen Aufschwung: 1856 er-

Der Name Spremberg ist mit der Bezeichnung Spree vermutlich eng verbunden. So soll die Siedlung ursprünglich »Ort am Berg über die Spree« oder einfach »Spreeberg« genannt worden sein, daraus wurde im Laufe der Zeit Spremberg.

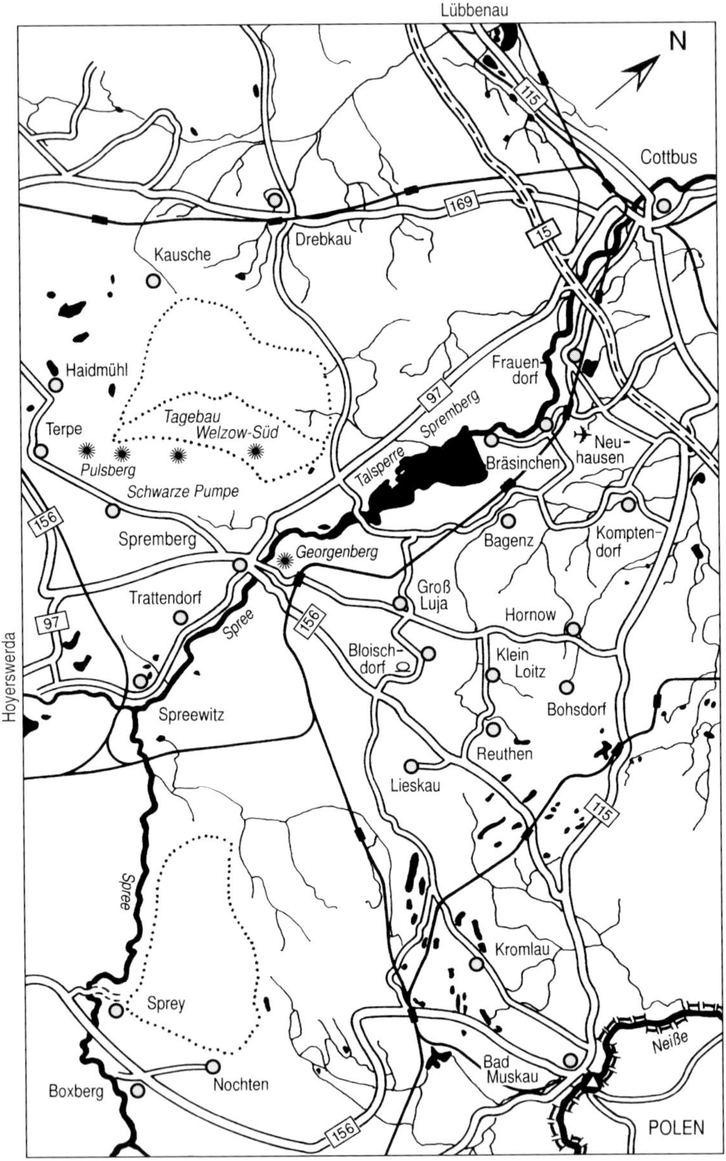
Lübbenau
N
115
Cottbus
169
Drebkau
15
Kausche
Haidmühl
Frauen-
dorf
97
Spremberg
Tagebau
Welzow-Süd
Terpe
Neu-
hausen
Bräsinchen
Talsperre
Pulsberg
Schwarze Pumpe
156
Kompten-
dorf
Bagenz
Spremberg
Georgenberg
Groß
Luja
Trattendorf
Hornow
97
Spree
156
Bloisch-
dorf
Klein
Loitz
Hoyerswerda
Bohsdorf
Spreewitz
Reuthen
Lieskau
115
Spree
Kromlau
Sprey
Neiße
Bad
Muskau
Nochten
Boxberg
156
POLEN

öffnete die erste Tuchfabrik mit Dampfantrieb und bereits 1870 ratterten in Spremberg 1000 Webstühle, 1925 waren es 1200. Aus den Braunkohlengruben der Umgebung holte man die Kohle für die Dampfmaschinen. Lebten in Spremberg 1818 nur 2500 Einwohner, so waren es 1900 schon 10000, 1939 14000 und 1989 24000.

Nahezu 70 % des Stadtterritoriums fiel gegen Ende des Zweiten Weltkrieges der sinnlosen Zerstörung durch die deutsche Wehrmacht zum Opfer. So lassen nur einige alte kleine Häuser in engen, kopfsteingepflasterten Gassen abseits der *Hauptstraße* etwas vom mittelalterlichen Spremberg erahnen (ältester Fachwerkbau von 1580, Burgstraße 9). Die *Lange Straße* – Prachtstraße Sprembergs – erinnert an die Blütezeit des Ortes. Im Zentrum der Altstadt gelegen bildet sie heute die Hauptgeschäftsstraße. Die meisten Häuser stammen aus dem 18. und 19. Jahrhundert, einige auch aus den 20er Jahren unseres Jahrhunderts, als die Tuchindustrie noch florierte. Das sogenannte *Kavalierhaus* Nr. 15/16 entstand 1702–1706. Besucher können an seinem Portal heute nachlesen, dass Herzog Heinrich von Sachsen-Merseburg von 1696 bis 1738 in diesem Haus bzw. dem Vorgängerbau residierte. Am alten Markt blieb nur das *Rathaus* von den Verwüstungen des letzten Krieges verschont, alle anderen Gebäude bauten die Spremberger neu auf. Der Ratssitz, 1429 an dieser Stelle erstmals errichtet und allein durch Brände fünfmal vernichtet, erhielt seine heutige Gestalt vor allem im 19. Jahrhundert. Wenige Meter davon entfernt ragt die imponierende dreischiffige *Kreuzkirche* auf. Der quadratische Turm gehört zu den ältesten Bauteilen des Sakralbaus, dessen Ursprung in der Mitte des 13. Jahrhunderts datiert. Über die Jahrhunderte mehrfach umgebaut zeigt sie schließlich seit 1898 ihr heutiges Aussehen. Das benachbarte schön renovierte Gemeindehaus entwarf 1834/35 K. F. Schinkel als *Wendische Kirche.* Ein weiterer schlanker Turm in der Altstadt gehört zur 1887 geweihten katholischen *St. Benno Kirche*. Und da wir gerade bei Kirchen sind, noch eine Bemerkung am Rande: Auch der Schomberg trägt heute eine Kirche. Dieser spätmittelalterliche Sakralbau stammt

Die Stadt Spremberg gehörte im Verlauf der Geschichte u. a. zum Königreich Böhmen, zum Herzogtum Sachsen-Merseburg, zum Königreich Sachsen und zu Preußen.

Von 1680–1738 war Spremberg Residenz der Herzöge von Sachsen-Merseburg.

eigentlich aus Pritzen, das dem Tagebau Greifenhain in der Nähe von Calau weichen sollte. Das Gotteshaus rettete man und baute es 1994 an dieser Stelle Stück für Stück wieder auf (siehe auch Kapitel »Abseits ausgetretener Touristenpfade«). Es heißt bezeichnenderweise *Auferstehungskirche*.

Inzwischen mussten mehr als 20 Orte in Sprembergs Umgebung Platz für die Kohlegewinnung machen. Es gibt die Idee, noch vorhandene Bauten aus Dörfern, die zum Teil schon umgesetzt sind, in einem Spremberger Freilichtmuseum wieder aufzubauen und so die Erinnerung wachzuhalten.

Das *Schloss* im südlichen Teil der Altstadt – heute das Wahrzeichen der Stadt Spremberg – errichteten im 17. Jahrhundert die Herzöge von Sachsen-Merseburg als Sommerresidenz auf den Resten einer Burg. In seiner jetzigen Gestalt, mit viereckigem West- und rundem Ostturm, ähnelte es auf den ersten Blick einem mächtigen Kirchenbau. Es war um 1680 fertig gestellt. Seit der aufwändigen Restaurierung 1991–1993 überzeugt es nun wieder in schlichter Anmut.

Die sogenannte Himmelsleiter nahe des Schlosses führt zum *Georgenberg* hinauf, auf dessen Plateau (136 m) der 23 m hohe *Bismarckturm* eine schöne Sicht auf die eng zusammengedrängte Altstadt der Spreeinsel und deren Umgebung bietet.

Mehr über Spremberg und diesen Teil der Niederlausitz gibt es im *Niederlausitzer Heimatmuseum* in der Mittelstraße zu erfahren. In zwei schönen Villen der Gründerzeit dokumentiert es vor allem die wendische/sorbische und deutsche Regionalgeschichte. Außerdem schreibt es die Geschichte der durch Braunkohlenabbau versunkenen und verschwundenen Dörfer fest, bewahrt Dokumente und Kunstschätze auf. Auch ein wendisches/sorbisches Heidebauernhaus auf dem sich anschließenden Freigelände gehört zum Museum. Neben den Museumsbauten befindet sich ein Kuriosum besonderer Art: Ein Gedenkstein vermerkt unter einem Reichsadler, dass hier der Mittelpunkt des Deutschen Reiches sei. Durch die beiden Weltkriege verschoben sich jedoch in der ersten Hälfte des 20. Jahrhunderts die Grenzen in Europa, das deutsche Reich schrumpfte und so »verrutschte« auch sein Mittelpunkt. Der Spremberger Gedenkstein bezieht sich auf die Ausdehnung Deutschlands nach der Reichsgründung 1871. Heute stellt der Stein nur noch ein Zeugnis der Geschichte dar. Die einstige sozialistische Stadtregierung sah das al-

Der Mittelpunkt des Deutschen Reiches von 1871 ist der Schnittpunkt des mittleren Parallel- und des mittleren Längenkreises Deutschlands, wie der Spremberger(!) Geograf H. Matzat berechnete.

Blick zum Spremberger Schloss

lerdings anders und ließ 1946 die Inschrift »als Wahrzeichen volksfeindlicher Politik« herausmeißeln. Erst nach der politischen Wende in der ehemaligen DDR konnte das Museum 1991 eine Kopie des Originalsteines aufstellen.

Am Stadtrand prägen vor allem wenig abwechslungsreiche Neubaugebiete das Terrain, die durch Braunkohlewirtschaft und die Textilindustrie rasch wuchsen. Wir verlassen die Stadt in nördlicher Richtung. Nach wenigen Kilometern versperrt nahe dem Ort *Bräsinchen* eine lange *Staumauer* der Spree den Weg, so dass sie zu einem über 8 km langen und 2 km breiten, insgesamt 950 ha großen See anwächst. Das 1957–1965 erbaute Staubecken dient vor allem der Wasserregulierung des Mittellaufes der Spree, dem Hochwasserschutz und der Bereitstellung von Brauchwasser. Besonders der Spreewald zieht großen Nutzen daraus, da die Fließe von hier aus mit Spreewasser versorgt werden können. Trockenperioden müssen die Spreewaldbewohner also nicht mehr fürchten, es strömt immer ausreichend Wasser durch die Flussarme und Kanäle. Besucher wie Einheimische nutzen den Stausee zudem für Wassersport sowie seine Ufer zum Campen und Wandern. Einen günstigen Zugang zum See bietet der Ort *Bagenz* (Badestrand mit Surfschule) 3 km östlich der Staumauer.

Die Stauhöhe des Spremberger Stausees beträgt 6–8 m. Fast 43 Millionen $m^3$ Wasser kann er aufnehmen. Das Staubecken gehört ebenso zum wasserregulierenden System der Spree wie die Talsperre von Bautzen oder die Speicherbecken von Lohsa und Burghammer.

Das Gebiet um Spremberg bildet durch seine Lage am Lausitzer Grenzwall seit alters her die Grenze zwischen der Ober- und der Niederlausitz. Diese Begriffe bürgerten sich im 14. Jahrhundert ein, als sowohl das Land Bautzen (Oberlausitz ) als auch die Markgrafenschaft Niederlausitz unter böhmische Oberhoheit kamen. Die wechselvolle Geschichte dieser Grenzregion spiegelt sich zum Teil bis heute in den Dörfern durch unterschiedliche Baustile und Verschiedenartigkeit der Ortsanlage wider. Deshalb lohnt sich der eine oder andere Abstecher, bevor die Reise entlang der Spree weitergeht. Die folgenden Anregungen und Hinweise sollen die Auswahl etwas erleichtern: Interessante Kirchenbauten finden wir u. a. in *Bloischdorf* (eine der ältesten und urtümlichsten Kirchen der Niederlausitz, daneben Naturdenkmal Grauer Stein – ein Findling), in *Hornow* und in *Groß Luja*.

Den geologischen Untergrund des südlichen Teils der Oberlausitz bildet das Lausitzer Granitmassiv, eines der größten zusammenhängend aufgeschlossenen Massivs dieser Art in Mitteleuropa.

Diese schönen Beispiele sakralen Bauens verdeutlichen sehr anschaulich die architektonische Vielfalt der Gotteshäuser in der Niederlausitz.

**Komptendorf** Einen Schatz besonderer Art birgt die Kirche in Komptendorf. Sie behütet einen der ältesten evangelischen Altäre Deutschlands. Das dreigeschossig aufgebaute Altargemälde zeigt im oberen Teil Gott mit Weltkugel, in der Mitte die Auferstehung Christi und ganz unten das Heilige Abendmahl. Man nimmt an, dass der Maler ein Schüler von L. Cranach war. Im Sockel ist das Stiftungsdatum 1575 verbürgt. Inschrift im Altarsockel der Kirche in Komptendorf: »Anno 1575 hat der Edele Gestrenge und Ehrenverte Günter von Kottwitz Auff Sergen und Neuhausen Churfürstlich Brandenburg Rath dises altar Gott zu Ehren und der Kirche zu wolgefallen meretheils von dem Seinen bauen und vorferttigen … lassen«.

Die Bloischdorfer Kirche stammt noch aus der romanischen Stilepoche. Der rechteckige Feldsteinbau besitzt keinen Turm.

Sehenswert sind auch die zahlreichen Herrenhäuser mit teilweise schlossartigem Charakter in *Klein Loitz*, *Lieskau*, *Hornow* und *Bagenz*. Der »Laden« – den Erwin Strittmatter zum Titel und Mittelpunkt seines dreibändigen Romans über Menschen und Landschaften der Niederlausitz bestimmte – in *Bohsdorf*, wo der Schriftsteller seine Kindheit verbrachte, zählt für Kenner genauso zu den Attraktionen wie das *Heidedorf Reuthen*. Die Wege durch den alten *Reuthener Gutspark* mit seinen urwüchsigen Laub- und Nadelbäumen eignen sich bestens für erholsame Spaziergänge fern jeden städtischen Trubels. Typisch ländliche Strukturen, u. a. auch drei alte *sorbische Blockhäuser*, blieben in Bloischdorf erhalten, so dass die Ausgestaltung zum Museumsdorf erwogen wird.

Das Bagenzer Schloss ist eines der größten Herrenhäuser der Spremberger Region. Der dreigeschossige weiße Barockbau wird heute vom ISB (Institut für Sozialstudien und Betriebspädagogik) genutzt.

**Spreetal von der Talsperre Spremberg bis Cottbus** Die gut 12 km von der Talsperre bis zum Stadtrand von Cottbus, unserem nächsten großen Reiseziel entlang der Spree, bieten sich hervorragend für Radtouren, Wasserwanderungen und Spaziergänge an. Besonders zu empfehlen ist der *Spreerundwanderweg* (ca. 18 km). Er beginnt in *Neuhausen*, dass mit einer Schlossruine und dazugehörigem Park auf sich aufmerksam macht. Durch grüne Wiesen und ausgedehnte Kiefernwälder führt der blau markierte Wanderweg bis zur Spreebrücke in *Frauendorf.* Hier lädt der alte Gutspark mit verwilderten Rhododendrongewächsen und schöner Wiese unter Schatten spendenden Bäumen zu einer Rast ein. Von Frauendorf zieht sich ein schmaler Pfad mit reizvollen Ausblicken auf die Spree bis zum Wehr (muss überquert werden) und zur Autobahnbrücke. Eigenwillig gewachsene Baumstämme, seltene Gräser, große Sträucher prägen den Wanderpfad über Kilometer. Hier trifft man nur selten Spaziergänger. An der schon zu Cottbus gehörigen »Alten Großen Mühle« rückt die *Madlower Kirche* ins Blickfeld. Von dort erfolgt der Rückweg über Gallinchen nach Frauendorf und weiter nach Neuhausen. In Gallinchen gibt es an der Kutzenburger Mühle auf dem *Bioland Reiterhof* wieder eine Rastmöglichkeit. In der Nähe des Ortes liegt auch ein Kranichrastplatz.

Die südliche Umgebung von Cottbus bietet neben dem Rundwanderweg vielfältige andere Wandermöglichkeiten u. a. nach Hornow, zum Flexisee bei Bohsdorf oder zum Raubrittertor in Groß Schacksdorf.

Ein Hinweis noch zum Schluss: Von Spremberg sind es nur 16 km bis *Kromlau* und 21 km bis *Bad Muskau.* Die Besichtigung der Parkanlagen in beiden Orten vollendet natürlich eine Reise in die Lausitz erst. Dafür benötigt man jedoch schon allein mindestens einen Tag.

## Der besondere Tipp:

**Eine luftige Angelegenheit**

Nur wenige Kilometer nördlich der Talsperre Spremberg bietet der kleine Flugplatz in Neuhausen nicht nur Hobbyfliegern vielfältige Freizeitmöglichkeiten. Drachenfliegen, Fallschirmspringen, Segelfliegen, Ballonfahren, Fliegen mit dem Ultra-Leichtflugzeug, dem Sportflugzeug oder dem Hubschrauber – alles ist hier möglich, auch als »Schnupperangebot«. Ein Rundflug über die Lausitzer Landschaft nach einer individuell festgelegten Route steht als weitere Möglichkeit offen. In unserem Fall bietet es sich an, dem Lauf der Spree ein Stück zu folgen, um die bereits gewonnenen Eindrükke hoch oben noch einmal Revue passieren zu lassen. Auskunft ✆ (035605) 261

# Die grüne Metropole der Niederlausitz

## Cottbus · Branitz · Spreewehrmühle · Peitz

Anreise:
***mit dem PKW*** *über die A 13, ab Autobahndreieck Spreewald über die A 15 bis zu den Abfahrten Cottbus West bzw. Cottbus Süd; Weiterfahrt nach Peitz über die B 97*
***mit der Bahn*** *Cottbus ist ein regionaler Verkehrsknotenpunkt und besitzt gute Verbindungen nach Berlin, Frankfurt (Oder), Görlitz, Leipzig und Dresden; Weiterfahrt nach Peitz auf der Strecke Cottbus-Frankfurt (Oder)*

Am Altmarkt in Cottbus

Bekannt ist Cottbus nicht nur für sein Grün, sondern auch für seinen berühmten Baumkuchen und den imaginären Cottbuser Postkutscher, der den Cottbuser Postkutschkasten putzt. Der Spruch wurde zu einem beliebten Zungenbrecher.

**Cottbus**, das wirtschaftliche und kulturelle Zentrum der Niederlausitz, wird blumenreich gern mit »Tor zum Spreewald« oder »Grüne Stadt an der Spree« genannt. Seinem Ruf eine »Stadt im Grünen« zu sein wird Cottbus trotz langer Industrietradition gerecht. Fast überall in Cottbus gibt es grüne Oasen – vor allem links und rechts der Spree, die sich gemächlich durch die Großstadt wälzt. Schon früh bemühten sich die Cottbuser mit Hilfe der Natur einen »Gegenpart« zu tristen Industriefassaden zu schaffen und den rauchenden Schloten grüne Lungen zum Atmen entgegenzusetzen. Der »grüne Ring«, der heutzutage die Altstadt umschließt, geht beispielsweise bereits auf die 30er Jahre des vorigen Jahrhunderts zurück. In dieser Zeit begann man damit den ehemaligen Luckauer und Spremberger Wall mit Laubbäumen zu bepflanzen. Etwas später brachte ein 1872 eigens gegründeter »Verschönerungsverein« weitere Straßen und Plätze zum »Grünen und Blühen«. Auch der heutige *Goethepark*, damals noch eine morastige, von Gräben durchzogene und wildem Gestrüpp überwucherte Insel, wurde bereits 1898/99 erstmals zu einem ansehnlichen Stadtpark umgestaltet. Mit der 1954 begründeten Tradition der Gartenschauen fand das phantasiereiche Gestalten von Park- und Gartenlandschaften in der Stadt seine Fortsetzung. Die Park- und Grünanlagen, die das Stadtbild durchdringen und sanft den Spreeverlauf nachzeichnen, sowie die reizvollen Flussufer und Spreebrücken tragen die Namen berühmter Persönlichkeiten wie Goethe, Blechen, Kollwitz und Leichhardt. Den alljährlichen Höhepunkt des Gartenjahres aber bildet die fast ganzjährige Gartenschau. Davon angeregt verwandeln viele Hobby- und Kleingärtner ihre Vorgärten oder Balkons in der Saison in florale Prunkstücke. Bei so viel Tatendrang in Sachen Grün lag es nahe die Spreestadt als Standort der BUGA 1995 auszuwählen. Hierfür modellierten Landschaftsarchitekten, Gärtner und Bauleute ein meisterhaft und ideenreich angelegtes Landschaftsareal im Südosten der Stadt, einen weiteren Besuchermagneten der Cottbuser Parkidylle. Im dazugehörigen *Rosengarten* entfalten über 6 800 Rosen ihre wundervolle Blütenpracht, während der

Der berühmte 1813 in Trebatsch am Schwielowsee geborene Australienforscher Ludwig Leichhardt besuchte in Cottbus das Gymnasium.

Schloss Branitz

12 000 m² glitzernde große Parkweiher den Mittelpunkt eines ausgeklügelten Gewässersystems von miteinander verbundenen Gräben bildet, die gemächlich die Parklandschaft durchfließen. Schöne Wanderwege führen durch das Landschaftsschutzgebiet nahe der Spree, wo sich seit der BUGA neue Brücken über den Fluss spannen. Das neu errichtete *Umweltzentrum* bietet fachgerechte Beratung über neue Umwelttechnologien. Das BUGA-Gelände ist die jüngste Perle in der »grünen Kette« von Cottbus und geht fließend in die Branitzer Parklandschaft über.

Die BUGA einschließlich der Gestaltung des BUGA-Geländes verschlang etwa 135 Mio. DM. 80 Mio. schoss das Land Brandenburg zu, 20 Mio. steuerte der Bund bei und 35 Mio. bezahlte die Stadt.

**Branitz** Der Branitzer Park, schon seit mehreren Generationen landschaftliches Kleinod der Stadt, verdankt seine Existenz dem grandiosen Adligen Hermann Fürst von Pückler-Muskau, seines Zeichens Weltenbummler und Lebemann, Gartenarchitekt und Schriftsteller. Sein Charakter war schillernd: Ein geistreicher, aber eitler Zyniker, war er überaus exzentrisch, doch auch sanft und zu tiefer Freundschaft fähig. Vor allem jedoch beseelte den reich Begabten und vielseitig Interessierten seine Leidenschaft als Gartengestalter.

Pücklers Buch »Briefe eines Verstorbenen« war seinerzeit ein Bestseller. Selbst der geniale Goethe lobte es über die Maßen.

Seepyramide im Park Branitz

Pückler heiratete 1817 die geschiedene, neun Jahre ältere Lucie, Gräfin von Pappenheim und Tochter des Staatskanzlers von Hardenberg. Aus finanziellen Gründen erfolgte 1826 die Scheidung. Pückler trug sich mit neuen Heiratsabsichten, trennte sich jedoch nie ganz von seiner Frau. Lucie blieb seine Freundin und Verbündete.

Der 1785 auf Schloss Muskau geborene Pückler erbte nach dem Tode seines Vaters die Besitzungen in Muskau und Branitz. Erst 26jährig begann er sogleich mit der Gestaltung des Parkes *Muskau.* Pracht und Glanz Muskaus wie auch seine zahlreichen und luxuriösen Reisen durch ganz Europa, den Vorderen Orient und Nordafrika zeugen allerdings auch von Pücklers verschwenderischem Lebenstil. Ständig in Geldnöten vergrößerte er den bereits von seinem Großvater übernommenen Schuldenberg derart, dass er 1845 die Standesherrschaft Muskau verkaufen musste, um den völligen Ruin abzuwenden. Im Alter von 60 Jahren blieb ihm nur die trostlose Einöde Branitz mit einem verfallenen Herrenhaus. Seine Genialität als Gartenkünstler und die Unterstützung seiner Frau und treuen Gefährtin Lucie halfen ihm indes aus der tristen Branitzer »Sandwüste« ein Meisterwerk deutscher Parklandschaften zu kreieren – das Glanzstück seines Wirkens als Gartenarchitekt. Während Pückler in Muskau, im Flusstal der Neiße, bereits eine wohlgeformte, natürliche Landschaft vorgefunden hatte, die es nur herauszuheben galt, bot die flache, von Weiden und dürftigen Kiefernforsten bestandene Branitzer Gegend wenig Abwechslung. Landschaftliche Höhepunkte galt es daher künstlich zu schaffen – Pückler formte mit so viel Anmut und Feingefühl, wie es auch die Schöpfung nicht besser vermocht hätte: Er türmte künstliche Hügel auf, hob synthetische Flussläufe und Teiche aus und pflanzte vor allem einheimische Bäume und Sträucher. Schon damals gelang dem Fürsten die Meisterleistung, auch jahrzehntealte Bäume erfolgreich zu verpflanzen. Geschwungenen Spazierwege, von Laub- und Nadelgehölzen gesäumt, führen durch den weitläufigen Park, geben immer wieder Blicke auf gepflegte Rasenflächen, Blumenrabatten sowie glitzernde Seen und Teiche frei. Schmale Brücken überspannen die kleinen Flussläufe und Gräben. Gut gewählte Freiräume lassen den Park großzügig und natürlich erscheinen.

Bis 1850 ließ der Fürst für seinen Park etwa 400 ältere Bäume heranschaffen. Für den Transport wurden eigens dafür hergestellte ledergepolsterte Langholzkarren verwendet. Er ließ etwa 100 000 m³ Erde bewegen um seine künstlichen Hügel und Teiche zu schaffen.

Immitten dieser Landschaftsidylle liegt das *Schloss Branitz*, das sich heute als *Fürst-Pückler-Museum* präsentiert. Ursprünglich ließ es der Großvater des Fürsten, August Heinrich Reichsgraf von Pückler, 1772 im spätbarocken Stil errichten. Die Inschrift im Pücklerschen Wappen an der Vorderfront des Gebäudes weist Bauherren und Entstehungszeit aus. Die baulichen Veränderungen Hermann Fürst von Pückler-Muskaus um 1850 basierten auf Plänen des Dresdener Architekten G. Semper. Auch die Räumlichkeiten im Schloss wurden in dieser Zeit verändert, mit Ausnahme des Musikzimmers im Zopfstil der Entstehungszeit. Eigenartig und fremd muten sich die drei kleinen Räume im Obergeschoss des Gebäudes an, die dem Fürsten als Wohnbereich dienten. Auf den Tapeten dominieren islamische Motive in kräftigen Farben. Nach den Eindrücken seiner Orientreise lieferte Pückler dafür selbst die Entwürfe. Zu den Expositionen im Schloss gehört auch eine Ausstellung der Arbeiten des Malers H. K. Blechen (1798–1840). Der in Cottbus geborene Künstler zählt zu den Wegbereitern der realistischen deutschen Landschaftsmalerei. Die seit 1913 zusammengetrage-

Das traditionelle Pücklersche Familienwappen unterscheidet sich deutlich von dem fürstlichen Wappen. Pückler kreierte es 1822 anlässlich seiner Erhebung in den Fürstenstand. Mit Erlaubnis des Königs veränderte er es jedoch nach vier Jahren wieder und fügte vier neue Felder (Eiche, Pferd, Einhorn, Schwert) hinzu.

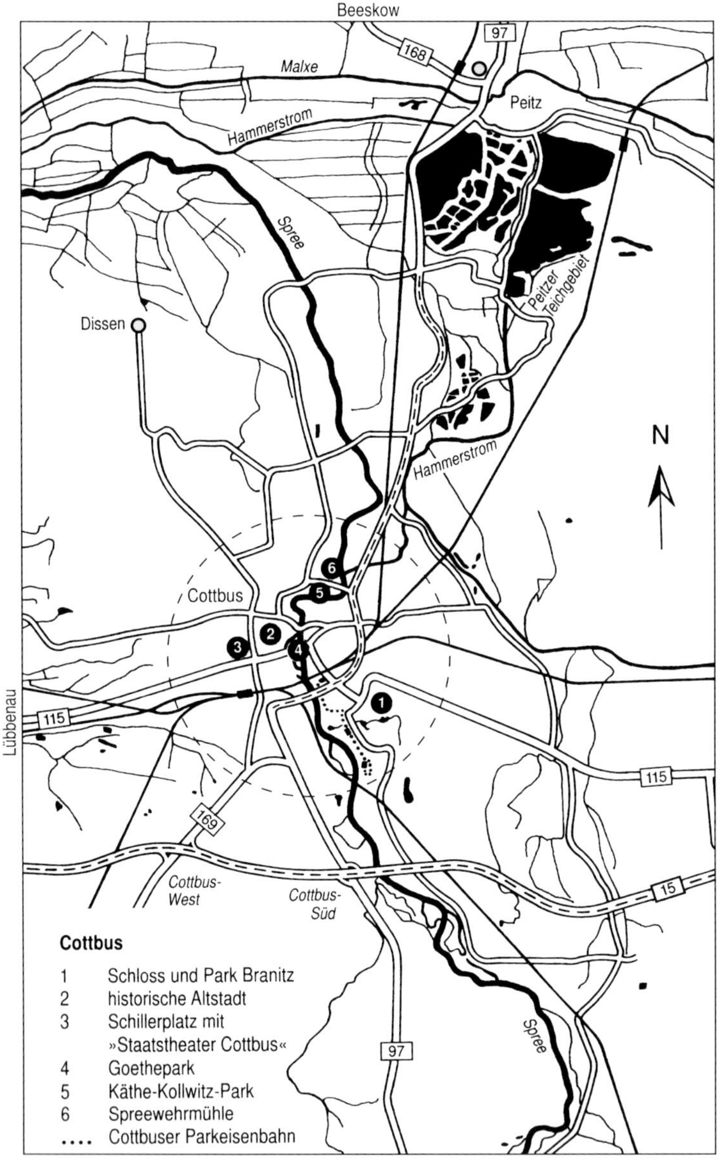
Beeskow
97
168
Malxe
Peitz
Hammerstrom
Spree
Peitzer Teichgebiet
Dissen
N
Hammerstrom
Cottbus
Lübbenau
115
115
169
Cottbus-West
Cottbus-Süd
15
97
Spree
Cottbus
1 Schloss und Park Branitz
2 historische Altstadt
3 Schillerplatz mit »Staatstheater Cottbus«
4 Goethepark
5 Käthe-Kollwitz-Park
6 Spreewehrmühle
.... Cottbuser Parkeisenbahn

ne Kollektion seiner Werke vermittelt einen Eindruck vom Werdegang seines künstlerischen Schaffens.

Östlich des Schlosses runden der *Marstall* und das *Kavalierhaus* das Bauensemble ab. Pückler ließ sie im englischen Tudorstil umgestalten. Der Marstall wird heute für Sonderausstellungen des *Niederlausitzer Landesmuseums* genutzt und das Kavalierhaus beherbergt ein kleines gemütliches Restaurant, wo an schönen Sommerwochenenden oft nur schwer ein Plätzchen zu erobern ist. Eine Pergolamauer, verziert durch Terrakottareliefs mit Szenen aus der griechischen Mythologie, grenzt die kleine Schlossanlage zum Park hin ab. Die ehemalige *Parkschmiede* unweit des einstigen Haupteingangs zum Park, heute ein technisches Denkmal, wurde 1849–1851 im neugotischen Stil erbaut. Als außergewöhnliche Zierde stechen im südlichen Teil des Parkes die *Land- und die Seepyramide* ins Auge. Sie sollten Pückler an die ägyptischen Vorbilder seiner Orientreise erinnern. Die Seepyramide erkor er sich als letzte Ruhestätte. Die Arbeiten am Branitzer Park, der eine Größe von 90 ha erreicht und dessen Gestaltung über vierzig Jahre (1846–1889) in Anspruch nahm, setzte nach dem Tode des Fürsten sein Schüler Ch. Bleyer fort. Wohl jeder, der auf Pücklers Pfaden wandelt, wird die schlichte Schönheit der Landschaftskomposition berühren und er wird Pückler nachempfinden können, der sagte: »Wer den Park sieht, der sieht mein Herz.«

Im Kavalierhaus wohnten die Bediensteten des Fürsten, im Marstall waren außer dem Stall, auch die Wagenremise und Wohnungen für Kutscher und Stallburschen untergebracht. Die Parkschmiede diente damals nicht nur als Schmiede, sondern auch als Torwächterhaus.

Pückler verfügte, dass sein Herz nach seinem Tode in eine Urne zu schließen und sein Körper mit Säure zu übergießen sei, dann sollten seine sterblichen Überreste in der Pyramide beigesetzt werden. So geschah es auch. Dreißig Jahre nach ihrem Tod bettete man auch die Gebeine seiner Frau Lucie dorthin um.

Um die weiträumige Gartenlandschaft am südlichen Stadtrand, wo Elias-, BUGA-, Branitzer und Tierpark fließend ineinander übergehen, kennenzulernen, empfiehlt sich eine Fahrt mit der *Cottbuser Parkeisenbahn*. Die Kleinbahn, gezogen von einer Dampf- oder Diesellock auf einer Spurbreite von nur 600 mm, tuckert vom Bahnhof Freundschaft im Eliaspark bis Bahnhof Friedenseiche der Gemeinde Branitz ohne Hast durch die herrliche Landschaft.

Zwischen der Gemeinde Branitz und der Branitzer Parklandschaft verläuft die südöstliche Stadtgrenze von Cottbus, das heute eine Fläche von rund 50 km² einnimmt und ca. 125 000 Einwohner zählt. Im Verlauf von etwa drei Jahrzehnten, bis Ende der 80er Jahre, hat sich die Einwohnerzahl der Stadt nahezu verdreifacht. Das rasante Wachstum begründet sich auf den Ausbau der Industrie, einhergehend mit Eingemeindungen und Schaffung neuer, ausgedehnter Wohngebiete. Seit Jahrhunderten hat in Cottbus die Textilindustrie bzw. Tuchherstellung Tradition. In den 60er Jahren schloss mit der weiträumigen Erschließung der Niederlausitzer Braunkohlefelder die Kohle- und Energiewirtschaft zum bedeutendsten Wirtschaftsfaktor auf. Am Stadtrand schossen ausgedehnte Neubaugebiete auf. Eines der größten, ein ganzer neuer Stadtteil für rund 40 000 Menschen, wuchs zwischen den Ortsteilen Madlow und Sachsendorf empor. Städtebaulich gesehen präsentiert sich Cottbus dadurch mit überwiegend sachlich-modernem, oftmals leider auch monotonem Antlitz. Trotzdem sollte sich ein Besuch nicht nur auf die Parklandschaft im Südosten beschränken, immerhin belegen zahlreiche altehrwürdige Baudenkmäler im Zentrum der *historischen Altstadt* eine lange und bewegte Geschichte.

Am westlichen Spreeufer südlich der Branitzer Parklandschaft erstrecken sich die sogenannten Madlower Schluchten. Hier entstand Ende der 70er Jahre in einem weiträumigen Waldgebiet der erste Cottbuser Badesee mit Liegewiese, Spielplätzen und Bootsverleih.

Seit dem 6./7. Jahrhundert siedelten slawische Stämme im Raum zwischen Oder und Elbe. Im Gebiet des Cottbuser Spreeübergangs ließ sich der slawische Volksstamm der Lusici nieder. Hier, im Bereich des heutigen Schlossberges, errichtete er einen typisch slawischen Burgwall, in dessen Schutz sich die Siedlung entwickelte. Als »Chotibuz« wird sie in einer Urkunde von 1156 erstmals erwähnt. Im 12. Jahrhundert vereinnahmten die ersten deutschen, aus Franken stammenden Herrscher die Burganlage, als sie sich an der Spree niederließen. In der heute noch erhaltenen *Franziskaner-Klosterkirche* an der Klosterstraße im Nordwesten der Altstadt wurden die Herren von Cottbus beigesetzt. Im Kircheninneren können wir auch die Epitaphien von Fredehelm und Adelheid von Cottbus (um 1320) besichtigen. Sie werden oft als Stifter des etwa um 1300 gegründeten Franziskanerklosters angesehen.

Die Epitaphien der Stifter tragen das Familienwappen, den Krebs, der bald Teil des Cottbuser Stadtwappens wurde. Bereits im frühen 14. Jahrhundert taucht er erstmals in einem Stadtsiegel auf.

Während bis Ende des 12. Jahrhunderts vor allem Wenden/Sorben, wie man die slawische Urbevölkerung später nannte, die Stadt bewohnten, siedelten sich im 13. Jahrhundert zunehmend deutsche Handwerker, Gewerbetreibende und Kaufleute in Cottbus an. Eine planmäßige Stadtanlage entstand. Die Bestätigung des Tuchmacherprivilegs im Jahre 1405 und das Privileg der Leinweberzunft im Jahr darauf leiteten eine neue, bedeutende wirtschaftliche Ära ein. Im Laufe der Zeit erlangten die in Cottbus hergestellten feineren Tuche weit über die deutschen Landesgrenzen hinaus Berühmtheit. Im 18. Jahrhundert exportierten die Cottbusser ihre exquisiten Stoffe sogar bis nach Skandinavien und Nordamerika. Der plastische *Tuchmacherbrunnen* in der Sandower Straße/Ecke Goethestraße erinnert an die stolze Tradition der Textilherstellung. Das umlaufende Reliefband aus Bronzeguss zeigt die Stationen der Tuchproduktion vom handbetriebenen Webstuhl bis zur industriellen Fabrikherstellung.

Weit über 70-mal veränderte sich im Laufe der Jahrhunderte die Schreibweise von Chotibuz, bis sich der heutige Name durchsetzte. U. a. nannte man die Stadt zwischenzeitlich auch Kokubuzl.

Mitte des 15. Jahrhundert ging die Stadt an das Kurfürstentum Brandenburg und spätere Königreich Preußen über. Kurfürst Joachim I. verlieh Cottbus 1501 das Biermeilenrecht und brachte damit einen weiteren Wirtschaftszweig zum Erblühen. Der Fleiß von Tuchmachern, Leinewebern, Bierbrauern und anderen Handwerkern sowie ein reger überregionaler Handel beherrschten den Pulsschlag von Cottbus. Einen wichtigen Warenumschlagplatz bildete der *Altmarkt*, wo sich einst bedeutende Fernhandelsstraßen kreuzten. Noch heute ist er mit seinen stattlichen Giebel- und Traufenhäusern aus dem 18. und 19. Jahrhundert der wohl schönste Flecken der Stadt. Vom Haus Nr. 24 grüßt die Skulptur der »Hygieia«, die griechische Göttin der Gesundheit und Schutzpatronin der Apotheker. Sie krönt das Haus seit etwa 1800, doch die »Löwen-Apotheke«, die Standort und Funktion seither niemals änderte, existiert hier bereits seit 1573. Seit 1989 beherbergt das Haus mit dem hübschen Hinterhof das *Niederlausitzer Apothekenmuseum*, das über eine beachtliche pharmazie-historische Sammlung verfügt. Die vollständig eingerichtete Offizin im Erdgeschoss sowie das mittelalterliche Galenische Laboratorium und die Kräuterkammer im Fachwerkanbau des Hofes gehören zu den interessantesten Teilen des einzigartigen Museums.

Viele Häuser am Markt wurden bereits in der ersten Hälfte des 16. Jahrhunderts erstmals erwähnt, fielen aber dem großen Stadtbrand von 1671 zum Opfer. Haus Nr. 10 baute man z. B. auf den alten Fundamenten wieder auf. In den einstigen Kellerräumen erwartet heute ein romantisches Restaurant seine Gäste.

Schon vom Altmarkt her sichtbar erhebt sich die Oberkirche *St. Nikolai* an der Sandower Straße. Die Baugeschichte der mächtigen gotischen Hallenkirche, des größten Sakralbaus der Niederlausitz, ist nicht mehr eindeutig nachzuvollziehen. In Größe und Gestalt, wie wir sie heute kennen, stammt die dreischiffige Backsteinkirche mit dem ungewöhnlich überhöhten Mittelschiff aus dem 15. Jahrhundert. In ihrem Inneren zieht vor allem der 11 m hohe, reich verzierte Barockaltar aus dem 17. Jahrhundert, gefertigt aus Sandstein, Alabaster und Holz, die Blicke auf sich. Die kunstvolle Arbeit, die den Weg Christus nach dem Glaubensbekenntnis der Christenheit eindrucksvoll darstellt, schuf der Torgauer Bildhauer A. Schultze, die farbige Gestaltung stammt von dem Cottbuser Maler M. Heber. Orgel- und Konzertveranstaltungen bieten überdies akustischen Kunstgenuss.

Vor der Reformation soll es in der Oberkirche 41 Altäre und üppige Ausmalungen biblischer Motive gegeben haben. Heute sind noch Wandmalereien aus dem späteren 15. Jahrhundert erhalten. Zu den ältesten Altären gehören der Marien-, Dreikönigs- und Nikolausaltar.

Ein weiteres Gotteshaus, die *Schlosskirche*, steht in der Spremberger Straße. Eingewanderte Hugenotten weihten sie im Jahre 1714 aus einer kleinen, nach dem letzten Brand nur notdürftig reparierten Kapelle als »eigenes« Gotteshaus. Der neugotische Turm des schlichten Barockbaus wurde erst 1870 hinzugefügt.

Vom Altmarkt über die Spremberger Straße zur Schlosskirche gelangen wir auch an den *Brandenburgischen Kunstsammlungen* vorbei. Das seit 1977 bestehende Museum widmet sich der zeitgenössischen Kunst des 20. Jahrhunderts. Über 12 000 Kunstwerke repräsentieren die Kunstgattungen Gemälde, Plastik, Zeichnung, Installation, Fotografie, Plakat und Design. Die Sammlungen zeigen außerdem Collagen, Montagen und Materialbilder. In wechselnden Sonderausstellungen finden auch internationale Kunstleistungen ihren Platz. Allerdings erscheint es wenig sinnvoll einen Besuch der Kunstsammlungen mit einen Stadtrundgang zu verknüpfen. Eine Stippvisite würde nicht einmal einen knappen Überblick über den reichen Bestand vermitteln.

Neben Sonderausstellungen und Führungen bietet das Museum auch Vorträge und Kunstgespräche an. In dem Besucher-Café kann man für den nächsten Rundgang neue Kräfte sammeln.

Am Ende der »Sprem«, wie die Cottbuser die Spremberger Straße auch liebevoll nennen, zeugt der trutzige *Spremberger Turm* von einer mittelalterlichen Stadtbefestigung. Mit ihren einst mächtigen Mauern und wuchtigen Türmen trotzte die Wehranlage früher so manchem feindlichen Angriff. Auch der etwas kleinere Münzturm im Nordosten der Altstadt wie auch Reste der Stadtmauer in der Münz-, Töpfer- und Mauerstraße blieben erhalten.

Während auf der nur 350 m langen »Sprem« unaufhörlich Passanten an den Geschäften, Restaurants und Cafés vorbeieilen oder vor Schaufenstern promenieren, geht es auf der abzweigenden Mauerstraße, die uns über die Töpferstraße zum Klosterplatz führt, ruhiger zu. Den *Klosterplatz* beherrscht die bereits erwähnte *Klosterkirche*. Gegenüber bietet eine Jugendherberge nicht nur jungen Besuchern ein Dach über dem Kopf. Der etwas zurückversetzte »Klosterkeller« lädt u. a. mit regionaltypischen Speisen zu einer Stärkung ein.

Unweit der Oberkirche ragt ein weiterer »Riese« gen Himmel – der Schlossturm, einstiger Bergfried der alten Cottbuser Burg, der dem Brand von 1857 entging und rekonstruiert wurde. Nach Plänen der Stadt soll er sich bald als Aussichtsturm darbieten.

Zwischen der Klosterkirche und der Oberkirche durchqueren wir ein noch relativ junges, dem alten Stadtgrundriss angepasstes innerstädtisches Wohngebiet mit begrünten Innenhöfen und efeuberankten Häuserwänden. Es wird *»Wendisches Viertel«* genannt und auch wenn hier nicht nur Wenden/Sorben leben, drückt schon sein Name das Bemühen der Stadtväter um Traditionspflege aus, die Kultur und Geschichte der Sorben ist eine wichtige Größe im Leben der Stadt. Schilder in der Innenstadt und am Ortseingang sowie Straßenbezeichnungen sind meist zweisprachig gehalten. Ein *Niedersorbisches Gymnasium*, 1952 als Sorbische Oberschule gegründet, vermittelt neben der sorbischen Sprache auch Grundwissen über die sorbische Kultur. Das *Wendische Museum* in der Mühlenstraße wie auch das *Wendische Haus* am Schillerplatz mit seiner umfangreichen *Bibliothek* und der sorbischen Kulturinformation »Lodka« gestatten eine weitere Beschäftigung mit Sitten und Bräuchen der Sorben.

Der Bestand der Zentralen Niedersorbischen Bibliothek umfasst etwa 3 200 Bücher, Zeitschriften, Schallplatten, Kassetten und Videos in nieder- und obersorbischer sowie deutscher Sprache.

Am Schillerplatz, der schon außerhalb des historischen Stadtkerns liegt, steht ein Kunsttempel ganz eigener Couleur: das einzige, noch im Detail erhaltene Jugendstiltheater Europas – ein architektonisches Kleinod, heute *Staatstheater Cottbus*. Der Berliner Architekt B. Sehring entwarf den Bau Anfang unseres Jahrhunderts. Anbauten,

Staatstheater Cottbus

Die Sprengung des Theaters 1945, das im Krieg als Munitionslager diente, verhinderten die Cottbuser. Heute ist es ein Vierspartentheater: Schauspiel, Philharmonisches Orchester, Musik- sowie Tanztheater bieten einen abwechslungsreichen Spielplan.

vorgewölbte Fassaden und zahlreiche plastische Schmuckelemente wie der mit Pantern bespannte römische Kampfwagen auf dem Bühnenturm nehmen dem Bauwerk die Strenge, das die ansonsten hohen glatten Mauern vermitteln. Im Inneren des Theaters, das ebenfalls reiche Jugendstilornamentik aufweist, finden zu Vorführungen des Staatstheaters Cottbus 635 Besucher Platz. Seit der umfangreichen Rekonstruktion zwischen 1981 und 1986 wartet es zudem auch mit moderner Bühnentechnik auf. Erstmalig hoben sich 1809 die Vorhänge, als nach nur 16monatiger Bauzeit Lessings »Minna von Barnhelm« gegeben wurde.

**Spreewehrmühle** Die Fortsetzung unserer Entdeckungstour durch Cottbus wäre auf vielerlei Wegen möglich: beispielsweise an den über 250 Jahre alten *Gerberhäusern* zwischen Mühlengraben und Spree südlich des Schlossturmes vorbei, oder in Richtung *Stadtmuseum* mit seinen heimatkundlichen Sammlungen in der August-Bebel-Straße oder auch entlang der *Stadtpromenade* westlich der Altstadt, die mit Geschäften, Galerien, Cafés und Restaurants zum Flanieren einlädt. Doch wir wollen unseren Besuch in Cottbus wieder »im Grünen« beenden, an der alten Spreewehrmühle, die sich unweit des *Käthe-Kollwitz-Parkes* im nordöstlichen Teil des Stadtgebietes befindet. Wir wenden uns dazu wieder der Spree zu und folgen ihr flussabwärts mitten durch die Stadt oder benutzen den östlichen Stadtring, bis der Nordring erreicht ist. Vom Nordring kann über die Schlachthofstraße und die Straße Am Großen Spreewehr unser Ziel mit dem Auto erreicht werden, für lauffreudige Besucher empfiehlt sich jedoch der Fußweg entlang der Spree, der vom Käthe-Kollwitz-Park kommend den Nordring passiert und sich bis zum Großen Spreewehr mit der alten Mühle und der beliebten Ausflugsgaststätte fortsetzt. Die Wassermühle am erstmals 1556–1560 angelegten Spreewehr errichtete der Amtsrat Gottlieb Hubert 1801 als Pfahlbaumühle. Anfänglich durfte sie jedoch nur betrieben werden, wenn der abzweigende Hammerstrom ausreichend Wasser führte und sie dadurch die Wasserversorgung der Karpfenteiche sowie des Hüttenwerkes Peitz nicht gefährdete.

Der Käthe-Kollwitz-Park mit seinen Spazierwegen, Spiel- und Sportstätten ist bei den Cottbusern sehr beliebt. Der inmitten des Parkes gelegene Ascheberg wurde künstlich erschaffen.

Seit der zweiten Hälfte des 19. Jahrhunderts Dampfkraft und seit 1903 Elektroenergie revolutionierten dann den Antrieb des Wasserrades. Die angegliederte Schankwirtschaft existiert seit 1874. Im Jahre 1904 gelangte die Mühle durch Verkauf in den Besitz der Stadt Cottbus, die sie bis zu ihrer Stilllegung 1959 verpachtete. Als vollständig erhaltene Flussmühle mit unterschlächtig angetriebenem Wasserrad und vorgelagertem Wehr gilt sie als Seltenheit unter den Wassermühlen Ostdeutschlands und steht deshalb seit 1960 unter Denkmalschutz. Nach umfassender technischer und baulicher Rekonstruktion von 1976 bis 1987 können wir sie heute als technisches Museum besichtigen.

Die Gräupchenmühle arbeitete ursprünglich auch als Hirse-, Öl- und Getreidemühle. Ihre Tagesleistung betrug 2,5 t Weizen oder Roggen.

**Peitz** Der unmittelbar am Großen Spreewehr abzweigende *Hammerstrom* hat keinen natürlichen Ursprung, er entstand durch Menschenhand. Der etwa 22 km lange Wasserlauf wurde ursprünglich 1428 bis 1478 von Franziskanermönchen angelegt, die in Peitz einen Eisenhammer, eine Mühle und

Beim Ausstechen der Fischteiche hatten die Franziskanermönche Ende des 15. Jahrhunderts das Erz entdeckt. Der jetzige Hüttenstandort wird bereits 1538 erstmals genannt. 1658 gab es hier den ersten Hochofen. Seit 1973 ist die Anlage Museum.

Kormorane (»Seeraben«) gehören zur Familie meist koloniebrütender, fischfressender Ruderfüßer. Sie sind ausgezeichnete Schwimmer und können bis zu 20 m tief tauchen.

einige Fischteiche unterhielten. Es ist keine Übertreibung ihn als Meisterwerk mittelalterlicher Wasserbaukunst zu bezeichnen, denn immerhin liegt er nicht tiefer, sondern teilweise bis zu 3 m höher als Spree und Malxe. Er leistete auch dem späteren *Hüttenwerk* (heute *Museum*) auf dem Gelände der Binnenfischerei gute Dienste. Die Vorkommen von Raseneisenstein entdeckte man beim Anlegen neuer Fischteiche. 1511 stand das erste Werk zur Verhüttung in Peitz, zuvor schmolz die Eisenschmelze der Mauster Mühle den gewonnenen Rohstoff ein.

Seine Bekanntheit verdankt das kleine, nordöstlich von Cottbus gelegene Peitz dem weiträumig angelegten Teichgebiet. Das größte Fischzuchtteichgebiet Deutschlands ist auf Karpfen, Hechte, Störe, Welse und Aale spezialisiert. 1992 musste die Peitzer Fischzucht jedoch teilweise in die Kühltürme des nahen Kraftwerkes Jänschwalde ausweichen. Grund dafür waren die unablässigen Beutezüge von etwa 400 Kormoranen, denen die Kost von salzhaltigem Meeresfisch offensichtlich nicht mehr zusagte. Die unter Naturschutz stehenden Vögel fielen scharenweise über die Peitzer Fischteiche her und sorgten, wenn man der örtlichen Presse glauben darf, für einen Fischverlust von über 200 kg täglich. In den sonst übervollen Netzen der Fischer herrschte plötzlich Leere. Die Verlegung in das Kraftwerk, wenn auch keine Ideallösung, half den Fischbestand in Peitz zu sichern. Die Fischteiche sind, neben dem wirtschaftlichen Nutzen, den sie bringen, zudem schön anzusehen, sie prägen diesen Landstrich auf besondere Weise. Heute denkt bestimmt kein Einwohner mehr daran, die Teiche gegen Ackerland einzutauschen. Dieses Ziel verfolgten Peitzer Bauern 1878 noch vehement. In einem Bittgesuch an die königliche Regierung heißt es: »Schon zu wiederholten Malen im Laufe der Jahre ist dem ackerbautreibenden Theile unserer Bürgerschaft der Wunsch laut geworden, das zum Betriebe der Landwirtschaft geeignete Areal in unserer nächsten Nähe vermehrt zu sehen. … Allerdings dürfen wir nicht verhehlen, daß die königliche Regierung und der Fiskus sich schwer dazu entschließen wird, unsere fast berühmt gewor-

Peitzer Hüttenmuseum

dene Karpfensucht eingehen zu lassen, aber es gibt mehr Gewässer in unserem Vaterlande, wo dieselbe ebenso betrieben werden kann. Für uns hat dieselbe nicht den geringsten Werth, wir wissen aus Erfahrung, daß wir Karpfen theuer genug bezahlen müssen...« – Zum Glück ist damals alles beim Alten geblieben.

Im Gegensatz zum Hammerstrom, der vom Großen Spreewehr erst nach Osten und dann nach Norden Richtung Peitz fließt, nimmt die Spree von Cottbus erst Kurs nach Norden, um bei Maiberg gen Westen abzubiegen, bis sie kurz darauf den Spreewald erreicht.

Ist vor unserem nächstem Reiseziel, dem Spreewald, noch ein Abstecher zur Peitzer Teichlandschaft vorgesehen, folgt man von Cottbus der B 97 in nördliche Richtung bis Peitz. Soll es von Cottbus direkt zum Spreewald gehen, bietet sich die B 115 an, die von Cottbus in westliche bis nordwestliche Richtung direkt nach Lübbenau führt.

1991 tobte der Kampf um den historisch wertvollen Hammerstrom. Der Wassergraben sollte für das Kraftwerk »Schwarze Pumpe« verändert werden. Naturfreunde, Brandenburger Denkmalpfleger und der Orden der Franziskaner gingen dagegen vor.

Ein Abstecher nach Peitz lohnt sich vor allem im Sommer zum Peitzer Fischfest.

Wer die Fahrt von Peitz in den Spreewald fortsetzen möchte, wählt die B 97 zurück nach Cottbus, um die Reise auf der B 115 nach Lübbenau fortzusetzen oder er nimmt die nördliche Umfahrung des Spreewaldes auf der B 168 in Richtung Lieberose und dann weiter auf der B 320 direkt nach Lübben.

## Der besondere Tipp:

**Pückler-Eis nach Rezeptur von 1897**

Der Name »Pückler-Eis« lässt die Vermutung zu, dass wir diese kulinarische Köstlichkeit dem vielseitigen Fürsten Pückler-Muskau zu verdanken haben. Aber der Name täuscht. Die Eiskreation geht auf einen geschäftstüchtigen Cottbuser Konditor zurück, der dem stets »klammen« Pückler die Erlaubnis abluchste seine süße Variation nach dem hochwohlgeborenen Fürsten zu benennen. Doch der Ursprung ist egal, wenn es schmeckt. 1897 wird u. a. folgendes Rezept empfohlen:

Man nehme ½ l frische Sahne und 3–4 Löffel feinen Zucker, schlage diese zusammen sehr hart und teile die Masse in 3 gleiche Teile. In den ersten Teil gebe man zerstoßene Früchte edler Art, die zweite Portion wird mit feinen zerstoßenen Mandeln und bitterer Schokolade vermengt, die Mandeln solle man 4 Stunden in feinen Likör legen. Die dritte Portion vermische man mit ½ kleinen Tasse Maraschino. Alle Portionen glatt übereinander geben und in einem eisernem Eisgefäß 1 ½ Tage in rotes Salz zum Kühlen geben.

Nach dem Kühlen mit Früchten und flüssiger Schokolade verzieren.

Viel Spaß beim Probieren!

# Die Heimat der Spree-Gondolieri

Dissen · Vetschau · Raddusch · Burg-Kauper
Burg-Dorf · Hochwald · Wiesenspreewald
Naturschutzgebiet Weinberg · Straupitz
Eichen von Byttna · Leipe · Burg-Kolonie
Lübbenau · Lehde · Wotschofska

Anreise
***mit dem PKW*** *über die A 13 bis zur Abfahrt Lübbenau; nach Vetschau/Burg ab dem Autobahndreieck Spreewald über die A 15 bis zur Abfahrt Vetschau, Weiterfahrt auf der Landstraße in Richtung Burg/Straupitz*
***mit der Bahn*** *bis Lübbenau bzw. Vetschau; in Richtung Burg Weiterfahrt ab Vetschau mit dem Bus (8 km)*

Lübbenauer Kahnfährmann

Nachdem die Spree Cottbus hinter sich gelassen hat, beginnt im Baruther Urstromtal der landschaftlich wohl reizvollste Abschnitt des Flusslaufes – der Spreewald. Spree und Malxe verzweigen sich hier in nahezu unendlich viele Einzelarme, ein einzigartiges Flusslabyrinth tut sich auf. Nach dem Ende der letzten Eiszeit bildete sich im Gebiet zwischen Peitz im Südosten und dem Neuendorfer See nördlich von Lübben ein ausgedehntes, etwa 75 km langes und bis zu 16 km breites Binnendelta heraus, das sich zu einer unzugänglichen Sumpflandschaft mit Erlenbruchwäldern und Moorgebieten entwickelte. Aufgrund des fehlenden Gefälles und der geringen Fließgeschwindigkeit besaß das Spreewasser nicht die nötige Energie seine Sedimentfracht weiterzutransportieren. Ein großer Teil des mitgeführten Balasts lagerte sich so in der Spreewaldregion ab und fügte sich zu vielen kleinen Inseln, den sogenannten Kaupen, zusammen.

Der Sage nach entstand der Spreewald durch die Tat des Teufels. Als er beim Pflügen ungeduldig mit der Peitsche knallte, gingen ihm die Ochsen seines Pfluges durch. Verschreckt rannten die Tiere kreuz und quer umher und zogen zahlreiche Furchen im Acker. In diesen Rinnen und Gräben verzweigt sich heute die Spree.

Die Kaupen boten die Möglichkeit Siedlungen zu errichten. Ab dem 6. Jahrhundert n. Chr. ließ sich der slawische Volksstamm der Lusizer in der Spreewaldregion nieder. Lange Zeit siedelten die Menschen nur am Rande des Spreewaldes, doch im Laufe der Jahrhunderte drangen sie Stück für Stück in sein Inneres vor und machten dieses urwaldhafte Sumpfgebiet in großen Teilen urbar. Durch zunehmende Entwässerung, die besonders in den letzten Jahrzehnten stark vorangetrieben wurde, schrumpfte die urwüchsige Naturlandschaft immer mehr zusammen. Um eine weitere Zurückdrängung dieses einzigartigen Naturraumes zu verhindern und ihn auch künftigen Generationen zu erhalten erklärte man den Spreewald im September 1990 zum *Biosphärenreservat.* Es beginnt im Südosten bei Briesen und reicht im Norden bis zum Neuendorfer See. Das Schutzgebiet, das nach einem Konzept der UNESCO die Bewirtschaftung durch den Menschen und seine Wirkung auf die Natur von vornherein mit einbezieht, weist insgesamt vier Schutzzonen aus: Im Totalreservat, der sogenannten Kernzone, bleibt die Natur sich selbst überlassen, der Mensch darf Naturprozesse nicht beeinflussen. Eine weitere Zone dient der Pufferung von schädlichen Einflüssen auf die Kernzone und dem Erhalt

Das Biosphärenreservat umfasst 11 800 ha Akkerland, 13 000 ha Grünland und etwa 13 500 ha Wald. In dem Schutzgebiet gibt es 37 Dörfer und 2 Städte, in denen insgesamt 55 000 Menschen wohnen.

der landschaftlichen Vielfalt. Der Naturschutz hat hier Vorrang. Im Bereich der dritten Zone, einer harmonischen Kulturlandschaft, die den größten Teil des Biosphärenreservates einnimmt, betreiben die Menschen traditionelle Landnutzung im Sinne einer Landschaftspflege. In der letzten, der Regenerierungszone wird der Versuch unternommen durch Renaturierung von Fließen, Gehölzanpflanzungen u. v. a. m. geschädigte Landschaften wieder in wertvolles Kulturland rückzuverwandeln.

Die Flora des Biosphärenreservates ist mit 18 000 erfassten Planzenarten gut erforscht. 50 von ihnen sind auf der Roten Liste der bestandsgefährdeten Pflanzen vermerkt. Vielfältig präsentiert sich auch die Fauna, insbesondere der Bestand an Schmetterlingen mit allein 830 Arten.

Die Gesamtlänge des Gewässernetzes im Biosphärenreservat beträgt etwa 970 km. Zur Regulierung der Wassermassen existieren etwa 100 Wehre, 40 Schleusen sowie Deiche in einer Gesamtlänge von 230 km.

Der Spreewald ist ein Tourismusgebiet von internationalem Rang und steht für reizvolle Kahnfahrten auf den zahlreichen Spreearmen, für sorbische/wendische Volksbräuche und kulinarische Delikatessen wie die Spreewaldgurken und zahlreiche Fischgerichte. Auf 400 km befahrbaren Flussarmen staken die Spreewälder Kahnfährfrauen und – männer ihre Gäste durch das Labyrinth, tummeln sich Paddelboot- und Kanufahrer. Auch das umfangreiche Wanderwegenetz erlaubt eine hautnahe Berührung mit der Natur. Obwohl das bis zum Mittelalter im Spreewald beheimatete Großwild wie Elch und Bär längst ausgestorben ist, lebt hier eine sehr vielfältige Tierwelt. Am häufigsten ist der Weißstorch zu beobachten. Mehr als 100 Storchenpaare suchen sich alljährlich ein Nest zur Aufzucht ihrer Jungen in der nahrungsreichen Niederung. Die von den Spreewaldbewohnern liebevoll als »Himmelspferdchen« bezeichneten Libellen kommen hier in mehr als 40 Arten vor und schwirren zu Unzähligen in den Uferbereichen der Fließe umher. Zu den seltenen und geschützen Tieren gehören der Schwarzstorch, der Fischotter, der Seeadler, der Wiedehopf und der Wachtelkönig. Artenreich und schön präsentiert sich auch die Pflanzenwelt. In den feuchtesten Gebieten der Niederung erfreut der sogenannte Moorbirken-Erlenwald das Auge. Zwischen Erlen und Moorbirken überziehen von Mai bis Juli die weißen Blüten der Wasserprimel die moorigen, wassergefüllten Lachen. In

Mit 3,8 km Flusslänge/km$^2$ besitzt der Spreewald die höchste Gewässerdichte Deutschlands.

Eichen- und Buchenwäldern blühen zu gegebener Zeit u. a. Buschwindröschen, gelbe Anemonen, Leberblümchen, Waldmeister und Goldnessel. Auf den heute nur noch wenigen Überschwemmungswiesen entfalten sich im April/Mai die Sumpfdotterblumen, die später von den rot leuchtenden Kuckuckslichtnelken abgelöst werden. Weiße Seerosen zieren verlandete Fließe. Auf unserer Reise durch den Oberspreewald lernen wir Poldergebiete und Horstäcker kennen, wo vor allem Meerrettich, Gurken und Zwiebeln angebaut werden. Ausflüge zu kulturellen Sehenswürdigkeiten bringen uns Brauchtum und Traditionen seiner Bewohner näher.

**Dissen** Das zwischen Cottbus und dem Biosphärenreservat gelegene Dissen stimmt uns in die sorbische/wendische Geschichte und Kultur ein. Aus der einstigen Dorfschule entstand ein *Heimatmuseum*, das mit dem Leben in Vergangenheit und Gegenwart vertraut macht und die Leistungen von Bogumil Swjela würdigt. Der einstige Dorfpfarrer gehörte zu den Mitbegründern der Domowina, dem Dachverband der sorbischen Vereine. Als unbequemer Denker und Verfechter der sorbischen Identität verboten ihm die Nationalsozialisten 1940 das Wort. Gleichfalls sehenswert ist die Dissener *Fachwerkkirche* von 1778. Im Innenraum befinden sich an den Emporen biblische Spruchmalereien in sorbischer/wendischer und deutscher Sprache.

Im 19. Jahrhundert wanderten mit zunehmender Freisetzung von Arbeitskräften viele Sorben auch nach Amerika (Texas) aus. Der bekannte sorbische Dichter M. Kosyk hat die sogenannten Texassorben einmal auf heitere Art mit den Spreewäldern verglichen: »Geradeso oft und geschickt, wie sein niedersorbischer Bruder den Kahn durch den Spreewald lenkt, reitet der Texassorbe sein Pferd«.

**Vetschau** Auch die *wendisch-deutsche Doppelkirche* in Vetschau am südlichen Spreewaldrand widerspiegelt das Nebeneinander, aber auch die jahrhundertelange Distanz der beiden Nationalitäten zueinander. Ursprünglich im 13. Jahrhundert als Gotteshaus für die wendische Bevölkerung erbaut erhielt sie 1690–1697 einen spätbarocken Anbau für die deutsche Kirchengemeinde. Am 1. Januar 1977 erfolgte die Zusammenlegung der deutschen und der wendischen Gemeinde. Gottesdienste finden heute nur noch in dem früheren deutschen Kirchengebäude statt, der wendische Kirchenraum dient zur Dokumentation der Kirchengeschichte der Niederlausitz.

Am benachbarten *Marktplatz* ziehen Barock- und Jugendstilhäuser die Blicke auf sich. Das anstelle einer alten Wasserburg errichtete *Schloss* aus

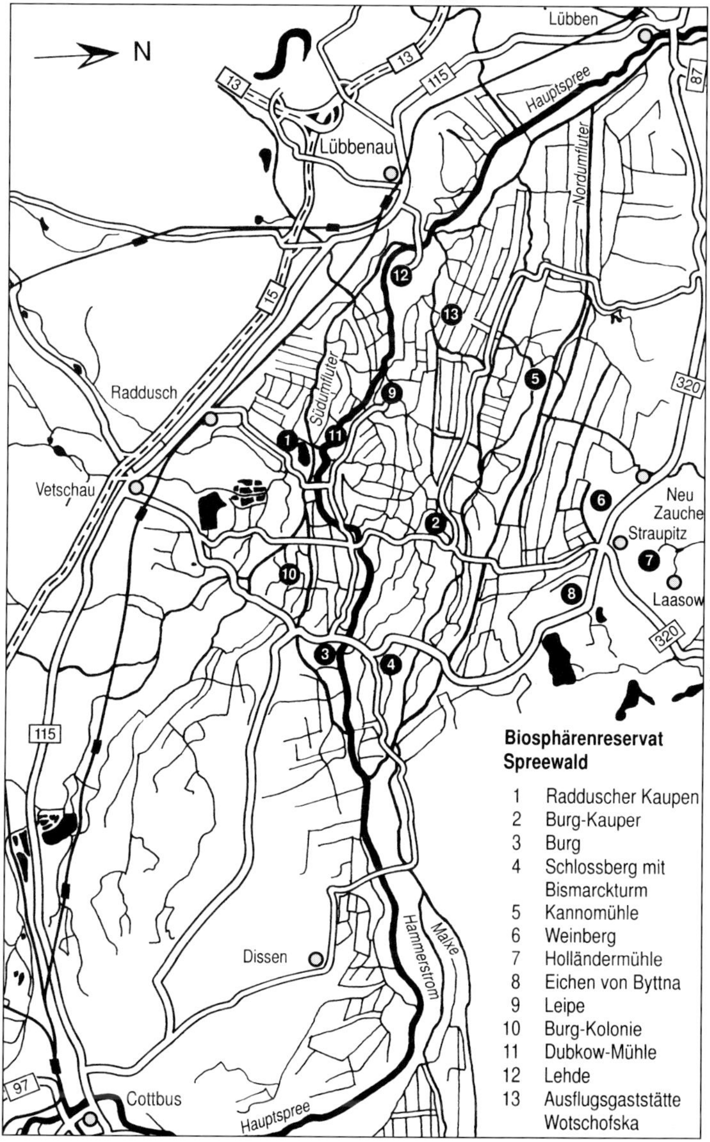


**Biosphärenreservat Spreewald**

1 Radduscher Kaupen
2 Burg-Kauper
3 Burg
4 Schlossberg mit Bismarckturm
5 Kannomühle
6 Weinberg
7 Holländermühle
8 Eichen von Byttna
9 Leipe
10 Burg-Kolonie
11 Dubkow-Mühle
12 Lehde
13 Ausflugsgaststätte Wotschofska

Als Vecziez 1303 erwähnt, war seit altersher in der Stadt die Leineweberei heimisch. Mitte des 19. Jahrhunderts wurde anfänglich die Drillich- und Segeltuchweberei fabrikmäßig ausgebaut.

der Mitte des 16. Jahrhunderts liegt nur wenige Schritte davon entfernt. In seinem prächtigen Rittersaal geben sich heute verliebte Paare das Jawort für ein gemeinsames Leben, und für Musikfreunde erklingen zu Konzertveranstaltungen klassische Werke. Um die Erhaltung dieses bekannten Saales hat sich vor allem der Majonäse-König Richard Hellmann verdient gemacht. 1876 in Vetschau geboren, wanderte er 1899 nach Amerika aus. Dort baute Hellmann sein Delikatessen-Imperium auf, dessen Produkte längst auch auf dem deutschen Markt zu haben sind. Der rührige Geschäftsmann bescherte Vetschau nicht nur einen Geldsegen für die Rekonstruktion des historischen Rittersaales, sondern auch Mittel für den Bau oder die Instandsetzung anderer öffentlicher Gebäude. Zum Dank ernannten ihn die Vetschauer am 21. September 1929 zum Ehrenbürger der Stadt.

Neuester Anziehungspunkt in Vetschau ist das *Niederlausitzer Weißstorchzentrum* in der Drebkauer Straße 2, das die Lebensweise und die Verbreitung von Meister Adebar vorstellt.

Erste Erfolge des Hilfsprogramms für den vom Aussterben bedrohten Weißstorch, der im Spreewald einen idealen Lebensraum vorfindet, gibt es bereits. Im Jahre 1995 wurden 110 Brutpaare im Spreewald gezählt, 30 Paare mehr als 1990. In der Niederlausitz gibt es alljährlich etwa 300 Brutpaare.

**Raddusch** Etwa 4 km nordwestlich von Vetschau erreichen wir an einem Nebenarm der Spree das um 1312 gegründete Raddusch, eines der ältesten Spreewalddörfer. Das eigentliche Reihendorf liegt auf dem höher gelegenen Spreewaldrand, während auf den Kaupen Einzelgehöfte entstanden. Die Besitzer errichteten ihre Holzhäuser als Sicherheit vor Überschwemmungen anfänglich auf einer Steinschicht. Das launische Spreewasser, das öfter über den Rand der Kaupen anstieg, konnte so keine größeren Schäden anrichten, unter Kontrolle gehalten werden. Später erhöhte man die Kaupen nach und nach mit Aushubmaterial, das vor allem aus Entwässerungsgräben stammte. Die kleine Siedlung mit ihrem idyllisch gelegenen Naturhafen bietet sich für eine romantische Kahnpartie zu den *Radduscher Kaupen* oder zur *Radduscher Buschmühle* an. Hochstimmung herrscht im Dorf besonders am letzten Augustwochenende. Dann findet hier das traditionelle Stollenreiten und Hahnrupfen, beides alte sorbische Bräuche, statt.

**Burg-Kauper** Auf den Radduscher Kaupen begann die Besiedlung des Oberspreewaldes. Zur wendischen Bevölkerung gesellten sich besonders nach 1725 verstärkt deutsche Siedler, die sich auf den inselartigen Erhebungen in Burg-Kauper neue Existenzen aufbauten. Auf diese Weise entwickelte sich eine der größten Streusiedlungen im damaligen Brandenburg-Preußen, die Spreewaldgemeinde Burg, deren Hauptverkehrswege die Spreefließe waren. Um auch trockenen Fußes zu den einzelnen Gehöften zu gelangen fertigten die Bewohner über 300 Hochbrücken, sogenannte Bänke, die die Fließe überspannen. Burg-Kauper bildete fast 200 Jahre lang eine eigenständige Siedlung, bevor es 1960 mit Burg-Kolonie und Burg-Dorf verwaltungsmäßig zu einem Gemeinwesen zusammengeschlossen wurde.

Im Jahre 1445 erwarb der brandenburgische Kurfürst Burg zusammen mit der Herrschaft Cottbus. Es bildete lange eine Enklave im sächsischem Staatsterritorium.

**Burg-Dorf** fand erstmals im Jahre 1315 Erwähnung, die Ursprünge des Dorfes reichen jedoch bis 5000 v. Chr. zurück. Um 800 v. Chr. entstand während der Lausitzer Kultur eine Burganlage nördlich des heutigen Dorfes. Der Rest dieser Burganlage, den die Einheimischen als *Schlossberg* bezeichnen, ragt etwa 9 m aus der Spreeniederung auf. Archäologen fanden hier bei Ausgrabungen Tier- und Menschenknochen, Geräte aus Stein und Ton sowie ein bronzenes Kultwägelchen. Auch wenn man damit die einstige Burganlage um einige ihrer Geheimnisse beraubte, ranken sich nach wie vor zahlreiche Geschichten um diesen Platz. Eine Legende erzählt von einem Wendenkönig, der hier seinen Herrschersitz besaß und samt seinem Schloss in der Tiefe versank. Nun regiert er im Reich der Unterwelt und teilt es sich mit Zwergen, den sogenannten Luttken, sowie dem Wassermann Nykus. Leider bleibt uns der Blick in das Untergrundreich des Wendenkönigs verwehrt, dafür können wir aber am Schlossberg dem Himmel ein Stück näher kommen. Die Möglichkeit dafür bietet der zwischen 1913 und 1917 erbaute *Bismarckturm*, der in einer Höhe von 33 m über eine Aussichtplattform verfügt. Zuvor müssen wir allerdings erst 137 Stufen bewältigen. Der herrliche Panoramablick auf diesen Teil des Spreewaldes ist den Kraftaufwand jedoch allemal wert.

Eine Vielzahl historischer Funde stellte man am Schlossplatz während der Tiefbauarbeiten zur Schaffung der Eisenbahntrasse für die Spreewaldkleinbahn, die 1899 ihren Betrieb aufnahm, sicher.

In der Umgebung des Bismarckturmes an der Landstraße nach Byhleguhre liegt auf einem 4 ha

Im Paddelparadies Oberspreewald

Als Leibgerichte der Spreewälder gelten »Kneedeln, Leinell und Quark« auch »Kaffee, Plinze, Gritzwurscht, Grieben, Cottbuser Korn (Schnaps), Gurken, Baumkuchen, Spargel, Meerrettich und Fisch«.

großen Areal zudem ein *Arznei- und Gewürzpflanzengarten* mit mehr als 800 verschiedenen Pflanzen, einem »Insektenhotel« und einer »Piepshow«. Die beiden letztgenannten Einrichtungen erlauben das Beobachten von Insekten und Vögeln, im letzten Fall sogar das Leben in ihren Baumhöhlen. Hauptanliegen ist jedoch die Vermittlung von Kenntnissen über die natürliche Pflanzenwelt des Spreewaldes, Arznei- und Gewürzkräuter sowie über Nutzpflanzen der Region. Früher bauten die Spreewaldbauern u. a. Buchweizen und Lein an. Leinöl, serviert mit Kartoffeln und Quark, gehört zu den schmackhaften Spezialitäten der Spreewaldküche und steht auf der Speiskarte zahlreicher einheimischer Restaurants. Lecker schmeckt auch die Plinse, eine Art Eierkuchen, den man mit verschiedenen Obstfüllungen serviert.

In Burg gibt es mehr als eine Gelegenheit die hiesige Küche auszuprobieren, so in der »Spreewaldklause«, dem »Wendenkönig«, »Zum Erlkönig«, dem »Ochseneck«, der »Kolonieschänke« oder dem »Waldschlösschen«. Zum Erlebnis wird ein Besuch des ehemaligen Spreewaldbahnhofs. Er erwartet heute als originell eingerichtetes Erlebnisrestaurant seine Gäste. In einem der Räume transportiert eine Miniaturausgabe der alten Traditionslokomotive »Spreewaldguste« die Speisen und Getränke »per Schiene« zu den Tischen. Der Anblick des liebevoll mit originalen Bahnhofsgegenständen eingerichteten Gastraums bis hin zu Personen- und Güterwagen auf dem Gleis vor dem Gebäude lassen nicht nur die Herzen der Eisenbahnfreunde höher schlagen.

Mit zunehmender Technisierung erfolgte auch der Bau von befestigten Straßen, die zu den Eisenbahnen und großen Märkten führten. Die Chaussee von Burg nach Cottbus wurde 1887 fertig gestellt.

**Hochwald (Neu Zaucher Spreewald)** Gestärkt mit Leinöl und Quark, die nach hiesigem Glauben auf wundersame Weise die Kräfte neu mobilisieren sollen, begeben wir uns zum Ausgangspunkt unserer nächsten Entdeckungstour. Eine der schönsten Wander-Routen ist die Strecke vom Hotel »Eiche« in Burg-Kauper in Richtung des Hochwaldes. Im Gebiet zwischen dem Nordumfluter und dem südlich gelegenen Großen Fließ erstreckt sich das größte zusammenhängende Waldgebiet des Spreewaldes, das in seiner ursprünglichen Art als Erlenbruch- und Erlen-Esche-Wald erhalten blieb.

Unser Weg führt uns vom Hotel »Eiche« etwa 3 km entlang des Nordfließes durch den Hochwald bis zur *Kannomühle*. Hier lädt der Kahnfährhafen von Neu Zauche zu einer Kahnfahrt durch den Hochwald ein. Auf dem gleichen Weg geht es anschließend zurück nach Burg-Kauper.

In den 70er Jahren verwirklichte die damalige DDR im Spreewald ein gigantisches Entwässerungsprogramm, zu dem der Nordumfluter gehört. Hauptziele waren die Urbarmachung von Grünland für die Rinderzucht und der Schutz vor den gefürchteten Spreehochwassern.

**Wiesenspreewald** Für konditionsstarke Wanderer bietet es sich an den Weg ab der Kannomühle in Richtung Straupitz fortzusetzen um einen Teil des Wiesenspreewaldes kennen zu lernen. Durch die umfangreichen Entwässerungsarbeiten in den 70er Jahren unseres Jahrhunderts verwandelten die Spreewälder die einstige Naturlandschaft in Grünland, das die damaligen LPGs für ihre Massentierhaltung nutzten. Mit dem im Jahre 1990 ins Leben gerufenen Projekt des Biosphärenreservates erhalten diese Gebiete jedoch die Chance zur Renaturierung. Auf eine dieser Zonen stößt man hinter der Kannomühle und dem Nordumfluter. Wir befinden uns nun an der Neu Zaucher Kahnfahrt, einem Fließ, dem wir nach Norden bis zum Dorf Neu Zauche folgen, Hinweisschilder ermöglichen

Neben der vorgesehenen Renaturierung eines Teils der Grünlandfläche hat ein anderes Programm im Spreewald bereits konkrete Formen angenommen: die Wiederherstellung des ursprünglichen Naturzustandes von Fließgewässern auf einer Fläche von 8 000 ha. Dadurch wird u. a. die Rückkehr der ökologisch wichtigen winterlichen Überflutungen angestrebt.

Straupitz, als Villa bereits 1294 belegt, bildete sich als Herrschaft vermutlich aus der Burggrafschaft Lübben heraus.

die Orientierung auf unser nächstes Etappenziel, die Ortschaft Straupitz. Von Straupitz führt ein Wanderweg durch den Straupitzer Spreewald zurück zum Ausgangspunkt der Wanderung in Burg-Kauper. Insgesamt werden wir eine Strecke von etwa 20 km zurücklegen.

**Naturschutzgebiet Weinberg** Unterwegs können wir am Weinberg auf halber Strecke zwischen Neu Zauche und Straupitz eine große Anzahl von Schmetterlingsarten beobachten. Das unter Naturschutz gestellte Gebiet wartet auch für eine Vielzahl von wärmeliebenden Pflanzen mit idealen Bedingungen auf. Zeitweise mussten sie dem Weinanbau weichen, der bis Anfang des 19. Jahrhunderts das Bild der Umgebung bestimmte. Von dem kleinen, 87 m über dem Meeresspiegel liegenden Gipfel, der fast 40 m aus der Umgebung herausragt, gleitet der Blick über den südlich gelegenen Wiesenspreewald, das östlich des Weinberges gelegene Straupitz ist bereits zum Greifen nah.

**Straupitz** Die Geschichte des Dorfes stand anfangs unter keinem gutem Stern. Der Name Straupitz geht auf das slawische Wort »Tsupc« zurück und heißt im Deutschen so viel wie »Ortschaft der Aussätzigen«. Diesem wenig einladenden Namen wurde das Raubrittergeschlecht der Flau, die zu Beginn des 14. Jahrhunderts den Grundbesitz von Straupitz erhielten, leider mehr als gerecht. Durch ihre Untaten traf sie – und damit auch ihre Untertanen – der Bannfluch des Papstes, so mied sie die Allgemeinheit und behandelte sie wie Aussätzige. Doch im Jahre 1655 wandte sich das Blatt zum Guten. Der in brandenburgischen Diensten stehende schwedische General Christoph von Houwald übernahm die Gutsherrschaft und bewirtschaftete sie redlich. Später machte einer seiner Nachfolger, der Dichter Ernst von Houwald, die Bekanntschaft des Architekten K. F. Schinkel in Berlin. So kam es, dass der große preußische Baumeister in den Jahren zwischen 1828 und 1832 eine *klassizistische Kirche* für das kleine Dorf erschuf. Im Kircheninnenraum herrscht strenge Schlichtheit vor, die nur fünf Gemälde im Altarraum unterbrechen. Sie zeigen Jesus, Johannes, Petrus, Paulus sowie Johannes den Täufer. Diese Meisterwerke schuf der

Schinkelkirche in Straupitz

einst in Dresden wirkende Maler Matthäi, der der Malervereinigung der Nazarener (auch als Lukasbund bekannt) angehörte.

Ein anderes in Deutschland einzigartiges kulturhistorisches Denkmal finden wir in der Laasower Straße. Dort steht die *Holländermühle*, unter deren Dach eine Korn-, Öl- und Sägemühle erhalten geblieben und zu besichtigen ist. Seit 1650 in Betrieb nutzt man diese mittlerweile technische Rarität noch heute zur Leinölherstellung. Wir erfahren hier

Die Künstler des 1809 gegründeten Bundes der Nazarener wählten nur biblische Themen und orientierten sich an Dürer und Raffael.

auch Wissenswertes über die Flachsverarbeitung (Di–Do 16–18 Uhr; April–Okt. zusätzlich Sa, So 10–16 Uhr).

Auf Spuren derer von Houwalds stoßen wir im Süden des Dorfes an der Straße in Richtung Burg. Zwischen 1795 und 1799 entstand auf den Überresten einer Burg ihr Schloss, zu dem sich im Laufe der Zeit zahlreiche Wirtschaftsgebäude gesellten. Das Schloss beherbergt heute eine Schule. Südlich des einstigen *Schlosskomplexes* schließt sich der anmutige 12 ha große Park mit einem artenreichen Baumbestand, kleinen Teichen, befahrbaren Wasserläufen und einem winzigen Fährhafen an.

Byttna heißt soviel wie »Heiliger Gang« und steht im Zusammenhang mit der reichen Sagenwelt der Umgebung. Zu den vielen Überlieferungen gehören auch die Geschichten über einen unweit von Straupitz bei Byhlen gelegenen See, in dem Wassermänner lebten. Dank magischer Kräfte vermochten sie Gold zu zaubern.

**Eichen von Byttna** Südlich des Schlossparkes gelangen wir nach einem etwa 1 km langen Abstecher von der Landstraße Straupitz-Burg zu den Eichen von Byttna. Im Bereich eines frühgeschichtlichen slawischen Burgwalls recken sich stämmige Eichen in die Höhe. Ursprünglich hafteten an den Bäumen Schilder mit den Namen von Angehörigen der Familie von Houwald. Heute gibt es lediglich noch an einer Eiche ein Schild mit der Aufschrift *»Chistoph-Heinrich-Eiche«*. Die Überreste des größten Exemplars wächst etwas abseits dieser Baumgruppe, die *Florentiner Eiche*. Der Stammesumfang des etwa 1000 Jahre alten Riesenbaumes beträgt, gemessen kurz oberhalb der Erdoberfläche, fast 12 m. Zur Landstraße Straupitz-Burg zurückgekehrt erreichen wir nach etwa 4 km wieder Burg-Kauper.

Leipe heißt im sorbischen Lipoj (Linde). Einer alten Sage zufolge trug ein Bauernsohn im Ort den gleichen Namen. Sein Vater pflanzte anlässlich seiner Geburt eine Linde. Das Leben des Jungen war mit dem Gedeihen des Baumes eng verbunden. Als er starb, verkümmerte auch die Linde.

**Leipe** Folgen wir von Burg-Dorf aus dem ausgewiesenen Europawanderweg E 10 nach Westen entlang der Neuen Spree, gelangen wir nach etwa 8 km zum Spreewalddorf Leipe. Gänzlich von der Sumpflandschaft der Spree eingeschlossen war dieser schwer zugängliche Ort bis 1936 nur per Kahn zu erreichen. Obwohl Tourismus und Fremdenverkehr auch in Leipe nach der Eröffnung des ersten Hotels im Jahre 1924 zu einer bedeutenden Einnahmequelle wurden, bilden Fischerei und Landwirtschaft nach wie vor wichtige Säulen für den Lebensunterhalt. Während der Fischfang keine großen Anstrengungen bereitet, denn unmittelbar vor der Haustür bildet die Spree ein unerschöpfliches Fischreservoir, gestaltet sich die Bewirtschaftung der kleinen Ackerflächen schwierig. Die Felder liegen nur selten an befestigten Straßen. Als wichtigstes Transportmittel dient daher der Spreewaldkahn, mit dem so gut wie alles, bis hin zum Traktor, für den man allerdings zwei Kähne benötigt, von und zum Acker gebracht werden muss. In und um Leipe überziehen im Sommer Gurken, Meerrettich und Zwiebeln die Anbauflächen. Berühmtheit über die Landesgrenzen Brandenburgs hinaus haben vor allem die Spreewälder Gurken erlangt. Die eingelegten Gurken messen 6 bis 9 cm und werden »Sechsneuner« genannt. Durch witterungsbedingte Ausfälle übersteigt der Bedarf allerdings oftmals die Ernte und so gelangen häufig auch aus dem Ausland stammende Gurken in die Einweckgläser der Spreewälder Konservenindustrie. Aber schließlich sind es ja auch die Geheimrezepturen der Verarbeitungsbetriebe sowie die Verwendung von erntefrischen Kräutern, die den unverwechselbaren Geschmack der Spreewaldgurken prägen.

Bereits vor mehr als 3 000 Jahren wurden im Gebiet des heutigen Indien Gurken angebaut. Sie galten im Römischen Reich als Delikatesse und erlebten im 17. Jahrhundert eine Wiederentdeckung. Seitdem eroberten sie sich auch auf der deutschen Speisekarte einen festen Platz.

Gleich hinter den Gurken rangiert der Meerrettich, der z. B. Fischgerichten wie Karpfen blau die besondere Geschmacksnote verleiht. Mit den Köstlichkeiten der einheimischen Küche wartet u. a. das Spreewaldhotel in Leipe auf, das 1992 seine Wiedereröffnung feierte.

**Burg-Kolonie** Kulinarische Genüsse, gewürzt mit kauzigem Spreewaldhumor, bietet auch der Rückweg entlang der Landstraße nach Burg-Kolonie. Etwa 1 km hinter Leipe steht die historische *Dubkow-Mühle*, die als Gaststätte zur Rast einlädt. Ihre Bekanntheit verdankt sie jedoch nicht nur den spreewaldtypischen Speisen, sondern den skurrilen Geschichten, die ihr einstiger Besitzer hier früher zum Besten gab und die man sich bis heute weiter erzählt. Besonders gern berichtet man noch immer über die Legende vom zentnerschweren Ochsenfrosch, der im Keller der Mühle in grauer Vorzeit die Fische bewachte. Viel Fantasie schmückt auch die Schilderungen der ungewöhnlichen Kahnfahrten aus, bei denen ein riesiger Hecht den Kahn des Wirtes zog.

Eine lohnenswerte Paddelboot-Tour (4–6 h) ist beispielsweise die Route Lübbenau–Leipsches Fließ–Schleuse–Leipe–Dubkow-Mühle.

Ohne Hilfe von Fabelwesen, mit eigenen Kräften und auf Schusters Rappen wieder in Burg angelangt durchwandern wir zunächst den Ortsteil Burg-Kolonie. Er gründet sich auf eine Anweisung

Dubkow-Mühle

Neben ehemaligen preußischen Armeeangehörigen, die Entbehrungen gewöhnt waren, nahmen Siedler aus Österreich, Sachsen, Böhmen und Schlesien die Herausforderung der Natur an und kultivierten die unwirtliche Burger Sumpfgegend.

des preußischen Königs Friedrich II. Kolonisten bekamen Sumpfland, das seine Majestät vornehm »Entreprisen« (Unternehmen) nannte und das die neuen Eigentümer unter schwierigsten Bedingungen urbar machten. Als Anreiz für die kräftezehrende Arbeit befreite man sie von Abgaben und Militärdienst und gewährte ihnen günstige Kredite. Angesichts der heutigen Burg-Kolonie fällt die Vorstellung schwer, dass das Gebiet vor mehr als 200 Jahren nur ein Reich des Wassers, der Sumpfschlangen und Mücken war.

**Lübbenau** Folgen wir den Spreearmen von Burg flussabwärts, erreichen wir nach etwa 15 km Lübbenau, das bereits Theodor Fontane als »Hauptstadt« und unumstrittene Spreewaldresidenz bezeichnete. Diese Erhebung zum wichtigsten Ort der Spreewaldregion hat bis heute ihre Berechtigung. Von Lübbenau aus, der größten Stadt des Spreewaldes, starten auch die meisten Besucher zu einer Kahnfahrt.

Die geschriebene Geschichte des Ortes begann im Jahre 1315, als man ihn als »oppidium« (Landstadt) erstmals urkundlich erwähnte. Nach mehrmaligem Besitzerwechsel gelangte das Gebiet 1621 in die Hände der Grafen von Lynar, die bis 1945 hier herrschten. Sie ließen sich nordöstlich der Altstadt nur wenige Meter vom heutigen Kahnfährhafen entfernt zwischen 1817 und 1820 ein klassizistisches *Schloss* erbauen. Die zwischen 1745 und 1748 entstandene *Kanzlei* und die 1829–1830 errichtete *Orangerie* komplettieren den Schlossbezirk. Den landschaftlichen Rahmen bildet ein 10 ha großer *Park*, in dem mächtige Sumpfzypressen, Douglasien und Trompetenbäume wachsen. Während das Schloss heute als Hotel dient, beherbergen die ehemalige Kanzlei und die Orangerie heimatgeschichtliche Ausstellungen und Kunstsammlungen des *Spreewaldmuseums*. In einem neuen Museumsgebäude lief die Traditionslokomotive »Spreewaldguste« mit einem Pack- und Personenwagen ihren letzten Zielbahnhof als Teil einer Ausstellung über die Spreewaldkleinbahn an. Von 1899 bis 1970 transportierte sie auf einem Schienennetz mit einer Spurbreite von 1000 mm die Besucher des Spreewaldes von Lübben bis Burg und darüber hinaus bis Cottbus, Goyatz am Schwielochsee und Jamlitz bei Lieberose.

Die Familie von Lynar wählte sich nach dem Ersten Weltkrieg einen neuen Wohnsitz in Seese. Im Lübbenauer Schloss wurde ein Museum eingerichtet, ein Vorläufer des heutigen Spreewaldmuseums.

In der *Lübbenauer Altstadt* mit ihren Fachwerkhäusern lohnt eine Besichtigung der barocken *Stadtkirche St. Nikolai* (1738–1741), davor steht eine originale Postsäule aus dem Jahre 1740. Seit dem 5. Oktober 1995 ist Lübbenau um einen Anziehungspunkt reicher. An diesem Tag eröffnete das *»Haus für Mensch und Natur«* in der Schulstraße 9 als Hauptinformationszentrum und Verwaltungssitz des Biosphärenreservates. Es vermittelt Wissenwertes über die Natur- und Kulturlandschaft des Spreewaldes und über Projekte im Schutzgebiet.

Im Sommer wird der *Kahnfährhafen* zum Mittelpunkt von Lübbenau. Seit über 100 Jahren legen hier die Kähne zu Fahrten durch den Spreewald ab,

Im »Haus der Natur« erhielt der legendäre Ochsenfrosch der Dubkow-Mühle, die wir zwischen Leipe und Burg-Kolonie kennen gelernt haben, zur Freude der kleinen Besucher Gestalt (natürlich mit Hörnern) und obendrein einen Namen: Bully.

Lübbenau – Blick zur Stadtkirche St. Nikolai

Die althergebrachten Spreewaldkähne bestehen aus zwei übereinander gefügten, gebogenen Brettern. Auf sie sind meist Querbretter genagelt. Das Ganze wird innen mit zwei bis drei Spanten versehen und geteert. Ohne Tiefgang, mit emporragenden Vorder- und Hinterenden, gleiten sie durchs Wasser.

wobei man zwischen Kurzfahrten zum Spreewalddorf Lehde oder Ganztagsfahrten bis zum Hochwald wählen kann. Als Alternative zu den Kahnfahrten bieten sich Wanderungen zum nahe gelegenen Lehde oder zur Ausflugsgaststätte Wotschofska an.

**Lehde** Für die am Kahnfährhafen beginnende Wanderung von Lübbenau nach Lehde benötigen wir nur 20 bis 30 Minuten. Das besonders reizvoll gelegene Dorf breitet sich auf insgesamt 28 Spreeinseln aus.

Einen guten Einblick in die Geschichte dieser Region, das Brauchtum der Wenden/Sorben und das heutige Leben der einheimischen Bevölkerung gewährt das *Spreewaldmuseum Lehde*. Drei historische Bauernhäuser aus verschiedenen Teilen des Spreewaldes verdeutlichen hier die typische Bauweise der vergangenen Jahrhunderte. Zudem gehören eine Kahnbauerei, eine Webstube mit historischer Trachtenaustellung sowie ein Heilpflanzen- und Kräutergarten dem Museumskomplex an. An den Sommerwochenenden demonstrieren Künstler und Handwerker ihr Können, dekorieren u. a. die weithin bekannten und mit Ornamenten reich verzierten Ostereier oder führen die Technik des Blaudrucks vor. Besonders lebhaft geht es jedoch im August während des alljährlichen Museumsfestes zu. Besucher können einen hiesigen Hochzeitszug miterleben, Anregungen für die Gestaltung einer sorbischen Hochzeitstafel sammeln und die Vielfalt der einheimischen Kultur kennen lernen. Die sorbischen Frauen führen ihre Trachten vor, die sich von Dorf zu Dorf, nach Alter und Familienstand und nach Anlass unterscheiden. Am aufwändigsten ist die Herstellung einer Festtagstracht, die aus mit reichen Stickereien geschmückten Röcken, Schürzen, Halstüchern und Bändern besteht. Eine kunstvollen Haube, die sogenannte »Lapa«, krönt die Tracht.

Das Brauchtum der sorbischen Ostermalerei wurde erstmals um 1700 dokumentiert. Seitdem entwickelten sich mehrere Techniken: Wachs-, Kratz-, Ätz- und Bassierverfahren, die jeweils Geduld und ruhige Hände voraussetzen. Kurse zum Erlernen der Wachsmaltechnik bietet u. a. Diana's Spintestube in Neu Zauche, Brunnenplatz 2, ✆ (035475) 5 84.

Zu Brauchtum und Tradition des Spreewaldes zählen auch die Verzierungen an den Hausgiebeln, wie wir sie in Lehde sehen. Es sind aus Holz nachgebildete Schlangen an den Giebelspitzen. Angeblich konnten sie das Eindringen von Schlangen ins Haus verhindern. In der Sagenwelt des Spreewaldes spielen Schlangen und Schlangenkönige eine große Rolle, denn diese Reptilien waren in der sumpfigen Niederungslandschaft einst weit verbreitet.

Eine Sage berichtet von einem Flötenspieler, der mit seinem Spiel die Schlangen in eine riesige Grube gelockt haben soll. Nachdem alle Reptilien in die Falle gegangen waren, verfüllten die Spreewälder die Grube wieder, auf dass keines der gefürchteten kleinen Ungeheuer entweichen konnte.

Nach einem anderen Flussbewohner, der Quappe, benannte man das Gasthaus in Lehde, die *Quappenschänke*. Neben dem Gastraum finden wir hier auch ein historisches Wohn-Stallgebäude, das ein kleines *Privatmuseum* birgt und besichtigt werden darf. Es zeigt u. a. die typischen Familienbetten, in denen bis Mitte des 19. Jahrhunderts Großeltern, Eltern und Kinder schliefen. Ausnahmen galten nur für Jungvermählte, die einen Monat lang ungestört ihre Flitterwochen auf dem Dachboden verbringen durften. Neben Wohn- und Stallräumen besitzt das Haus außerdem eine Futterküche sowie eine Spintestube. In die Spintestuben zogen sich die Frauen in den Herbst- und Wintermonaten zurück, um ihre Trachten zu nähen und zu besticken. Dabei sangen sie Lieder, damit die Arbeit besser von der Hand ging.

**Wotschofska** Eine andere leichte Wanderung mit einer Gesamtlänge von 8 km bietet sich vom Lübbenauer Stadtzentrum aus über einen der ältesten Wanderwege des Spreewaldes zur Ausflugsgaststätte Wotschofska an. Die deutsche Übersetzung dieses sorbischen Wortes bedeutet »Erleninsel«. Im heute noch schwer zugänglichen inneren Teil des Spreewaldes gelegen bot die Erleninsel früher eine sichere Zuflucht vor brandschatzenden und mordenden Söldnerheeren.

Das touristische Interesse für den Spreewald setzte erst in den 80er Jahren des 19. Jahrhunderts mit organisierten Gesellschaftsfahrten ein, die der Lübbenauer Paul Fahlisch ins Leben rief.

Im Jahre 1894 brach mit der Einweihung der Ausflugsgaststätte und dem nun aufblühenden Fremdenverkehr ein neues Zeitalter für die Wotschofska an. Mit der Schaffung des *Wanderweges Lübbenau–Wotschofska* im Jahre 1911 war es dann endgültig mit der Abgeschiedenheit und Stille der Erleninsel vorbei. Die Wanderung zur Wotschofska und eine Mahlzeit unter dem Blätterdach des Spreewaldes an einem der schönsten Orte, die der Oberspreewald zu bieten hat, beschließt diese Tour.

Bevor wir uns dem Unterspreewald, dem »kleinen Bruder des Oberspreewaldes«, zuwenden, führt uns unser nächster Tourenabschnitt zu einem weniger bekannten Teil der Niederlausitz.

## Der besondere Tipp:

**Naturwundern auf der Spur**

Ober- und Unterspreewald besitzen ein gut ausgebautes und ausgeschildertes Wanderwegenetz. Die Tuchfühlung mit der Natur ist deshalb allseits möglich. Hilfe für Entdeckungsreisen im Spreewald bieten jedoch auch Mitarbeiter des Biosphärenreservates an. Spezielle Ausflüge wie die Kranichbeobachtungen im Oberspreewald, Wasser- und Greifvogelbeobachtungen im Unterspreewald oder auch Fahrradtouren durch Burg mit seinem weit verzweigten Spreearmnetz vermitteln einmalige Erlebnisse. Auskünfte erteilen die Zentralverwaltung des Biosphärenreservates in Lübbenau ✆ (03542) 8 92 10 und die Außenstellen in Burg ✆ (03560) 6 06 54 und in Schlepzig ✆ (03547) 22 76

# Abseits ausgetretener Touristenpfade

## Luckau · Wanninchen · Fürstlich Drehna Höllberghof · Altdöbern · Calauer Schweiz Calau

Anreise:
***mit dem PKW*** *über die A 13 bis zur Abfahrt Freiwalde bzw. Berstetal.*
***mit der Bahn*** *die Strecke Berlin–Cottbus bis Lübben und weiter bis Luckau bzw. von Lübbenau bis Calau*

Heidelandschaft in der Calauer Schweiz

Die Landschaft der nordwestlichen Niederlausitz entstand in der vorletzten Eiszeit (Saalevereisung). Sie erstreckt sich zwischen Spreewald und Fläming.

Der Lausitzer Höhenrücken – auch Grenzwall genannt – bildete lange die Grenze zwischen Brandenburg und Sachsen. Die Hochfläche liegt bis zu 100 m über der Spreeniederung und dehnt sich von Luckau bis Spremberg aus.

Luckau lag einst am Kreuzungspunkt der wichtigen Handelsstraßen Leipzig–Frankfurt und Cottbus–Magdeburg. Bis 1932 war Luckau auch Moorbad.

Bevor wir uns auf die Reise in den Unterspreewald begeben, führen uns einige Abstecher zunächst etwas von der Spree fort. Doch Umwege lohnen sich. Unser erster Exkurs lässt uns nach Westen in Richtung Luckau streben. Die Region um Luckau und Calau gehört zu den weniger bekannten Reisegebieten der Niederlausitz. Sie liegt westlich des Betonbandes der Autobahn A 13, während sich östlich davon der weit über Brandenburgs Grenzen hinaus bekannte Spreewald erstreckt. Zwei kleine Flüsschen, besser wohl Bäche, weisen uns den Weg: die *Berste* und das *Greifenhainer Fließ*. Beide münden in die Spree und bringen ihr Wasser aus dem *Lausitzer Höhenrücken (Lausitzer Grenzwall)* mit. Die Berste mündet bei Lübben in den Spreestrom. Nach einem großen Bogen flussaufwärts in Richtung Nordwesten schwenkt sie nach Süden und erreicht nur 8 km westlich von Lübben die Stadt Luckau.

**Luckau**, die hübsche gemütliche Kleinstadt, hat einiges zu bieten und birgt manche Überraschung. Selbst wer nur an der Stadt vorüberfährt – die B 87 führt direkt an der Stadtmauer und am Stadtgraben entlang –, wird das feststellen können. Aber einen Halt sollten wir uns schon gönnen. Unmittelbar am Busbahnhof befindet sich ein großer Parkplatz, von dem man in ca. 5 min das Stadtzentrum erreicht. Bei einem Blick auf den Stadtplan fällt sofort die planmäßige nahezu kreisförmige Anlage Luckaus auf, das vor über 700 Jahren im Zuge der deutschen Besiedlung der Niederlausitz entstand. Obwohl die Niederlausitz in wirtschaftlicher Beziehung bis weit ins Mittelalter hinein eine ländliche Region blieb, erlebte die Stadt durch ihre verkehrsgünstige Lage doch eine gewisse Blüte. Sie entwickelte sich zu einer der »Hauptstädte« der Niederlausitz. Einige kulturhistorische Zeugnisse künden noch heute von dieser Zeit, u. a. die beeindruckende *Stadtbefestigung*. Vom Parkplatz aus gelangen wir nach wenigen Metern zum Roten Turm, ursprünglich Calauer Turm, dessen Name sich aufgrund seiner roten Backsteine durchsetzte. Der Rote Turm gehört bereits zur mittelalterlichen Stadtbefestigung. Den gesamten Ortskern umgibt neben der Stadtmauer auch noch ein vollständig erhalte-

An der Stadtmauer in Luckau

ner Stadtgraben. Die an diesem Graben entlanglaufende sogenannte südliche und nördliche Ringpromenade bietet reizvolle Blicke zur Altstadt mit der Stadtmauer, den Wiekhäusern und Kirchtürmen. Am *Roten Turm* erinnert eine Gedenktafel daran, daß Luckau am 4. Juni 1813 im Blickpunkt der Weltgeschichte stand. Preußische und russische Soldaten schlugen hier die napoleonischen Truppen in die Flucht und verhinderten so den Vormarsch auf Berlin. Bonaparte soll sich seinerzeit auch in einem der Wiekhäuser der Stadtmauer aufgehalten haben, das man seitdem das *Napoleonhäuschen* nennt. Es beherbergt heute eine kleine Ausstellung, die auch ein Diorama der Schlacht und Uniformen aus jener Zeit zeigt. Das Zentrum der Innenstadt beherrscht die markante und prächtige *Nikolaikirche* am Marktplatz. Das Innere des gotischen Bauwerkes stammt aus dem 17. Jahrhundert und präsentiert sich in reich verziertem Barock. Besonders beeindrucken die raumbeherrschende Orgel mit der kreisförmig zurückschwingenden Empore, die dop-

Den Waffenstillstand nach der Niederlage bei Luckau nutzte Napoleon zur Aufstellung der sogenannten Berlin-Armee, die dann am 23. August 1813 in der Schlacht von Großbeeren geschlagen wurde.

Ende Juni/Anfang Juli findet in der Altstadt von Luckau das Stadtfest statt. In historischen Uniformen wird Geschichte nachgestellt. Folkloregruppen machen mit regionalem Brauchtum bekannt.

pelläufige Wendeltreppe, die auf die Logen im Nordschiff führt, und die Sandsteinkanzel mit Figuren, Knorpel- und Ohrmuschelornamentik.

Das Gesamtbild des *Marktplatzes* vervollständigen die spätromanische Georgenkapelle mit reichen Volutengiebeln aus dem 17. Jahrhundert und das große klassizistische Rathaus. Obwohl das Rathaus Besucher noch derzeit in tristem Grau empfängt und eine Farbauffrischung dringend gebrauchen könnte, ist der nüchterne Bau in seiner Monumentalität doch bemerkenswert. 1850/51 erfolgte sein Umbau, der »neben einem großen Teil des alten Rathauses das bis dahin so malerische Platzbild fast völlig zerstörte«, schrieb ein Luckauer Bürger damals mit Verdruss. So mancher Betrachter mag ihm wohl zustimmen angesichts der ansonsten fast zierlich anmutenden Barockhäuser am Marktplatz. Einige sind wunderschön restauriert und erstrahlen in Altrosa und Weiß.

Der Kranich ist der größte in unseren Breiten anzutreffende Wildvogel. In manchen Regionen Brandenburgs wird er in Anlehnung an die eindrucksvolle Ruffolge »Gruling« genannt. Brandenburg ist das Land mit den meisten Brutpaaren in Deutschland.

Wir verlassen Luckau in Richtung Calau. Am Ortsausgang weist eine Informationstafel auf markierte *Wander- und Radwege* hin. Die empfohlenen Strecken sind zwischen 10 und 40 km lang, aber auch mit dem Auto lassen sich einige sehenswerte Punkte erreichen. Zwischen Freesdorf und Goßmar liegt an der Berstebrücke das *Naturschutzgebiet Borcheltsbusch*. In den sumpfigen Wiesen verbirgt sich seit Menschengedenken ein Kranichrastplatz. Bis zu 2000 dieser anmutigen Groß-Vögel zählen die Naturschützer hier im Herbst. Für Beobachtungen eignen sich am besten die frühen Morgenstunden oder die Zeit kurz vor Sonnenuntergang, aber auch schon ab Ende Juli präsentieren sich die geselligen, bis zu 1,60 m großen Sumpfvögel in einem prächtigen Naturschauspiel. Ein besonderes Zeremoniell ist der Balztanz der Kraniche. Unter Verneigungen, Sprüngen, Rundtänzen und Kurzflügen werben die Paare umeinander und grenzen ihr Revier ab. Ein Fernglas und etwas Geduld sind mitzubringen. Für längere Wartezeiten entschädigt aber der unvergleichliche Anblick der laut trompetend in keilförmiger Flugordnung vorbeiziehenden Kraniche allemal. Errichtete Aussichtstürme bieten einen guten Überblick. Der Rastplatz zählt zu den Attraktionen des im Aufbau befindlichen *Natur-*

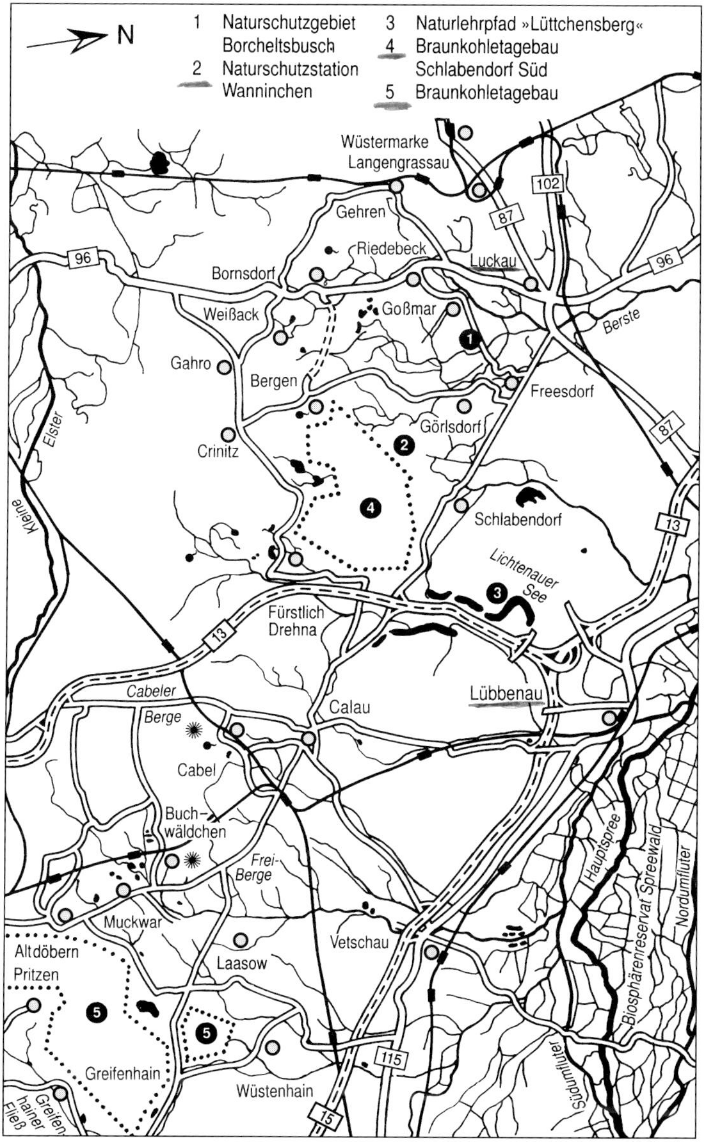
N
1 Naturschutzgebiet Borcheltsbusch
2 Naturschutzstation Wanninchen
3 Naturlehrpfad »Lüttchensberg«
4 Braunkohletagebau Schlabendorf Süd
5 Braunkohletagebau
Wüstermarke
Langengrassau
102
Gehren
87
Riedebeck
96
Luckau
Bornsdorf
Weißack
Goßmar
Berste
Gahro
Bergen
Freesdorf
Görlsdorf
Crinitz
Elster
Kleine
Schlabendorf
13
Lichtenauer See
Fürstlich Drehna
Lübben
Cabeler
Berge
Calau
Lübbenau
Cabel
Buch-wäldchen
Frei-Berge
Muckwar
Vetschau
Hauptspree
Biosphärenreservat Spreewald
Nordumfluter
Altdöbern
Pritzen
Laasow
Greifenhain
Wüstenhain
115
15
Südumfluter
Greifen-hainer Fließ

Neben der Märkischen Schweiz, der Uckermärkischen Seenlandschaft, der Elbtalaue, der Niederlausitzer Heidelandschaft und dem Schlaubetal ist der »Niederlausitzer Landrücken« der 6. Naturpark Brandenburgs.

*parkes »Niederlausitzer Landrücken«*. Er erstreckt sich auf 780 km² von Luckau bis Calau. Dem Schutzgebiet gehören außerdem das Höllberghofprojekt und die Bergbaufolgelandschaften dieses Gebietes an, wohin uns unsere Reiseroute noch führen soll.

**Wanninchen** Vom Kranichrastplatz kommend zweigt hinter Görlsdorf ein Weg zur *Naturschutzstation Wanninchen* ab. Sie liegt direkt an den großen Senken der ehemaligen Braunkohletagebaue Schlabendorf Süd und Nord und ist in dem einzigen Gehöft, das von dem früheren Dorf erhalten blieb, untergebracht. In den 60er bis 80er Jahren vernichtete der Bergbau eine reichhaltige Kulturlandschaft und eine Flora und Fauna, deren Mannigfaltigkeit sich über Jahrtausende ausgeprägt hatte. Doch die Bergbauhinterlassenschaften werden heute trotz aller unwiederbringlichen Schäden als Chance angesehen. Menschenhand schuf hier innerhalb weniger Jahrzehnte die Grundlage für eine Landschaftsentwicklung, wie sie vor 5 000 Jahren in der Nacheiszeit typisch war. Schritt für Schritt erobert die Natur die scheinbar tote Landschaft zurück. Zuerst kommen die Moose, farbige Flecken im graubraunen Einerlei. Bald ergreifen die ersten Schachtelhalme, Besenginster und Birken vom Untergrund Besitz. Die neu entstehenden Feuchtgebiete, Sukzessionsflächen und Heiden bieten zahlreichen seltenen Tieren und Pflanzen eine dauerhafte Heimat. Der *Lichtenauer See*, Silbergrasfluren, Steiluferböschungen mit Uferschwalbenhöhlen, Feuchtbiotope, der *Naturlehrpfad »Lüttchensberg«* sind nur einige Beispiele für die Vielgestaltigkeit dieser rekultivierten ehemaligen Kraterlandschaft. Vor ihrer Haustür demonstriert die Naturschutzstation mit Obststreuwiesen, Weinberg und Findlingsgarten weitere Proben für eine natürliche Landschaftsgestaltung.

Entlang des Naturlehrpfades Lüttchensberg im ehemaligen Tagebau Schlabendorf Nord zeigen Wegweiser die Entfernungen zu Orten an, die es nicht mehr gibt. – Zeugnisse einer versunkenen Welt.

Die Bergbaufolgelandschaften der Lausitz entwickeln sich in einer Eigendynamik wie wenige andere Regionen in Mitteleuropa. Gerade auf den ohne Nacharbeit liegen gebliebenen Flächen (Sukzessionsflächen) spielen sich dramatische Naturprozesse ab. Es entsteht mit Schluchten, Steilhänge eine fast urzeitlich anmutende Szenerie. Die sonnenexponierten Hänge bieten optimale Lebensbedingungen für Pflanzen und Tiere offener Sandgebiete. Diese Teile der Folgelandschaft sollen als Totalreservate geschützt werden. An windexponierten Stellen der alten Kippen bilden sich Binnendünen bzw. Trockenbiotope mit Trockenrasen und Silbergrasfluren. Auch seltene Pionierpflanzen wie Mähnengerste, Gipskraut und Nachtkerze beleben die spärliche Pflanzendecke. Hier finden selten gewordene Vögel von Offenlandflächen (u. a. Rebhuhn, Wiedehopf) Lebensraum. Oft fehlt auf den Flächen über Jahre das Wasser, da während der Braunkohlengewinnung das Grundwasser weiträumig abgesenkt wurde. In kleinen Tümpeln, die im Untergrund Ton aufweisen, steht aber Oberflächenwasser an, aus dem sich Feuchtbiotope entwickeln – Lebensraum für Amphibien und Rückzugsgebiete für Vögel wie Flussregenpfeifer und Flussläufer. Viele Restlöcher füllen sich nach und nach mit Wasser, so dass sich feuchte Uferzonen mit Röhricht und Wasserpflanzen und zum Teil sogar Moorflächen ausbreiten können. Die Restlöcher werden über kurz oder lang durch Anstieg des Grundwassers zu Seen. Ein erhebliches Problem bildet dabei das »saure Wasser«, das Eisensulfide aus dem Abraum – zusammen mit Luft und Wasser aggressive Salzsäure – hervorrufen. Um dem entgegenzuwirken wird fremdes Oberflächenwasser aus Bächen und Flüssen eingeleitet. Neben- und miteinander nutzen Land-, Forst- und Wasserwirtschaft sowie der Tourismus die Bergbaufolgelandschaft. Über ein Drittel aller ehemaligen Bergbauflächen soll einmal ein gesunder Mischwald einnehmen, Forststrukturen wie sie der Mensch in den letzten 250 Jahren rücksichtslos beseitigt hat. Behutsamkeit und Landschaftspflege stehen auch im Tourismus im Vordergrund. Während 15–20 % der Flächen für den Menschen gänzlich gesperrt sind und als Totalreservate für Flora und Fauna Lebensgrundlagen in Stille und Ungestörtheit sichern, dienen weitere 15 % der Fläche als Schutzgebiet mit besonderen Nutzungsauflagen. 35 % sind als Wald- und Erholungsgebiete vorgesehen. – Ein komplexer Mechanismus der Landschaftsentwicklung läuft ab, der – längst noch

Tiere der Sandflächen sind u. a. Sandohrwurm, Sandwespe, Dünen- und Sandläufer sowie Sandschnecke. Es gedeihen hier kontinentale Steppenpflanzen wie die Großblütige Nachtkerze.

In der Nähe der Naturschutzstation Wanninchen hat sich durch Austritt von Sickerwasser am Tagebaurand ein kleiner Wasserfall gebildet.

Schloss in Fürstlich Drehna

nicht abgeschlossen – aber schon die ersten Früchte trägt.

Unsere weitere Tour erfolgt über *Bergen*, das auf einem Endmoränenhügel liegt und gute Aussicht auf das umliegende Land bietet. Danach erreichen wir *Crinitz*. Dieser Ort, sagt man, ist auf Ton gebaut und mit ihm groß geworden. Zahlreiche kleinere Fabrikschornsteine künden als sichtbare Zunftzeichen von dem traditionellen Töpferhandwerk des kleinen Dorfes. In der zweiten Hälfte des 18. Jahrhunderts kamen Töpfer aus Sachsen hierher und begründeten die Tradition, die heute unter dem Begriff »Spreewaldkeramik« verkauft wird. Liebhaber von Steinzeug sollten den Besuch dieser Töpfereien keinesfalls versäumen.

Mit einem Waldanteil von 34 % weist Brandenburg zwar die größten Forsten aller Bundesländer auf, mehr als 84 % davon sind allerdings Kiefernmonokulturen.

Blumentöpfe, Dachziegel, Kanalisationsrohre, Viehtröge gehörten zur Produktpalette der Crinitzer Töpfereien um 1920. Am meisten wurde nach Berlin verkauft.

**Fürstlich Drehna** Nach weiteren 4 km gelangen wir nach Fürstlich Drehna. Von Crinitz kommend zweigt links die Straße in den Ort ab. Durch das lang gezogene Straßendorf kommen wir zum »Markt«, wo sich der kreuzförmige Backsteinbau der 1895 erbauten Kirche befindet. Nur wenige Meter davon entfernt steht die große unregelmäßige Vierflügelanlage des *Wasserschlosses*, von der Familie von Minckwitz im 16. Jahrhundert erbaut. Im 17. Jahrhundert übernahm das Geschlecht der Grafen von Lynar den Besitz. Der quadratische Torturm mit dem Fachwerkaufsatz am Haupteingang geht noch auf die Entstehungszeit zurück, während man die mächtigen Rundtürme auf der Parkseite im 18. Jahrhundert ansetzte. Zur Zeit wird das Schloss restauriert. Doch der umgebende *Park*, den die Grafen von Lynar 1807 nach ihrer Erhebung in den Fürstenstand anlegen ließen, lohnt schon jetzt einen Spaziergang. Man sieht ihm nicht an, dass seine Tage vor noch nicht allzu langer Zeit gezählt waren. Denn unmittelbar hinter dem Park erstreckt sich der ehemalige *Braunkohlentagebau Schlabendorf-Süd*. Ein Teil des Parks fiel dem Bergbau schon zum Opfer, u. a. der ehemalige Parkteich. Seit Anfang der 90er Jahre gibt es verstärkte Anstrengungen dieses wertvolle Landschaftsensemble wieder herzustellen. Durch die Anlegung eines neuen Teiches scheinen die Folgen des Bergbaus zumindest auf den ersten Blick beseitigt. Wer heute am Seeufer entlangspaziert, kann

1697 gelangte Drehna in den Besitz der Grafen von Lynar. Als dieses Geschlecht 1807 in den Fürstenstand erhoben wurde, erhielt der Ort den Beinamen »fürstlich«.

Der Park ist wahrscheinlich unter Mitwirkung von P. J. Lenné unter Otto Rochus von Lynar entstanden. Als der Besitz 1877 an den Brehmer Reeder Wätjin überging, wurden umfangreiche Erweiterungen durchgeführt.

im Wechsel der Jahreszeiten immer neue Schönheiten entdecken. Doch nur wenige Meter hinter dem Park dehnt sich noch die alte Kippe aus. Während eben noch wohlgewachsene Bäume in einer anmutig arrangierten Parklandschaft unseren Blick erfreuen, stehen wir nach nur wenigen Schritten in einer mühsam bepflanzten Einöde – welch ein Gegensatz. Damit aber nicht genug der Kontraste: Direkt neben dem Schloss liegt die *Brauerei*. Der alte Mälzerturm bezeugt, dass die Ortsansässigen hier seit 1745 Gerstensaft brauen. Bierfreunde sollten es nicht versäumen in der dazugehörigen Verkaufsstelle ein paar Flaschen mitzunehmen, denn das Schlossbräu ist eine Rarität, trotz der mehr als 5 000 Biermarken und 1 278 Brauereien in Deutschland. Mit einer Produktion von 15 000 Hektolitern pro Jahr ist diese Brauerei eine der kleinsten im Lande und mit ihrer Marke nur über ein regional begrenztes Territorium verbreitet. Die Deutsche Landwirtschaftsgesellschaft (DLG) prämierte das wohlschmeckende »fürstliche Gebräu« bereits. Die Biersteuer war zudem immer eine gute Einnahmequelle. Schon Kurfürst Friedrich Wilhelm teilte 1624 mit, dass man leider keine andere vergleichbar einträgliche Steuer gefunden habe: »Wie oft man auch zusammengekommen, wie fleißig man sich unterredete und bemühte, andere Mittel zu erreichen, hat jedoch durch Menschen Sinn nichts erdacht werden mögen, als bloß die Erhöhung und Steigerung des Biergeldes.«

Schon Friedrich der Große bekannte sich zum »flüssigen Brot«: »Ich bin in meiner Jugend mit Biersuppe auferzogen. Ihre Väter kannten nur Bier, und das ist das Getränk, das für unser Klima passt.«

Von Fürstlich Drehna kehren wir über *Gahro* und *Weißack* mit seinem Rotbuchenwald nach Luckau zurück. Unterwegs lohnt ein Stopp in *Bornsdorf*. Auf dem ehemaligen Friedhof am Nordrand des Ortes steht heute noch die Ruine einer Kirche, die dem Dreißigjährigen Krieg zum Opfer fiel. Erhalten blieb nur der Westgiebel. Bornsdorf war im Mittelalter Sitz der Herren Konrad und Richard zu Dahme, die hier eine Wehranlage errichteten. Später ließ sich dort das Geschlecht der von Langen nieder und erbaute 1734 ein Schloss im Barockstil. Heute steht davon allerdings nur noch der hohe Turm, dessen Kern von der mittelalterlichen Wehranlage stammt. Nach etwa 4 km in nördliche Richtung erreichen wir *Riedebeck* mit seiner wuchtigen

Knapp 2 km nördlich von Bornsdorf hat sich ein ehemaliger Tagebau in ein herrliches See- und Badeparadies verwandelt (Bornsdorfer See).

Im Höllberghof

*spätromanischen Dorfkirche*. In den Schluchten und Hügeln um *Gehren* (2 km östlich von Riedebeck) liegt der Teufelsstein, ein großer Findling. Der Sage nach wollte einst der Teufel damit die große Riedebecker Kirche einwerfen, scheiterte aber. Bevor es aber weiter nach Luckau geht, nehmen wir uns noch einmal die Zeit für einen kleinen lohnenswerten Umweg. Etwa 8 km von Riedebeck entfernt liegt *Langengrassau*. Verlässt man diesen Ort in Richtung Wüstermarke, biegt rechts ein Fahrweg zum Höllberghof ab.

**Höllberghof** Die Hofanlage, ein Vorzeigeobjekt des Naturparkes Niederlausitzer Landrücken, entstand in originalgetreuer Nachbildung eines *Dreiseiten-Fachwerkhofes* aus der Zeit um 1800. Auf der umgebenden Landwirtschaftsfläche werden alte Anbauformen praktiziert (z. B. Dreifelderwirtschaft). Ein Tiergehege und der Heidegarten mit 200 Pflanzenarten ergänzen die sehenswerte historische Anlage. Höhepunkt eines jeden Jahres stellt das Höllbergfest am 1. Mai dar. Bei ausgelassenem Markttreiben zeigen Handwerker ihre Fertigkeiten in historischen Gewerken, präsentieren Bauern das

Den Schwerpunkt des Projektes bilden die Vermehrung alter Kulturpflanzen und die Zucht alter Haustierrassen, die vom Aussterben bedroht sind, z. B. Skudde, Konik und mittelalterliche Weideschweine.

Der Höllberghof liegt im Naturschutzgebiet Höllberge, durch das sich herrliche Wanderwege ziehen, u. a. zum Höllbergteich und zum Zuckerberg.

Beste vom Feld und aus dem Stall, stellen Künstler ihre neusten Werke vor. Man kann schöne Ostermalereien auf Eiern, Holz oder anderen Naturprodukten bestaunen und erwerben sowie beim Brotbacken zuschauen oder die regionalen Spezialitäten probieren. Der Trubel ist groß und nicht nur Kinder haben an diesem Spektakel ihre Freude.

Nach Luckau zurückgekehrt wenden wir uns nun dem 25 km östlich gelegenen Vetschau zu, um von dort aus unseren zweiten Abstecher abseits des Spreewaldes zu starten. Er führt uns nun entlang des *Greifenhainer Fließes*, das bei Vetschau in die Spree mündet. Die ersten 20 km von Vetschau über Greifenhain nach Pritzen verlaufen durch eine oft trostlos wirkende flache Landschaft, überragt von Abraumhalden und Resten der Braunkohlenindustrie.

Von der einstigen Pritzener Kirche blieb nur der Glockenturm erhalten. Den Platz, an dem einst die Andachtsstätte stand, markieren Findlinge. Das Gotteshaus selbst wurde abgetragen und in Spremberg wieder aufgestellt.

**Pritzen** Das Dorf Pritzen ragt als Geisterort auf einem Vorsprung in den ehemaligen Tagebau Greifenhain hinein. Von der kleinen *Aussichtsplattform* erfasst unser Blick eine riesenhafte wüstenähnliche Sandgrube, soweit das Auge reicht. Eine Informationstafel zeigt an, dass hier von 1937 bis 1994 Kohle abgebaut wurde. Nur wenige Gebiete in Mitteleuropa verdeutlichen so drastisch die Eingriffe des Menschen in die Natur. Auch das 600 Jahre alte Dorf Pritzen, das einst 400 Einwohner zählte, sollte ursprünglich den Baggerschaufeln weichen. Die Dorfbewohner waren – bis auf eine Familie – schon in andere Orte umgesiedelt. Dann blieben – praktisch vor der Haustür – die Kolosse stehen; die Grube wurde stillgelegt. Heute leben wie auf einem Vorposten wieder 13 Familien hier. Sie werden in 10 bis 20 Jahren in bester Seelage wohnen – dann wird das Dorf wie eine Halbinsel in den vorgesehenen 1000 ha großen Greifenhainer See hineinragen. Mit dieser Vision verlassen wir den Ort um nach Altdöbern zu fahren, das sich am Westrand des ehemaligen Tagebaus erstreckt.

**Altdöbern** Benutzt man die Straße in Richtung Calau, taucht plötzlich ein großer Platz mit der beachtlichen *Dorfkirche* und einem hohen schmiedeeisernen Tor auf. Dahinter liegt umgeben von herrlichen Bäumen, das *Schloss*. Hier fühlt man sich unwillkürlich an das Märchen Dornröschen erinnert. Die Eingangstür wächst langsam zu, ein Jüngling und eine hübsche Dame aus Sandstein bewachen das Portal (Venus und Merkur), doch der Springbrunnen unmittelbar davor plätschert noch. Auch die kleinen Wasserspiele im Park daneben sind in Gang. Aber hinter der Fassade des Zauber-Schlosses ist kein Leben zur erkennen. Der sächsische General von Eickstedt ließ dieses Anwesen 1747 errichten. Sein heutiges Erscheinungsbild bestimmt jedoch der Umbau zwischen 1880 und 1891 durch den Grafen von Witzleben. Nach dem Zweiten Weltkrieg nutzte man die herrschaftliche Unterkunft bis 1974 als Altersheim, anschließend begann der Verfall. In den 80er Jahren als Schulungszentrum für die Liberal-Demokratische Partei größtenteils wiederhergestellt, droht nun durch den Leerstand nach 1990 der erneute Niedergang. Die Decken und Wände im Inneren drohen einzustürzen, wie die Brandenburger Schlösser GmbH einschätzt. 1,5 Millionen Mark soll das Gebäude heute kosten. Hoffentlich findet sich bald ein Käufer um den Erhalt von Schloss und Park (um 1750 barock angelegt, seit 1890 *Landschaftspark* im englischen Stil) zu sichern. Nur wenige Schritte hinter dem Park beginnt wie in Fürstlich Drehna der alte Tagebau Greifenhain mit zum Teil bewachsenen Abraumhalden. So werden wir aus der »Märchenwelt« abrupt in die Wirklichkeit zurückgeholt. Wir setzen unsere Fahrt nun nach Calau fort.

Die Sandsteinfiguren am Schloss, am Brunnen und den Wasserspielen stammen aus der Zeit um 1750. Am sehenswertesten war einst der Marmorsaal, der inzwischen stark verfallen ist.

In Brandenburg existierten vor 1945 1 600 Schlösser und Herrenhäuser, von denen ca. 1 100 die letzten Jahrzehnte überlebt haben. Mehr als zwei Drittel davon sind akut vom Verfall bedroht.

**Calauer Schweiz** Hinter Muckwar lohnt ein Abstecher in die Calauer Schweiz. Der Name mag vielleicht etwas hochgegriffen sein, aber mit 161 bzw. 171 m erreichen die *Cabeler Berge* bei *Werchow* und die *Frei-Berge* bei *Buchwäldchen* für diese Gegend schon eine beachtliche Höhe. Die schmale Asphaltstraße, die nur wenig befahren und somit auch für Radtouren gut geeignet ist, windet sich durch Wiesen, Wälder und Felder, immer hügelauf und hügelab. Im Gegensatz zu den sandigen Gebieten der Niederlausitz, wo vor allem Nadelgewächse das Bild bestimmen, trifft man hier häufig Laubbäume an. Immer wieder glitzern kleine Teiche auf, die zum Verweilen einladen. Darunter der *Große Brauerteich*, aus dem man im Winter das Eis für die Kühlräume der Brauerei schlug,

Die Region südlich von Calau ist in die beiden Naturschutzgebiete »Teichlandschaft Buchwäldchen/ Muckwar« und »Calauer Schweiz« unterteilt.

oder der *Große Paul-Teich*, benannt nach Paul Graf Pourtales, Gutsherr auf Neudöbern. Diese Gewässer haben die Zisterziensermönche bereits im 12. Jahrhundert für die Fischzucht angelegt.

In der Stegschänke kann man auch übernachten, Kremserfahrten buchen oder Reitpferde ausleihen. Im Mai findet mit etwa 300 Pferden und vielen Schaulustigen im Ort das große Reit- und Springturnier statt.

Ein schöner *Wanderweg* führt vom Bahnhof Schöllnitz am Rande der Frei-Berge über eine Strecke von 2 km nach Muckwar. Da sich beim Wandern meist auch Hunger und Durst einstellen, empfiehlt sich eine Rast in der Stegschänke. Die liebevoll gestaltete Schänke von 1840 liegt etwa 4 km nördlich von Muckwar in Werchow bei den Cabeler Bergen. Der Wintergarten bietet einen schönen Blick auf die nähere Umgebung. Keine 100 m entfernt sprudelt der *»Goldborn«*, die wohl bedeutendste Naturquelle der Niederlausitz. 1758 nahm Kurfürstin Anna von Sachsen sogar »im gesegneten Leibeszustand« die beschwerliche Reise auf sich um das heilende Wasser nach Dresden zu holen. Durch die zum Teil tiefen Schluchten muten die Hügelketten der Cabeler Berge manchmal wie ein kleines Mittelgebirge an. Mit etwas Glück kann der aufmerksame Wanderer hier sogar Halbedelsteine (u. a. Amethyste, Jaspise) finden, allerdings verbergen sie ihre Schönheit meist hinter unscheinbarem Grau. Werden sie aufgeschnitten, schillern sie in den herrlichsten Farben. Diese Steine stammen aus der Elbe, die im Tertiär dieses Gebiet durchfloss und sie aus dem Böhmischen Paradies mitbrachte. Abwechslungsreich präsentiert sich auch die Flora. Königsfarn, Sonnentau, Besen- und Glockenheide erfreuen die Besucher. Unmittelbar nördlich von Werchow, in Calau soll unser zweiter Abstecher zu Ende gehen.

Neben dem schönen Backsteinschmuck am Westportal weist der Turm der Calauer Stadtkirche typische Niederlausitzer Zierbögen auf.

**Calau** Die Kleinstadt (7 000 Einwohner) erscheint trotz ihres Alters von über 700 Jahren und ihrer Bedeutung als Verkehrsknoten nicht besonders sehenswert. Leider ging durch die starken Zerstörungen in den letzten Wochen des Zweiten Weltkrieges, denen etwa 80 % der Bausubstanz zum Opfer fielen, das historische Stadtbild für immer verloren. Zu den Sehenswürdigkeiten zählen heute die spätgotische *Stadtkirche* und das Fachwerkhaus aus dem Jahre 1789 am *Markt*, die Reste der aus dem 16. Jahrhundert stammenden *Wehranlage* sowie die Ruine der Dunkelsburg am *Burgplatz*.

Der »Kalauer« – das sei am Schluss noch angemerkt – machte der aus Calau stammende Publizist E. Dohm durch witzige Beiträge in der Berliner Zeitschrift »Kladderadatsch« zum Synonym für scherzhafte Wortspielereien. Die Heimatstadt ehrt ihren Sohn mit einer Erinnerungstafel am Standort seines ehemaligen Hauses in der Cottbuser Straße. Von unserem Abstecher entlang der Berste und des Greifenhainer Fließes kehren wir zur Spree zurück und begeben uns in Richtung Unterspreewald.

Man vermutet auch, dass sich der Begriff »Kalauer« von dem französischen Wort calembour = Wortspiel ableitet.

## Der besondere Tipp:

**Harmonie der Elemente**

Östlich von Calau in Richtung Drebkau biegt die Straße nach Lassow ab. Wer ihr folgt, erreicht Gräbendorf bzw. das, was von Gräbendorf übrig blieb. 1989 verließen die letzten Einwohner den Ort, der wie viele andere in dieser Region für den Tagebau plattgemacht wurde. Doch 1991 kam der Stopp für die Braunkohleförderung in diesem Gebiet – zu spät für Gräbendorf. Den Berliner Aktionskünstler B. Wargin ließ das Schicksal des Dorfes nicht unberührt. Er schafft hier einen »Ort der Elemente.« »Über die von Menschen benachteiligte Umwelt soll wieder auf die Welt als Harmonie der Elemente gekommen werden.« Dafür stehen bereits ein Teil künstlerischer Symbole. Alte Türen und Findlinge erinnern an die verschwundenen Häuser, Einfriedungen und Hecken markieren die einstige Ortsstruktur. In den »Gärten« mahnen vereinzelt Obstbäume. Das »Klimaschiff«, das während der Weltklimakonferenz 1993 in Berlin in der Straße unter den Linden »vor Anker lag«, hat hier seinen letzten Hafen gefunden. Wargin will mit diesen »Denk«-Malen den Dialog zwischen Stadt und Land fördern. Hauptziel ist das Pflanzen von 7 Millionen Bäumen im Bergbaugebiet, so viele wie hier einst verschwanden. Wo einst Gräbendorf stand, sollen sich später ein großer Garten, Spielplätze, Ateliers, Galerien, Hotels und ein Wassermuseum zu einem attraktiven Erlebnispark vereinen. Gegenwärtig wird das Tagebaurestloch mit Spreewasser gefüllt. In acht Jahren wird sich hier die 480 ha große Wasserfläche des Gräbendorfer Sees erstrecken.

# Der kleine Bruder des Oberspreewaldes

## Lübben · Schlepzig · Groß Wasserburg Köthen

Anreise:
***mit dem PKW*** *über die Autobahn A 13 bis Abfahrt Freiwalde und weiter über die B 115 bis Lübben*
***mit der Bahn*** *die Strecke Berlin–Cottbus bis Lübben*

Spreewaldlandschaft bei Groß Wasserburg

Die meisten der jährlich fast 2,5 Millionen Besucher des Spreewaldes unternehmen Kahnfahrten in den Oberspreewald, den größeren und bekannteren Teil der Spreewaldregion. Viele wissen deshalb nicht, was ihnen weiter nördlich von Lübben, im flächenmäßig kleineren Unterspreewald entgeht. Neben der Hauptspree bestimmen vor allem die *Pretschener Spree* ab Schlepzig sowie die *Wasserburger Spree* und der *Puhlstrom* ab Petkamsberg das Terrain des nur etwa 20 km langen und 5 km breiten »kleinen Bruders«. Obwohl die Zahl der Fließe und Flussverzweigungen einen Vergleich mit dem Oberspreewald nicht standhält, treffen vorschnelle Einschätzungen wie »weniger attraktiv« nicht zu. Im Gegenteil, der größere Waldreichtum, die hügligere Umgebung und nicht zuletzt die geringere touristische Nutzung zählen zu den besonderen Reizen für ruhesuchende Wanderer, Radfahrer und Paddler – abseits gelegen von der werbewirksamen Spreewälderin in Sorbentracht, den Saure-Gurken-Ständen o. ä. Bildern, die im Oberspreewald schon fast zu Klischees geworden sind. Auch der Unterspreewald gehört zum großen *Biosphärenreservat* des Spreewaldes. Besonders das Gebiet zwischen Schlepzig und Leibsch zählt als Kern- bzw. Pflegezone zu den bemerkenswertesten Natur- und Kulturräumen der Spreewaldregion.

Der Unterspreewald entstand als Gletscherzungenbecken in der letzten Eiszeit. Der Köthener und der Neuendorfer See sind Reste dieses Beckens. Der Oberspreewald bildete sich zwar auch während der letzten Eiszeit heraus, hier formten aber vor allem die durch das Schmelzwasser aufgeschütteten inselartigen Schwemmsandflächen die Landschaft. Große Seen gibt es demzufolge in diesem Gebiet nicht.

**Lübben** Wir wollen unsere Reise durch diesen Teil des Spreewaldes in Lübben beginnen. Dort nähern sich die Ränder der Lübbener und der Krausnicker Heide bis auf ca. 1 km an. Die Spree wird in zwei Hauptarme zusammengedrängt – die Fließe fehlen. Diese günstige geographische Lage, um das sumpfige Baruther Urstromtal zu passieren, bewirkte nicht zuletzt eine sehr frühzeitige Besiedlung, die bis in die Mittelsteinzeit zurückreicht. Lubin (Flussaue), wie das Städtchen im Sorbischen/Wendischen heißt, soll einst Zufluchtsort der slawischen Göttin Ljuba gewesen sein. Sie galt als Beschützerin der Liebenden und als Schönheitskönigin. Vermutlich ihr zu Ehren schufen die Slawen hier eine Kult- und Opferstätte. Nur ihre eigene Liebe zu einem Wendenfürst endete tragisch, wie eine Sage zu berichten weiß. So soll zur gleichen

Im Stadthain, nahe dem Zentrum von Lübben, gibt es heute noch einen Prinzessinnenweg, der auf die schicksalhafte Stelle hinweisen soll. Ein allerdings recht verwitterter Stein, erinnert an die hier angebetete Liebesgöttin Ljuba.

Beim Rückschmelzen des Eises stellte das Schmelzwasser in der Gegend des heutigen Lübben eine Verbindung zwischen Urstromtal (späterer Oberspreewald) und Zungenbekken (späterer Unterspreewald) her und durchbrach die Sandablagerungen der Eiszeit. Dieser Durchbruch blieb aber mit ca. 1 km sehr schmal, so dass die Spree hier in einem relativ engen »Tal« zwischen Lübbener und Krausnicker Heide fließt.

Stunde, als den Fürsten ein tödlicher Pfeil traf, der goldene Wagen mit der von ihm verehrten Prinzessin im Morast versunken sein. Erst der Tod vereinte die Liebenden.

Im Jahre 1150 wird Lubin in einem Schriftstück über die Besitzungen des Klosters Nienburg an der Saale erstmals genannt. Die weitere planmäßige Anlage des Ortes erfolgte zwischen 1150 und 1220 durch deutsche Siedler in slawischer Umgebung. Eine Blütezeit erlebte der Ort von 1666 bis 1815 als Sitz der Oberbehörden der damals noch sächsischen Niederlausitz. So zeigt auch die verbliebene Postmeilensäule im Herzen der Stadt vor allem Zielorte des südlichen Sachsens an. Gleichzeitig weist sie darauf hin, dass der alte Messeweg von Leipzig nach Frankfurt (Oder) über Lübben führte. Die Niederlausitz, ein zwischen Brandenburg-Preußen, Böhmen und Sachsen oft umstrittenes Gebiet, fiel 1815 infolge der Niederlage Napoleons endgültig an Preußen. Obwohl vieles vom alten Charakter des Ortes durch die Zerstörungen des Zweiten Weltkrieges verloren ging, erinnert noch manches an die einstigen Glanzzeiten. In Lübben bietet sich eine Stadtrundfahrt zu Wasser an. Man kann entweder selbst paddeln oder sich von einem Kahnfährmann staken lassen. Los geht's am *Kahnfährhafen* (Bootsausleihe) in der Nähe der Lindenstraße (Schloss). Nach wenigen Metern führt die Tour nach rechts in den Stadtgraben. Vor uns liegt der Spreewald-Campingplatz, der sich im Schutz eines Deiches befindet. Vorbei an der Liebesinsel und unter der Brücke der B 87/B 115 hindurch wird am Haintorwehr die Schleuse passiert. Linker Hand erstreckt sich das *Flächennaturdenkmal Hain*, ein Auenwald mit Gartenanlagen, den die Berste durchfließt. Hinter der nächsten Straßenbrücke erhebt sich das 1914 errichtete, eindrucksvolle Gymnasium mit seinem Turmaufsatz. Zwischen Kleingartenanlagen und Überschwemmungswiesen (Feuchtbiotop für Wasservögel) erreichen wir kurz darauf den Hauptarm der Spree. Der weitere Weg führt jetzt stromaufwärts. Schon bald grüßt die *Paul-Gerhardt-Kirche* am Lübbener Marktplatz. Paul Gerhardt (1607–1676) verbrachte die letzten 9 Jahre seines Lebens in Lübben. Nach seinem Theologiestudium fand er Anstellung als Propst in Mittenwalde und später als Pfarrer in der Berliner Nikolaikirche. Doch 1666 wurde er entlassen, da er sich mit seinem Landesherren, dem Großen Kurfürsten Friedrich Wilhelm, überworfen hatte. Gerhardt ging daraufhin auf das Angebot des Herzogs Christian I. von Sachsen-Merseburg ein und übernahm die Pfarrstelle in Lübben. Dies müsste man nicht sonderlich erwähnen, wäre dieser Pfarrer nicht als »Liederfürst« der Mark in die Geschichte eingegangen. Seine Lieder sind Ausdruck schlichten Gottvertrauens und die Menschen liebten seine empfindsamen und volkstümlichen Verse. Hier eine kleine Kostprobe:

Pfarrer Gerhardt wehrte sich gegen Versuche des Großen Kurfürsten die Reformierte Kirche mit der Lutherschen zu vereinen. Obwohl seinem Wesen nach tolerant, gingen ihm diese Bestrebungen doch zu weit.

*»Nun ruhen alle Wälder, Vieh, Menschen, Städt und Felder,*
*es schläft die ganze Welt. Ihr aber, meine Sinnen,*
*auf, auf, ihr sollt beginnen, was eurem Schöpfer wohl gefällt.»*
(aus: »Nun ruhen alle Wälder«)

*»Geh aus mein Herz, und suche Freud in dieser lieben Sommerzeit*
*an deines Gottes Gaben;*
*Schau an der schönen Gärten Zier und*
*sieh wie sie mir und dir sich ausgeschmücket haben.«*
(aus: »Geh aus mein Herz«)

Vor der nach ihm benannten Kirche steht sein Denkmal: zweieinhalb Meter hoch, aus Bronze gegossen und auf einem drei Meter hohen Sockel. Unweit der Stadtkirche sind linker Hand Reste der mittelalterlichen *Stadtbefestigung* mit zwei Wehrtürmen zu erkennen. Erst vor wenigen Jahren restaurierten die Lübbener den dicken »Trutzer«, der heute zu den Wahrzeichen der Stadt zählt. Nach ca. 1–2 Stunden (je nachdem ob man selbst paddelt oder paddeln lässt) beenden wir diese reizvolle Stadtrundfahrt zu Wasser wieder am Ausgangspunkt. Danach empfiehlt sich ein Besuch des *Schlosses*, der wohl herausragendsten Sehenswürdigkeit Lübbens. Es liegt nur wenige Meter vom Kahnfährhafen entfernt und gehört zu den ältesten Bauwerken des Ortes. Seine heutige Gestalt

Die gotische Paul-Gerhardt-Kirche wurde als Stadtkirche zwischen 1494 und 1550 errichtet. Den 60 m hohen Turm setzte man später an. Bis 1930 hieß sie noch Nikolai-Kirche.

Prächtiger Wappensaal im Schloss Lübben

Alten Berichten zufolge ließ der Burggraf Johann von Lübben an der Stelle des heutigen Schlosses bereits um 1208 eine Wasserburg errichten.

stammt aus der zweiten Hälfte des 17. Jahrhunderts. Vom Stil der Renaissance zeugen u. a. der schöne Giebel und das vom sächsischen Wappen gekrönte malerische Portal. Im Inneren des Bauwerkes besticht der kunstvoll geschmückte *Wappensaal*, verborgen hinter 2 m dicken Mauern des alten Wohnturmes, durch seine Pracht. Landvögte der Niederlausitz, Burggrafen, Präsidenten der Oberamtsregierung u. a. schlugen hier ihr Domizil auf und die Stände huldigten in diesem Saal den neuen Landesherren. Ein großes Wandgemälde stellt die Begrüßung Kurfürsts Friedrich II., genannt Eisenzahn, am 18. Oktober 1448 vor den Toren der Stadt dar. Besonders prächtig präsentiert sich die Ornamentdecke mit einer bestechenden Vielfalt von Wappen. Man hat Mühe sich auf einzelne zu konzentrieren und entdeckt immer wieder neue Details. Heute dient der Raum als Festsaal, u. a. für feierliche Konzerte. Ein weitere Sehenswürdigkeit mag vor allem Brautleute interessieren. Die Hochzeit in Lübben kann traumhaft sein. Dafür sorgt schon das wundervolle Ambiente des *Hochzeitszimmers* im Wohnturm. Vor allem die gewölbte, mit üppiger Ornamentmalerei verzierte Decke unterstreicht die Romantik des Zimmers. Zum gemütlichen Ausklang unseres Schlossbesuches steigen wir in die Tiefe des Burgturmes hinab, wo uns der historische Weinkeller erwartet. Bei einem guten Tropfen verstärkt sich vielleicht der Vorsatz, noch einmal wiederzukommen. Eine günstige Gelegenheit bietet das jährliche Spreewaldfest im September. Bei diesem Fest steht, ähnlich wie im nahen Burg, traditionelles Brauchtum im Vordergrund. Volkskünstler aus der Region treten auf, Handwerker stellen ihre Produkte vor und natürlich herrscht ausgelassenes Markttreiben. Den krönenden Höhepunkt bildet der Kahnkorso mit den farbenprächtig geschmückten Booten.

Kurfürst Friedrich II. erhielt den Beinamen Eisenzahn ob seines entschlossenen Auftretens gegen die Raubritter in der Mark. Dabei benutzte er erstmals auch eine Kanone. Mit 30 Pfund schweren Steinkugeln feuerte die »Faule Grete« auf die Burgmauern.

Jetzt wenden wir uns Richtung Norden und folgen weiter der Spree. Über ca. 7 km bis kurz vor Schlepzig fließt der Fluss nun vereint, d. h. ab Lübben bildet der im Spreewald in viele Fließe aufgeteilte Strom nur noch einen einzigen Flusslauf, der immerhin eine Breite von fast 20 m erreicht. Rechts des Ufers erstreckt sich die *Lübbener Heide* mit einigen kleinen Seen, links streift der Blick über offene Landschaft, Wiesen und Felder.

**Schlepzig** Ab der Gaststätte Petkamsberg kurz vor Schlepzig verzweigt sich die Spree wieder auf vielfältigste Art und Weise. In Schlepzig enden Bootsfahrten, die meistens in Lübben begannen. Trotzdem fehlt der übliche Touristenrummel, selbst im Sommer herrscht hier dörfliche Ruhe. Alte Bauernhäuser, größtenteils schon sehr schön renoviert, säumen die gerade Dorfstraße. In der Ortsmitte grüßt die weiß-braun gestrichene *Fachwerkkirche*

1769 trug eine Bauersfrau glühende Kohlen aus dem Backhaus zum Wohnhaus. Dabei fiel etwas Glut zu Boden und entzündete den Flachs, der im Hof lagerte. Als die Frau wieder aus dem Wohnhaus trat, brannte der Hof, kurze Zeit später das halbe Dorf Schlepzig und die Kirche.

mit ihrem Schieferdach. Sie wurde 1782 geweiht und blieb in ihrem schlichten bäuerlichen Barockstil bis heute unverändert. Bemerkenswert ist auch das Kircheninnere. Die Kirchendecke wölbt sich in Form eines umgekehrten Spreewaldkahnes. Der aufgemalte Wolkenhimmel zieht die Blicke auf sich. Inmitten der Wolkendecke erstrahlt wie eine Sonne das »Gottesauge«. Der Kreis steht für Gottes Vollkommenheit, das Dreieck für die Heilige Dreifaltigkeit.

Das Schlepziger Museum wurde 1985 eröffnet und gehört heute zu den sechs Agrarmuseen in Berlin-Brandenburg neben Wandlitz, Blankensee, Möglin, Dahlem und Altranft.

Bei gelegentlichem Schaubakken wird gezeigt, wie durch Verbrennen von Reisig die Lehmwände die zum Backen notwendige Temperatur erreichen. Bevor die Brote eingeschoben werden, wird das Reisig wieder entfernt, der Lehm gibt langsam die Hitze ab. Auf Wunsch finden hier auch Kaffeetafeln statt.

In dem alten Dorfschulzengehöft in der Dorfstraße 26 hat heute das *Agrar-Historische Museum* seinen Platz. Wie das Freilandmuseum Lehde informiert es über hiesige Bräuche und Traditionen. Gleichzeitig widmet sich das Museum mit einer ständigen Ausstellung der Entwicklung der Landwirtschaft des Unterspreewaldes. Diese Ausstellung beherbergt die alte Wohnstube des ehemaligen Bauernhauses. Alle anderen Räume des Wohnhauses (mit Altenteil) des 1818 erbauten Gehöftes sind originalgetreu eingerichtet. Eine Feldscheune mit Geräten und Maschinen, ein Backhaus mit typischem Lehmbackofen und ein Heil- und Kräuterpflanzgarten komplettieren die sehenswerte Anlage. Wer statt eines Museumsbesuches Streifzüge in die Natur bevorzugt, dem bietet die Umgebung vielfältige Möglichkeiten. Unbedingt sollte der *Schlepziger Buchenhain* auf dem Programm stehen (gut 1 km westlich des Ortsausganges). Ein *Naturlehrpfad* führt durch das reizvolle Schutzgebiet zwischen den Armen der Wasserburger Spree und der Hauptspree, wo noch bis zu 2 m hohe Sanddünen der Nacheiszeit existieren. Überall gibt es herrliche oft ein- bis zweihundert Jahre alte Buchen, dazwischen leuchtet im Frühjahr der Waldboden, bedeckt von tausenden Buschwindröschen, weiß auf. Bänke laden zur Rast ein und Hinweisschilder geben zur Pflanzen- und Tierwelt Auskunft. Ein Rundkurs ab Schlepzig zum Wehr, weiter zum Archendamm, zur Försterei Buchenhain und zurück entlang der Straße Krausnick-Schlepzig dauert ca. 2–3 Stunden. Als bequemere Variante zur Erkundung des Unterspreewaldes, gilt natürlich auch hier eine Kahnfahrt. Der kleine »Hafen« von Schlepzig besteht aus einer winzigen Mole mit

Im Agrar-Historischen Museum

Betonkai. Eine hölzerne Brücke überspannt den Spreearm, am Rand liegen Kähne jeden Alters versteckt. Mücken tanzen, die Wellen plätschern – selbst an den Wochenenden der Hauptsaison ein idyllisches Bild. Drei- bis viermal täglich geht es in dieser Zeit im Schlepziger *Kahnfährhafen* etwas lebendiger zu, wenn zwei, drei oder auch mal vier Kähne gleichzeitig ablegen. Aber keine Spur von Hektik und Touristenmassenabfertigung. Wer es besonders romantisch mag, dem sei die Vorbestellung eines eigenen Kahnes für 2–8 Personen empfohlen. Beim Picknick am hölzernen Tisch, vielleicht bei einer Flasche Rotwein auf dem lautlos dahingleitenden Kahn, bietet die Fahrt durch den Unterspreewald ein einmaliges Erlebnis. Unser Weg soll uns jedoch weiter spreeabwärts nach Leibsch führen. Zwei Möglichkeiten stehen offen, um die Reise fortzusetzen: östlich der Hauptspree nach Neu Lübbenau und Leibsch oder westlich über Krausnick, Groß Wasserburg nach Leibsch. Wir entscheiden uns für letztgenannten Tourenabschnitt. Eine Landstraße führt von Schlepzig nach

Ab 15 Teilnehmer unternimmt der Revierförster im Buchenhain geführte Wanderungen. Anmeldungen über Revierförsterei Buchenhain bei Schlepzig. ✆ (035472) 207.

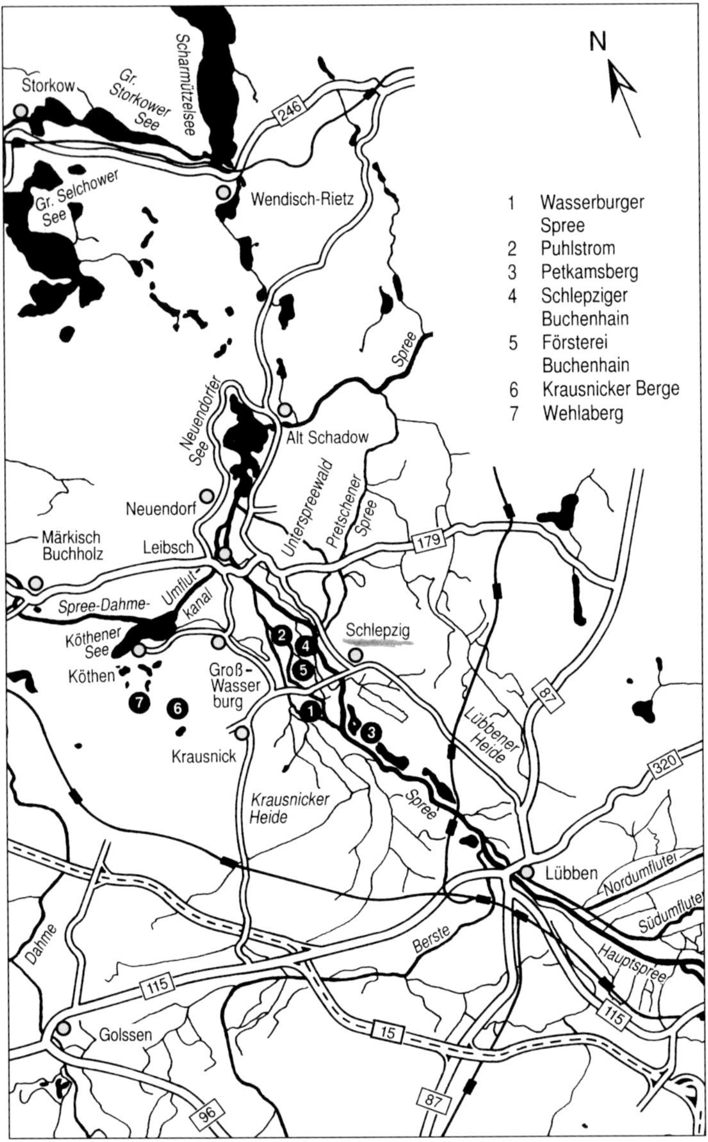
N
1 Wasserburger Spree
2 Puhlstrom
3 Petkamsberg
4 Schlepziger Buchenhain
5 Försterei Buchenhain
6 Krausnicker Berge
7 Wehlaberg
Storkow
Gr. Storkower See
Scharmützelsee
246
Gr. Selchower See
Wendisch-Rietz
Spree
Alt Schadow
Neuendorfer See
Neuendorf
Unterspreewald
Pretschener Spree
Märkisch Buchholz
Leibsch
179
Spree-Dahme-Umflut-kanal
Köthener See
Köthen
Schlepzig
Groß-Wasser burg
Krausnick
87
Lübbener Heide
320
Krausnicker Heide
Spree
Lübben
Nordumfluter
Südumfluter
Hauptspree
Berste
Dahme
115
Golssen
15
87
96
115

Groß Wasserburg, links liegen die »Höhen« der Krausnicker Berge, rechts das mit Erlen, Buchen und Eschen bewaldete Spreetal. Ein Wanderweg läuft direkt am Fluss entlang. Bei entsprechend rücksichtsvollem Verhalten sind hier Eisvogel, Kranich und Fischreiher zu beobachten. Unterwegs lohnt ein Abstecher nach *Krausnick*. Ein »Kleines Wanderbuch« von 1913 beschreibt den Ort: »Krausnick (800 EW), die altwendische Ortschaft Goztewissi (1004), ist den Wehlabergen im Süden vorgelagert und erstreckt sich zwischen Hügeln zum Spreewald hin. Im Jahre 1730 erwarb es König Friedrich Wilhelm I. von der Familie v. Oppen. Die hochgelegene Kirche ist 1727 erbaut.« Dieser Beschreibung ist bis heute nichts hinzuzufügen. Der Ort hat eine reizvolle Lage, das kleine Fachwerk-Kreuzkirchlein zeigt sich gut renoviert. Über einen schönen Wanderweg gelangt man zu den *Krausnicker Bergen*, deren höchste Erhebung mit dem *Wehlaberg* 144 m misst.

**Groß Wasserburg** ist neben Krausnick und Schlepzig das Dritte im Bunde der sogenannten »Wasserdörfer«. Puppenstubenhaft schmiegt es sich an das westliche Ufer der Wasserburger Spree und deren Randkanals. Vom »Dorfplatz« nach rechts abbiegend trifft man auf einen Hafen »Marke Liliput« (Schleuse, Parkplatz). Eine Kahnfahrt nach Schlepzig würde sich auch von hier aus anbieten. Vielleicht lässt der Kahnfährmann heute um den Preis handeln. In vergangenen Zeiten legte dagegen die Polizeiverordnung für Kahnfährleute von 1913 die Tarife eindeutig fest: »Der Fährmann erhält eine Grundtaxe von 1 Mark und außerdem pro Stunde: bei einer Besetzung des Kahns bis 4 Pers. 60 Pf., bis 6 Pers. 70 Pf., über 6 Pers. 80 Pf. Absichtliche Verzögerungen des Fährmanns sind strafbar.«

**Köthen** Von Groß Wasserburg geleitet uns ein 4 km langer Wanderweg nach Köthen. Kaum 100 Einwohner leben in den Häuschen, die sich rund um den sandigen Dorfplatz gruppieren. Einige geteerte Kähne liegen zum Fischfang am Köthener See (Badestelle). Wer Lust auf sportliche Betätigung verspürt, sollte in der Jugendherberge nach Fahrrädern oder einem Ruderboot fragen. Vor al-

Wer Krausnick besucht, sollte das sehr schöne neue »Landhotel Krausnick« (Dorfstraße 94) nicht vergessen. Von der Terrasse über Heimatzimmer bis zu Sauna und Solarium wird dem Gast vieles geboten.

»Beste Besuchszeiten des Unterspreewaldes sind die Monate Mai bis September. Man versäume nicht, sich zu Kahnfahrten an kühlen Tagen mit Tüchern und Mänteln auszurüsten. Für größere Gesellschaften ist es ratsam Nachtquartiere, Mittagessen und Fährleute vorher zu bestellen« (Das kleine Wanderbuch, 1913).

lem ein Bootsausflug über den großen See in einen der Spreearme hinein lohnt sich. Haubentaucher, Wildgans und Rohrweihe zählen zu den Begleitern. Sehr zu empfehlen ist auch der Besuch des kleinen *»Gasthauses am Köthener See«*. Schmackhafte Kohlroulade, Zander gedünstet, gebratene Forelle oder der selbstgebackene Mohn- und Streuselkuchen lassen selbst Kalorienbewusste schwach werden. Um nach dem Schlemmen etwas für die schlanke Linie zu tun, sollte man die Wanderung zu den Krausnicker Bergen vielleicht erst hier beginnen. Nach etwa 3 km, an den sieben *Heideseen* vorbei, wird der schon erwähnte Wehlaberg erreicht, eine der weniger bekannten landschaftlichen Schönheiten des südlichen Brandenburgs.

Ein geheimes Rezept ist »Oma Bendzullas Lauchsuppe«, die nach alter hauseigener Art jeden Wanderer nach der Tour wieder in Schwung bringt.

Zurück in Köthen steuern wir auf unserer Tour durch den Unterspreewald nach weiteren 5 km das Dorf Leibsch an. Zwischen *Leibsch* (Kahnfährhafen) und Neuendorf präsentiert sich das *Spreetal* als weite Wiesen- und Ackerfläche. Oft sieht man dort große Schafherden weiden. Der Beruf des Schäfers zählt im übrigen zu den ältesten in Brandenburg. Als »Amts- oder Freier Schäfer« hütete er den »Reichtum« der Gemeinde. Schäfer galten als vielseitig gebildete Menschen und wurden von allen geachtet. Sie bekamen im 18. Jahrhundert bis zu 40 Taler in bar sowie Anteile am Getreide. Die Bauern bewirtschafteten ihr Land mit. Die typische Standesbekleidung (vermutlich schon seit dem 16. Jahrhundert) bestand aus Kniehosen, langem Mantel mit blanken Knöpfen und dreieckigem Hut. Anfangs trug man sie allerdings nur zu Festtagen – doch genug der gedanklichen Abschweifung, zurück zur Spree.

Als kluger Ratgeber galt der Schäfer besonders im Krankheitsfalle, da er sich mit Kräutern auskannte, aber auch in Wetterfragen, da er sommers wie winters in freier Natur unterwegs war. Auch als Musikant, Holzschnitzer und Strümpfestricker zeigte er Talent.

Bei Neuendorf fließt die Spree in den großen gleichnamigen See, um diesen bei Alt Schadow, allerdings jetzt nach Osten zu verlassen. Grund für diesen Richtungswechsel sind Sanddünen: Dünenwellen, die der Wind nach der Eiszeit nördlich des Ortes aufwehte und die der Spree so den Weg nach Norden versperrten. Am *Neuendorfer See* selbst tut sich ein Eldorado für Camper, Wassersportler und Badeurlauber auf. Allein 4 Campingplätze stehen zur Auswahl. Generell hat sich die Ausstattung der Brandenburger Campingplätze in Bezug auf Komfort, sanitäre Einrichtungen, Sportmöglichkeiten und vorhandene Gaststätten in den letzten Jahren sehr verbessert. So kann man den Hinweisschildern zu den Zeltplätzen getrost folgen. Besondere Attraktionen bietet jedoch das Camperparadies »Am Strand« in *Hohenbrück* mit Bootsverleih, Wasserski und Parasailing. Auch für das kühle Blonde ist im Biergarten gesorgt.

Vom Neuendorfer See bis zum Schwielochsee ist die Spree gut mit Sportbooten zu befahren. Bei Trebatsch, Kossenblatt und Alt-Schadow sind Schleusen zu passieren.

Die nachfolgenden Verse aus einem alten Lied von Hohenbrück bezeugen, wie sehr den Einheimischen ihr »Ländchen« am Herzen liegt. Mit ihnen wollen wir unsere Reise durch den Unterspreewald beschließen:

*»Wo fließt die Spree durch blum'ge Auen,*
*wo schlank und stolz die Kiefern stehn,*
*wo Erlen in die Wasser schauen,*
*da liegt mein Dörfchen schmuck und schön.*

*Vom Kämmerlein dann still und heiter,*
*schau ich dich an mein Hohenbrück,*
*ihr Heimatlüfte tragt es weiter,*
*nur du, o Heimat bringst mein Glück.«*

## Der besondere Tipp: = neue Bewirtschaftung

**Im Gault Millau Deutschland zu finden**

Selbst Gastronomiekritiker geben zu, dass die Spreewälder Küche bei sorgfältiger Zubereitung in Deutschland ihres gleichen sucht. Im Landgasthof »Zum Grünen Strand der Spree« in Schlepzig, direkt am Kahnfährhafen, wird der Beweis dafür geführt. Das alte Gasthaus aus dem 19. Jahrhundert erweist sich als Kleinod in Ausstattung und Küche: Gemütlicher Landhausstil mit diskretem Luxus in den 18 Zimmern, davon jedes individuell gestaltet, prägt das Ambiente. Vom Biergarten mit der alten Kutsche, dem wiederaufgebautem Stall mit Suiten und Tagungsräumen bis zu den Rindern auf der hauseigenen Weide passt alles zusammen. Das Herausragendste jedoch ist die Küche – nichts Fremdländisches, nur bodenständige, aber exquisit zubereitete Speisen werden gereicht. Erpelbrust auf Austernpilzen in Rahm mit Bohnengemüse und zart zimtbestreuten Schupfnudeln, danach Quarkmousse in Vanillesauce mit marinierten Früchten – man muss wohl nicht mehr aufzählen, um Appetit zu bekommen. Auch Ansprüchen verwöhnter Feinschmekker wird hier Genüge getan und das zu Preisen, die keinen Kleinkredit verlangen.

# Ausflug zu Mühlen, trutzigen Kirchen, kleinen Städten

## Spree-Dahme-Umflutkanal · Halbe · Briesen Golssen · Zützen · Wildau-Wentdorf · Dahme Schöna-Kolpin · Lebusa · Dahmequellgebiet

Anreise
***mit dem PKW*** *über die A 13 bis Abfahrt Teupitz und weiter über die Landstraße bis Märkisch Buchholz*
***mit der Bahn*** *die Strecke Berlin–Cottbus bis Bahnhof Märkisch Buchholz*

Schloss Golssen

Schon mehrmals konnten wir feststellen, dass sich die Spree eigenwillig und kurvenreich ihren Lauf sucht. Kapriziös verhält sie sich auch nach Passieren des Unterspreewaldes. Statt weiter nach Norden zu fließen, schlägt sie einen Bogen und strebt nach Osten. Wäre das nicht der Fall, würde sie sich bald mit ihrem wichtigsten Nebenfluss, der Dahme, vereinen. So aber entzieht sich die Dahme der Spree noch für ein Weilchen und mündet erst weiter nördlich, in Köpenick an der Stadtgrenze Berlins in den bedeutenderen Spreestrom. Bevor wir also unserem Fluss nach Osten ins Beeskower Land folgen, lohnen sich zwei größere Abstecher ins Dahmeland (siehe auch Kapitel »Entlang der Dahme-Wasserstraße«). Der Ausflug beginnt am *Köthener See*, den seit Anfang des 20. Jahrhunderts ein Kanal mit der Spree verbindet.

Die kleine asphaltierte Straße von Köthen nach Märkisch Buchholz durch Wald und an Feldern vorbei eignet sich gut für eine Radtour. Autos fahren hier nur selten und die Hügel steigen nur leicht an.

**Spree-Dahme-Umflutkanal** Der Kanal entstand, um den häufigen Überschwemmungen im Unterspreewald zu begegnen. Über ihn können die ansteigenden Fluten in die Dahme abfließen. Der Schnittpunkt des Kanals mit der Dahme liegt direkt im kleinen Städtchen *Märkisch Buchholz*. Von Königs Wusterhausen kommend sehen wir am Ortseingang die Wehranlage. 6 m »stürzt« das Wasser brausend in die Tiefe. Seit 1995 wird diese wassertechnische Anlage zur Stromerzeugung genutzt. Mit einer Leistung von 210 kW hilft sie jährlich 1200 t Kohle einzusparen, wie ein Hinweisschild Auskunft gibt. Das Wehr gebietet den zahlreichen Sportbootfahrern Einhalt, die den Höhenunterschied an dieser Stelle mühsam zu Lande überwinden müssen, da es keine Schleuse gibt. Sie nutzen dazu den kleinen Schienenweg parallel zum Wehr und verladen ihre Boote auf dafür vorgesehene Wagen. Mit der Wehranlage hat man wohl das Wichtigste des sonst unscheinbaren Städtchens kennnen gelernt. Vom einst bescheidenen Wohlstand durch die günstige Lage am Weg von Berlin nach Cottbus ist nicht mehr viel zu sehen. Vorbei sind die Zeiten, als die Spreewälder Händler mit ihren vollbeladenen Gurken- und Meerrettichwagen hier Rast machten, um ihre begehrten Waren später in Berlin feilzubieten, und die Wirtshäuser und Hotels der Stadt bevölkerten. Auch seit der

Bis 1936 hieß der Ort Wendisch Buchholz. Er gehörte bis ins 16. Jahrhundert den Schenken von Landsberg, später zur Herrschaft Königs Wusterhausen. Als Stadt fand Wendisch Buchholz 1449 erstmals Erwähnung.

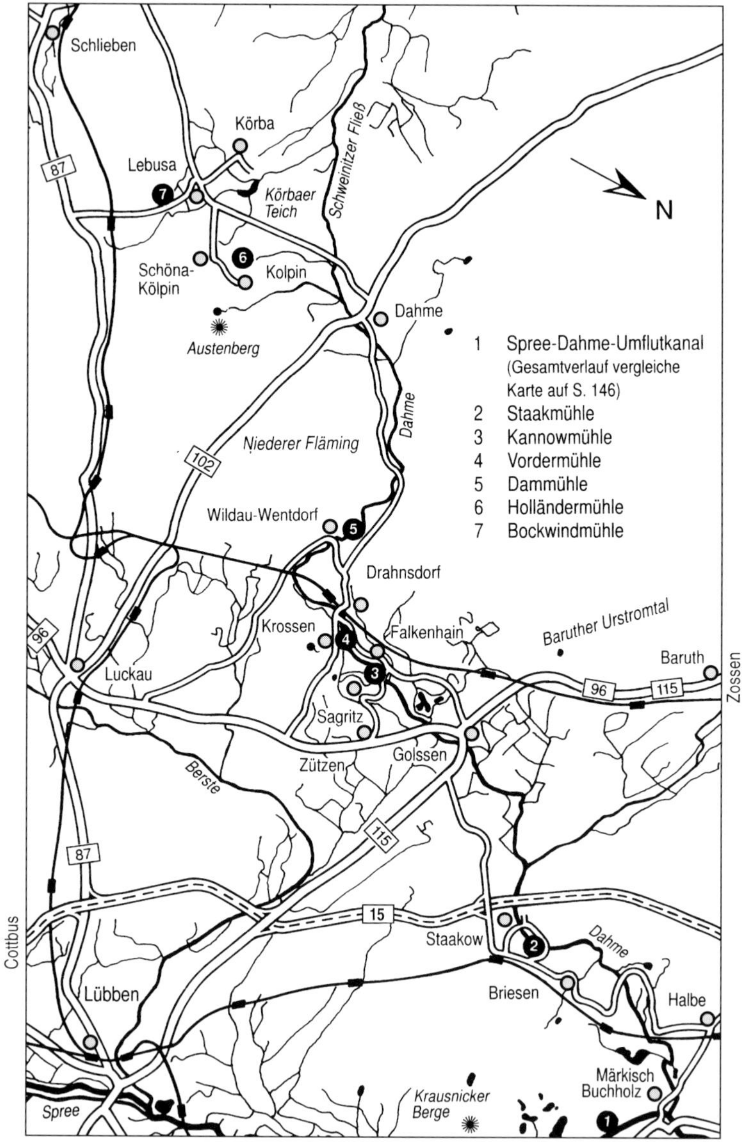
Schlieben
Körba
Lebusa
87
7
Körbaer Teich
Schweinitzer Fließ
N
6
Schöna-Kölpin
Kolpin
Dahme
Austenberg
1 Spree-Dahme-Umflutkanal (Gesamtverlauf vergleiche Karte auf S. 146)
2 Staakmühle
3 Kannowmühle
4 Vordermühle
5 Dammühle
6 Holländermühle
7 Bockwindmühle
Dahme
Niederer Fläming
102
Wildau-Wentdorf
5
Drahnsdorf
Krossen
Falkenhain
Baruther Urstromtal
96
4
Baruth
Luckau
3
96
115
Zossen
Sagritz
Golssen
Zützen
Berste
115
87
15
Cottbus
Staakow
2
Dahme
Lübben
Briesen
Halbe
Märkisch Buchholz
Spree
Krausnicker Berge
1

politischen Wende hat es im Ort keine bemerkenswerten Veränderungen gegeben.

Von Märkisch Buchholz setzen wir unseren Weg dahmeaufwärts bis zu ihrer Quelle fort. Wer jedoch unterwegs kurz einmal anhalten möchte, sollte dies in Halbe, Briesen oder wenig später in Golssen tun, auch dort wartet Interessantes auf uns.

**Halbe** Auf dem ruhigen *Waldfriedhof* des Ortes liegen etwa 22 000 Opfer des Zweiten Weltkrieges begraben, die noch in den letzten Aprilwochen des Jahres 1945 zu Tode kamen. In einer mörderischen und sinnlosen Kesselschlacht vor der Einnahme Berlins durch die russische Armee verblutete Hitlers letztes Aufgebot. Den Friedhof legte man erst 1951 an. 14 000 Soldaten sind unbekannt. Noch immer werden im märkischen Sand Gebeine von Toten gefunden. Seit 1989 kamen allein 600 Gräber hinzu. Die 1996 eröffnete gut recherchierte *Ausstellung* mit 29 Schautafeln informiert über Opfer und Täter. Nach diesem traurigen Exkurs in die Geschichte geht es weiter nach Briesen.

Der Oberlauf der Dahme von Köpenick bis Golssen eignet sich sehr gut für Paddeltouren. Besonders der Abschnitt von Märkisch-Buchholz über Halbe bis Golssen ist wegen der hier herrschenden Ruhe und Ursprünglichkeit zu empfehlen.

**Briesen** Der kleine Ort scheint von der Welt vergessen, kaum ein Fremder verirrt sich hierher. Und so wirkt auch das große *Herrenhaus* direkt an der Straße verlassen. Das große schmiedeeiserne Portal steht weit offen, über eine verwilderte Auffahrt gelangt man vor den dreistöckigen Bau. Der Putz bröckelt. Von der Fassade blättert Farbe ab. Vor der Freitreppe sitzen zwei Jungen aus Stein scheinbar lustlos auf ihrem Sockel. Auch der trockene Brunnen mit den Figuren passt ins Bild der Verwunschenheit. Nur 2 km südlich von Briesen liegt *Staakow*, das sich als Ausgangspunkt für Wanderungen in die Umgebung eignet. Parallel zur Dahme führt ein Weg zur *Staakmühle*. Diese Industriemühle liegt vereinsamt, ein paar Häuser verlieren sich um den alten Mühlenteich. Von hier aus (Bahnhof Brand) führt die Straße schnurgerade über die Autobahn nach Golssen. Weite Felder erstrecken sich bis zum Horizont. Das breite Dahmetal erinnert an das Norddeutsche Flachland.

Auf dem Weg von Halbe nach Briesen liegt Oderin. Der Ort eignet sich besonders bei Bahnanreise gut als Ausgangspunkt in die Umgebung. Per Fahrrad oder zu Fuß sind Köthen, die Krausnicker Berge und auch der Unterspreewald bestens erreichbar.

**Golssen** liegt etwa 25 km von Märkisch Buchholz entfernt und ist der nächste größere Ort im Flusstal. Der schlanke Rathausturm der Stadt grüßt schon von weitem. Der mächtige, dunkelrote Ziegelbau des 1904/05 erbauten *Rathauses* dominiert beeindruckend das Stadtzentrum. Neben dem Turm schmücken Zinnen den neogotischen Bau. An der Giebelseite zum Markt illustrieren 6 Bilder die mittelalterliche Geschichte des Ortes. Vor dem Portal thronen drohend die Löwen-Wappentiere. Die schlichte *Kirche* erstrahlt nur wenige Schritte vom Rathaus entfernt im freundlichen Hellgelb. Außerhalb des Stadtzentrums am Ortsausgang an der B 96 liegt ein kleines *Schloss*. Der zweigeschossige, langgestreckte Bau stammt aus der ersten Hälfte des 18. Jahrhunderts. Heute beherbergt er das Amt Golssener Land. Ein Teich liegt davor, umgeben von alten Trauerweiden. Er gehört zum recht weiträumigen *Landschaftspark* des Schlosses.

Die Golssener Kirche, von 1811–1825 mit Flachdecke im klassizistischen Stil erbaut, verfügt über eine schlichte Ausstattung, die noch aus der Entstehungszeit stammt. Die Seitenschiffe tragen Emporen.

**Zützen** Weiter geht die Reise in Richtung Dahme. Man kann dabei dem Dahmelauf über Zützen oder Falkenhain nach Drahnsdorf folgen. Zützen bietet das Bild eines typischen märkischen Straßendorfes. Links und rechts der breiten, alleeartigen Dorfstraße fädeln sich die kleinen Häuser wie auf einer Kette auf. Die große *Dorfkirche* aus dem 15. Jahrhundert leuchtet schön renoviert. Für Wanderer empfiehlt sich der Weg von hier über Sagritz nach Krossen und Drahnsdorf, Autofahrer hingegen seien gewarnt, für sie gleichen die letzten drei Kilometer vor Krossen einer Hindernisfahrt. Schlagloch folgt auf Schlagloch. Vorbei an Pferdekoppeln mit stolzen Brandenburger Rössern erreicht der Weg bei der Mühle von *Krossen* wieder befahrbare Abschnitte. Das wie eine Wehrkirche wirkende Gotteshaus rechts liegen lassend folgen noch weitere 13 km bis Dahme.

In Sagritz liegt etwas abseits die Kanowmühle, die noch heute eine Wasserturbine antreibt. Sie repräsentiert die Mühlentechnik des vergangenen Jahrhunderts.

**Wildau-Wentdorf** Auf dem Weg dorthin sollten Besucher keinesfalls einen Abstecher nach Wildau-Wentdorf verpassen. Eine kopfsteingepflasterte Birkenallee führt sacht bergab ins *Dahmetal*. Vor dem Dorf breitet sich ein herrlicher Wiesengrund aus. Direkt an der Straße fließt die hier ca. 2–3 m breite Dahme – ein schöner Platz zum Atemholen oder für ein Picknick. Direkt am Ortseingang dreht die *Dammühle* ihr großes, hölzernes Wasserrad. Es wurde erst 1995 erneuert und dient der Stromerzeugung. Dort schlug die Mühlenvereinigung Berlin-Brandenburg e. V. ihr Domizil auf. Der Verein

Wassermühle bei Sagritz

versucht, die raren Zeugnisse der Technikgeschichte vor dem Verfall zu bewahren. Ihr Ursprung reicht bis in das 13. Jahrhundert zurück, als die Mönche des Zisterzienserordens die Mark kultivierten und auch Mühlen errichteten. Noch um 1900 gab es über 2 000 Wind- und Wasserräder, heute existieren nur noch ca. 50. Auch wenn die Wildau-Wentdorfer Mühle kein Museum ist, so geben die Mitarbeiter doch jedem Neugierigen gerne Auskunft. So erfährt man auch, dass es Pläne für eine historische »Mühlenstraße« zwischen Fläming und Spreewald gibt und dass jährlich am Pfingstmontag ein Brandenburger Mühlentag stattfindet. 1996 empfing der kleine Ort Boitzenburg bei Templin die Besucher zum Mühlentag und richtete ein großes Volksfest aus. Im ganzen Brandenburger Land standen an diesem Tag die Türen der Mühlen für Besucher offen. Nach dem Mühlenbesuch in Wildau-Wentdorf setzen wir unsere Reise zur 9 km entfernten Stadt Dahme fort.

**Dahme** Bei diesem Namen stellt sich unwillkürlich die Frage: Gab der Ort dem Flüsschen den Na-

Alte Besitzurkunden der Klöster verzeichnen neben Dörfern stets auch eine große Zahl von Mühlen als Klostereigentum. Sie waren ein wichtiger Wirtschaftsfaktor und bedeuteten Einnahmen und Einfluss, denn Mühlen brauchten alle Bauern. Ihre Besitzer konnten auf die Mehlpreise einwirken und hielten damit so manchen Bauern »in der Hand«.

Seit dem Wendenkreuzzug (1143–1150) gehörte die Gegend um Dahme zur Markgrafschaft Meißen. Dort blieb sie bis 1368, danach fiel Dahme an die Böhmische Krone, kam ab 1635 zu Kursachsen und ab 1815 zu Preußen.

Vor O. P. Unverdorben hatten bereits W. Posselt und K. L. Reimann (1809 und 1822) das Rohnikotin gefunden, maßen aber dieser Entdeckung keine weitere Bedeutung bei, so dass sie wieder in Vergessenheit geriet.

O. P. Unverdorben war ein vielseitiger Mensch. So ließ er u. a. vor dem Luckauer Tor einen Teich für Goldfische anlegen, damals eine absolute Neuheit. Der Fabrikant beschäftigte sich auch mit der Blumen- und Taubenzucht.

men oder umgekehrt? Bis heute konnte das Rätsel noch nicht eindeutig gelöst werden. Wahrscheinlich geht der Siedlungsname auf das Wort »tama« zurück, das slawisch »Damm« bedeutet. Der Ort Dahme entstand ohne Zweifel einst als slawische Fischersiedlung und so erscheint auch die Existenz von Dämmen, u. a. um den Fischfang ertragreicher zu gestalten, logisch. 1166 wurde Dahme erstmals als deutsche Burgsiedlung »provincia que Dame dicitur« erwähnt. Es ist ungerecht, dass dieses Städtchen in Reiseführern oft nicht einmal Erwähnung findet, wird doch fast jeder mit »Erfindungen« aus der Stadt konfrontiert. Wen jetzt die Neugierde gepackt hat, der sollte seine Schritte in das Fachwerkhaus am Töpfermarkt lenken, heute Sitz des *Heimatmuseums*. Dort erfahren wir: Zu den bekannten Söhnen der Stadt gehört auch O. P. Unverdorben. Er verhalf der Zigarrenherstellung in Dahme zur Blüte. Es liegt ein wenig Ironie darin, dass gerade ein Nichtraucher, der das Laster des Rauchen strikt ablehnte, das Rohnikotin entdeckte und damit der Tabakindustrie den Weg ebnete. Unverdorben, 1806 hier geboren, studierte später Chemie und entdeckte das Anilin (nach 1835), von ihm Krystallin genannt. Er untersuchte auch Pflanzen, u. a. den Tabak, den man im Dahmeland anbaute. Dabei stieß er in den Rückständen der Tabakspfeifen auf 12 Stoffe, darunter dem Nikotin. Er bemühte sich die giftigen Stoffe aus den Tabakwaren zu entfernen. Das gelang weitgehend durch die besondere Auswahl der Sorten und durch Verwendung spezieller Mundstücke. Man kann Unverdorben quasi als Urvater des Filters und der Light-Zigaretten ansehen. Seine Neuerungen und der von ihm aufgebaute Tabakhandel führten zum Erblühen dieses Industriezweiges in der Stadt und der Umgebung – was wiederum zeigt, auch der konsequenteste Nichtraucher wird schwach, wenn mit Tabak Geld zu verdienen ist. Das Geld aus der Zigarren- und später Zigarettenherstellung verlieh er gegen Zinsen, so daß Unverdorben 1873 als Millionär starb. Heute erinnern neben einer Gedenktafel am Geburtshaus Unverdorbens die Inschriften »Cigarren Fabrik« an einigen alten Häusern an die Zeit der Zigarren- und Zigarettenherstellung in Dahme.

Der Vogelturm, der letzte erhaltene Torturm in Dahme

Eine zweite, nun aber wirklich jeden betreffende Entdeckung stammt von F. W. Kullrich, der 1821 in Dahme das Licht der Welt erblickte. Er befasste sich mit der Prägung von Münzen, speziell ihrer Sicherung vor Fälschung. Kullrich wirkte ab 1859 in Berlin als »Königlich Preußischer Hof- und Erster Münzmedailleur«. Das Rändeln der Münzränder mit Hilfe der von ihm entwickelten Gravier-Kopiermaschine machte Fälschungen sehr schwierig. Noch heute weisen das 50-Pfennig-Stück und die 1-Mark-Münze eine Rändelung auf, allerdings jetzt auf der Münze. Besondere Verdienste erwarb sich Kullrich nach 1871 auch bei der Umstellung von Gulden und Talern auf die einheitliche Währung Mark und Pfennig. Millionen von Münzen gab er das Gesicht. Sie sind heute begehrte Sammlerobjekte. Nicht nur deutsches Hartgeld, sondern auch die Öre und Krone in Norwegen, der Lei in Rumänien, die Piasten in Ägypten, die Centavos in Costa Rica trugen die Handschrift dieses Mannes.

Zu F. W. Kullerichs Auftraggebern gehörten u. a. der Preußische König, ab 1871 der Deutsche Kaiser, Leopold Friedrich Herzog von Anhalt, Friedrich Franz Großherzog von Mecklenburg-Schwerin und auch der russische Zar.

Schlosspark mit Tiergarten in Dahme

Beim Blaudruck bedruckt man das Leinen mit aus Holz geschnitzten Druckstöcken. Dabei wird ein Deckstoff auf bestimmte Stellen aufgetragen, damit diese vor Farbe geschützt werden. Nach dem Kaltfärben wäscht man den Deckstoff wieder heraus.

Das Heimatmuseum am Töpfermarkt informiert jedoch nicht nur über die Verdienste der bekanntesten Bürger, sondern wartet auch mit einer sehenswerten *Ausstellung zum Blaudruck* auf. Diese Art der Textilgestaltung kam im 17. Jahrhundert aus Asien nach Europa und verbreitete sich rasch. In der Zeit um den Ersten Weltkrieg existierten in allen Trachtengebieten Deutschlands Blaudruckereien – ganze 40 von ihnen haben überlebt. In Dahme betreibt man dieses Handwerk leider nicht mehr, aber die Ausstellung belegt diese Tradition sehr anschaulich.

Doch nun wollen wir uns weiteren Sehenswürdigkeiten des Ortes zuwenden. Zuerst, egal aus welcher Richtung der Besucher kommt, fällt der eigenwilllige, fast 50 m hohe *Rathausturm* auf. Das etwa 100 Jahre alte rote Backsteingebäude ist Wahrzeichen der Stadt. Auch die *Pfarrkirche St. Marien*, eigentlich gotisch, aber 1671 mit barocker Haube versehen, und die *Hospitalkirche* überstanden die wechselvolle Geschichte. Letztere geht als ehemalige Karmeliter-Klosterkirche auf das Jahr 1304 (Neuaufbau 1732–1734) zurück. Die Karmelitermönche verließen zwar schon vor 400 Jahren Dahme, aber im Jahre 1994 entstand aus den ehemaligen Wirtschaftsgebäuden der Klosteranlage die Gaststätte »Klostergewölbe«. Im Flair des Mittelalters unter Kreuzgewölben schmecken »Das Geheimnis des Klosterkellers« oder auch der berühmte Klemmkuchen aus dem Fläming ganz besonders gut. Was sich dahinter verbirgt, findet am besten heraus, wer ihn Am Kloster 3 selbst probiert.

Hübsch präsentiert sich auch der kleine *Töpfermarkt* selbst, der die einst bescheidenen Proportionen dieser Kleinstadt ahnen lässt. Die *Stadtmauer* steht ebenfalls noch in größeren Abschnitten, z. B. in der Nähe des Schlosses und des ehemaligen Klosters. Das einstige *Schloss Dahme* findet trotz seiner beachtlichen Größe in Kunstführern kaum Erwähnung. Bereits in der Slawenzeit existierte hier eine Burg, die 1712 abgetragen wurde. Herzog Johann Adolf II. ließ an ihrer Stelle 1712–1719 ein Barockschloss errichten, das 1813 als Lazarett und später als Gerichtsgebäude, Gastwirtschaft und auch als Heimatmuseum diente. Das nach 1945 stark renovierungsbedürftige Bauwerk begann ab Ende der 50er Jahre zu verfallen, da Gelder für den Erhalt nicht zur Verfügung standen. Bereits 1959 schreibt das Heft »Schöne Heimat« Nr. 5: »Die Obhut über den Park und über das Parkfest hat jetzt der Klub der Werktätigen der Stadt Dahme. Damit vollzieht sich der Kreis, dass der früher kurfürstliche Park, von werktätigen Menschen geschaffen, heute der Freude, Erholung und Belehrung unserer Werktätigen dient, nun wieder in ihre Obhut, Pflege und Erhaltung genommen wurde.« Abgesehen von dieser »realsozialistischen Phrase«, das Schloss wird mit keinem Wort erwähnt, obwohl es doch auch arbeitende Menschen erschufen. Zu groß war wohl die Scham über den fortschreitenden Verfall. Erhalten blieb die Ruine und das inzwischen gesicherte, imposante Eingangsportal – 4 Stockwerke hoch, versehen mit großen Säulen. Doch noch immer gähnen leere Fensterhöhlen den Besuchern entgegen. Auf dem Schlossgelände entstand nach 1990 ein Klinikum, in das nach Aussa-

Die Stadttore von Dahme wurden vor 150 Jahren abgetragen. Den Vogelturm, der das Jüterboger Tor flankiert, restaurierte man 1892.

Beinahe wäre Johann Adolf II. von Sachsen-Weißenfels der Schwiegersohn des preußischen Soldatenkönigs Friedrich Wilhelm I. geworden. Prinzessin Wilhelmine missfiel seine Körperfülle jedoch zu sehr.

Im übrigen lebte der Minnesänger Hermann von Dahme um 1300 in dem kleinen Ort. Der bekannte Dichter und Sänger Frauenlob (Heinrich von Meißen), als Begründer des Meistergesangs verehrt, nennt ihn seinen Lehrmeister.

gen der Investoren die alten Gebäude zukünftig einbezogen werden sollen. Hoffentlich handelt es sich nicht nur um eine bloße Absichtserklärung, es wäre schade um das historische Bauwerk. Schon jetzt lohnt jedoch ein Gang durch den großen *Schlosspark* mit Tiergehege und Teich sowie herrlichen alten Bäumen wie Blutbuche, Magnolie, Hängebirke, Schwarzerle – eine Oase der Ruhe. Alles in allem kann man wohl sagen, Dahme ist eine Reise wert. Doch wir wollen weiter bis zur Quelle des gleichnamigen Flüsschens. Weit liegt sie nicht mehr entfernt. Als nächsten Ort in südlicher Richtung erreichen wir Schöna-Kolpin.

**Schöna-Kolpin** Wenn man donnerstags diesen Ort betritt, liegt ein leckerer Duft von frischem Brot in der Luft. Sieben Frauen aus den umliegenden Orten backen hier regelmäßig im 80 Jahre alten Ofen, wie Urgroßmutter es einst tat. Sie sammeln Reisig, bündeln es und heizen wie von alters her damit den Backofen. Nach ca. 4 Stunden müssen sie die Glut entfernen und schieben dann die vorbereiteten Kuchen und später das Brot hinein. Das Landbrot besteht aus reinem Sauerteig. Die gute Qualität des Brotes und des Blechkuchens, der als Spezialität gilt, hat sich inzwischen herumgesprochen, so dass immer lange Bestelllisten abzuarbeiten sind. In Kolpin lohnt auch ein Abstecher zur *Holländermühle*, die man schrittweise zum technischen Denkmal umgestalten will (Besichtigungen möglich).

Rezept für den Schönaer Streuselkuchen:
Hefeteig:
Streusel:
1000 g Mehl
1 200 g Mehl
60 g Hefe
500 g Butter
200 g Zucker
400 g Zucker
½ l Milch
200 g Schmalz
180 g Margarine
2 Pk. Vanillezucker
60 g Schmalz
1 Prise Salz

**Lebusa** Noch eine zweite Mühle befindet sich 3 km »stromaufwärts« in Lebusa. Auf einer flachen Kuppe am Ortsausgang steht die noch voll funktionstüchtige *Bockwindmühle* aus dem Jahre 1686. Die Mühle ist Eigentum der Gemeinde Lebusa und wird durch den Mühlenverein bewirtschaftet und unterhalten. Lebusa selbst ist ein geschichtsträchtiger Ort. 932 als »Liubusua« erwähnt, soll es hier einst eine große slawische Burg gegeben haben, die Heinrich I. im Jahre 931 im Zuge seines Wendenkreuzzuges zerstörte. Burgreste sind heute allerdings nicht mehr auszumachen. Neben einem alten Herrenhaus, einer Sonnenuhr und einigen hübschen Fachwerkhäusern lohnt die Dorfkirche Lebusa einen Besuch. Die Kirche, 1725–1727 von M. D.

Pöppelmann erbaut, beherbergt ein besonderes Kleinod, eine wahrscheinlich 1726/27 aufgestellte Silbermannorgel. Zu den Brandenburgischen Sommerkonzerten 1997 wurde die Orgel nach umfassender Rekonstruktion wieder eingeweiht. Führungen nach Anmeldung über Frau Richter, Schulstr. 65, 04936 Lebusa, ✆ (035364) 2 89.

**Dahmequellgebiet** Ruhe findet man nach der langen Fahrt dahmeaufwärts am *Körbaer Teich* zwischen Schöna und Lebusa. Er entstand durch das Anstauen des *Schweinitzer Fließes*, das erstmals schon die Karmelitermönche aus Dahme mit Dämmen versahen. Heute lockt er als beliebtes Badegewässer und Erholungsgebiet, das zum Wandern einlädt. Ein Weg führt uns schließlich zur *Dahmequelle*, dem Ursprung jenes Flüsschens, das wir seit Märkisch Buchholz begleiten. Kurz hinter Kolpin, am Abhang des *Austenberges*, finden wir sie im Walde versteckt (ausgeschildert). Ein Stein, der die Inschrift Dahmequelle trägt, markiert die Stelle.

Das Schweinitzer Fließ strömt zur Schwarzen Elster. Die Mönche aus Dahme stauten das fischreiche Gewässer durch einen Damm an, um während der Fastenzeit immer ausreichend Fisch zu haben.

## Der besondere Tipp:

**Besuch bei Ganymed**

Wer denkt bei Brandenburg schon an Wein? Bier gilt als landestypisches Getränk, vielleicht fällt manchem noch der schlichte Obstwein aus Werder ein. Aber zwischen Lausitzer Höhen und Niederem Fläming bei Schlieben, 6 km südlich bei Lebusa, gibt es ihn doch, den edlen Brandenburger Tropfen. Seit 1992 reift die Sorte Müller-Thurgau wieder an den Hängen des Langen Berges. Auch wenn gegenwärtig nur 1,2 ha bewirtschaftet werden, ein Weinberg ist heute in Brandenburg doch ein besonderer Anblick. Um 1510 begann man mit Grabungen im Lössboden des Langen Berges beiderseits der heutigen Kellerstraße, um dort Weinkeller anzulegen. 35 blieben bis zum heutigen Tag erhalten. Die alten Gewölbe sind in ihrer Anlage einzigartig im gesamten norddeutschen Raum. Wie auch schon früher bilden sie den Mittelpunkt des Moienmarktes (erstes Wochenende im Juli). Einst warben die Bauern auf dem Moienmarkt ihre Knechte und Mägde für das kommende Jahr an, heute ist er ein beliebtes Volksfest.

# Entlang der Dahme-Wasserstraße

## Prieros · Naturschutzgebiet Dubrow · Teupitz Neue Mühle · Königs Wusterhausen · Storkower Kanal · Storkow · Wendisch Rietz · Bad Saarow

Anreise:
***mit dem PKW*** *über die A 13 bis Abfahrt Teupitz, weiter Richtung Märkisch Buchholz und die B 179 Richtung Prieros*
***mit der Bahn*** *die Strecke Berlin–Cottbus bis Halbe*

Blick auf das Ostufer des Scharmützelsees

Nach unserem Ausflug, der uns flussaufwärts entlang der Dahme führte, kehren wir wieder zurück nach Märkisch Buchholz. Auf einem zweiten Abstecher, der uns von der Spree entfernt und am Rande des Unterspreewaldes beginnt, wenden wir uns nach Norden der sogenannten Dahme-Wasserstraße zu. Die erste Etappe von Märkisch Buchholz bis Prieros gehört zweifellos zu den reizvollsten Abschnitten des Dahme-Spree-Gebietes. Auf etwa 13 km windet sich der Fluss durch ein anmutiges Wiesental, das manchmal 300, manchmal auch nur 20 m breit ist. Links und rechts wechseln hier und da Wald und teilweise sumpfige Uferbereiche die Wiesen ab. Ein schöner Dammweg führt parallel zum Tal bis zur *Hermsdorfer Mühle*. Als Ausgangspunkt der Reise entlang der Dahme eignet sich die B 179, die kurz vor Märkisch Buchholz den Dammweg kreuzt (ausgeschildert). Die beste Variante, um die abgeschiedene Naturidylle zu genießen, bietet eine Kanu- oder Paddelbootfahrt. Weder ein Ausflug mit dem Rad noch mit dem Auto lässt eine so reizvolle Perspektive auf die Landschaft zu, wie sie sich bei einer Wasserwanderung bietet. Egal wofür man sich entscheidet, eine gute Karte wird ein nützlicher Helfer sein. Unterwegs begegnet man nur selten Menschen, es ist, sprichwörtlich betrachtet, ein Gebiet, wo sich »Fuchs und Hase Gute Nacht sagen«.

Neben dem Wehr in Märkisch Buchholz arbeiten entlang der Dahme-Wasserstraße noch die Schleusen an der Hermsdorfer Mühle und bei Prieros. Letztere besteht schon seit 1739, ein Schleusenneubau entstand 1879.

Das Dahmeland in dieser Region entspricht in weiten Teilen wohl jener historischen Landschaft um Berlin, wie sie sich vor 800–1000 Jahren dem Auge dargeboten haben muss – weite Wälder, kleine Lichtungen und Moore, kaum Siedlungen – die Millionenstadt Berlin scheint Lichtjahre entfernt. Auch heute noch tauchen im seenreichen Dahmeland nur vereinzelt Siedlungen auf.

Die einzigen größeren Orte im Dahmeland sind Storkow, Märkisch Buchholz, Prieros, Groß Köris, Teupitz und Königs Wusterhausen. Hinzu kommen ca. 30 Dörfer, von denen einige diese Bezeichnung allerdings kaum verdienen.

**Prieros**, während der Sommermonate eine Hochburg stressgeplagter Berliner, gehört mit einigen hundert Einwohnern schon zu den bedeutenderen Orten. Das *Heimatmuseum* am Dorfplatz unmittelbar neben der Kirche ist eine Perle. Der langgezogene, einstöckige Bau mit Strohdach zählt gut 300 Jahre. Drinnen stapeln sich diverse Zeugnisse bäuerlicher Lebensweise und Handwerkskunst aus mehreren Jahrhunderten. Die Tatsache, dass die

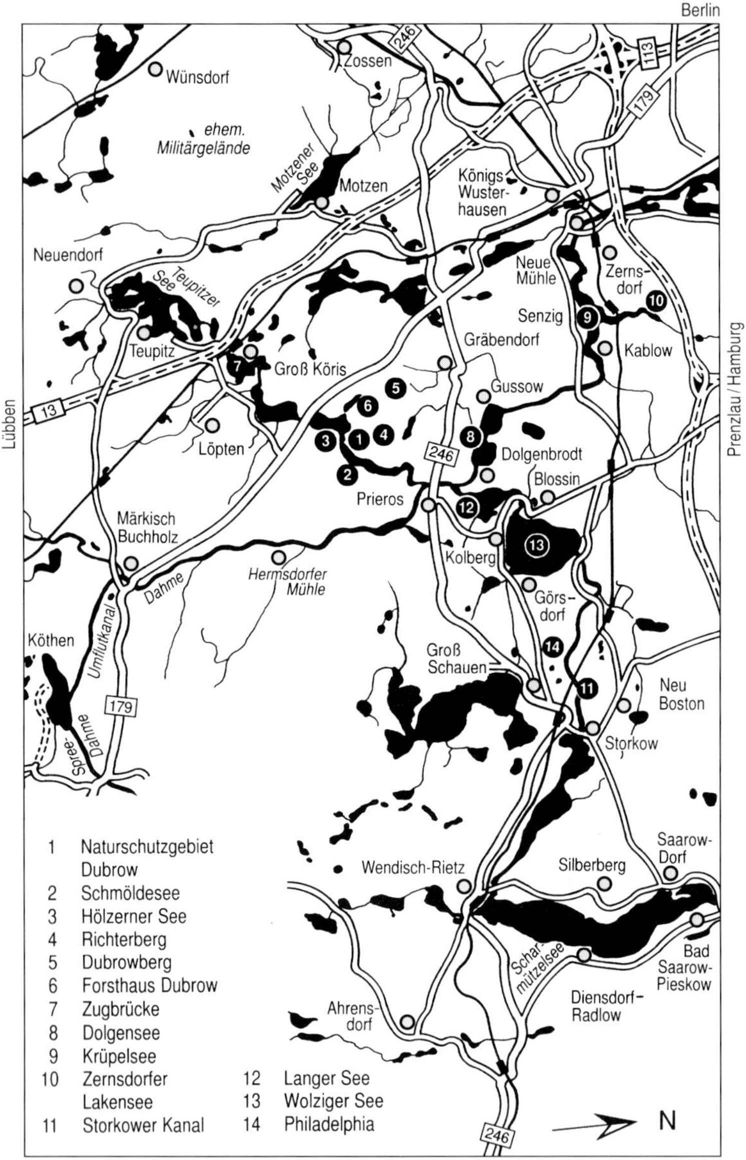
Berlin
Lübben
Prenzlau / Hamburg
Zossen
Wünsdorf
ehem.
Militärgelände
Motzener
See
Motzen
Königs
Wuster-
hausen
Neuendorf
Teupitzer
See
Teupitz
Groß Köris
Neue
Mühle
Zerns-
dorf
Senzig
Gräbendorf
Kablow
Gussow
Löpten
Dolgenbrodt
Blossin
Prieros
Märkisch
Buchholz
Hermsdorfer
Mühle
Dahme
Kolberg
Görs-
dorf
Köthen
Umflutkanal
Spree-
Dahme
Groß
Schauen
Neu
Boston
Storkow
Wendisch-Rietz
Silberberg
Saarow-
Dorf
Bad
Saarow-
Pieskow
Schar-
mützelsee
Diensdorf-
Radlow
Ahrens-
dorf
13
246
113
179
N
1 Naturschutzgebiet Dubrow
2 Schmöldesee
3 Hölzerner See
4 Richterberg
5 Dubrowberg
6 Forsthaus Dubrow
7 Zugbrücke
8 Dolgensee
9 Krüpelsee
10 Zernsdorfer Lakensee
11 Storkower Kanal
12 Langer See
13 Wolziger See
14 Philadelphia

zahllosen Museumsstücke nicht mit hochwissenschaftlicher musealer Exaktheit und Ordnung in Glasvitrinen zur Schau gestellt werden, sondern oft wie kunterbunt zusammengewürfelt wirken, tut der Ausstellung keinen Abbruch, macht sie eher liebenswerter. Andächtiges Umherschleichen und leises Flüstern sind hier nicht nötig. Der Sammlungsfundus reicht von einer Eisentruhe aus dem 17. Jahrhundert über skurrile Feuerwehrgerätschaften, bäuerliche Hausgeräte bis zu Utensilien der Fischerei. In der »schwarzen Küche« liegt alles bereit, womit die Bauersfrau früher wirtschaftete. Dem Häuschen schließt sich ein duftender Kräuter- und Gemüsegarten an, ebenfalls nach altem Vorbild. Interessant ist in Prieros auch der kleine botanisch-naturkundliche Lehrgarten (Mühlendamm 12 a), der einheimische und fremde Nadelgehölze, aber auch die Pflanzenwelt von Feuchtbiotopen vorstellt.

Von Prieros gibt es mehrere Möglichkeiten die Reise fortzusetzen. In Richtung Westen gelangt man zum Teupitzer Seengebiet, folgt man der Dahme-Wasserstraße weiter abwärts, wird Königs Wusterhausen erreicht und auf östlichem Wege der Storkower Kanal und der Scharmützelsee. Um einen Überblick zu erhalten, sollen die verschiedenen Varianten hier kurz umrissen werden.

**Naturschutzgebiet Dubrow** Zuerst wenden wir uns nach Westen über den Hölzernen See und Groß Köris nach Teupitz. Am *Schmölde-* bzw. *Hölzernen See* erstreckt sich rechter Hand das Naturschutzgebiet Dubrow. Riesige Eichen, Buchen und Kiefern, oft schon 200–300 Jahre alt, strecken in diesem Waldstück rund um den *Richters- und Dubrowberg* ihre knorrigen Äste in den Himmel. Ausgeschilderte Wanderwege weisen den Weg über das *Forsthaus Dubrow* bis zur *Königseiche*. Unter ihr sollen einst Nimrod, der große biblische Jäger, und der preußische König Friedrich Wilhelm I. geruht haben, als er sich von der Jagd ermattet hier niederließ. Bäume spielen im Brauchtum Brandenburgs eine große Rolle. Sie sind oft mit historischen Ereignissen und Sagen verbunden. Da gab es Traueichen, unter denen Eheschließungen und Gottesdienste stattfanden, Gerichtseichen unter denen Recht gesprochen

Das alte Doppelstubenhaus wurde Anfang der 50er Jahre vor dem Abriss gerettet. Grundstock des 1955 gegründeten Museums in Prieros war die vor- und frühgeschichtliche Sammlung eines ortsansässigen Lehrers. Das Prunkstück des Heimatmuseums, die eiserne Truhe aus dem 17. Jahrhundert, wurde bei Baggerarbeiten im Teupitzer See gefunden. Gern wird den Besuchern gezeigt, wie die mittelalterliche Sicherheitstechnik mit 16 unabhängigen Riegeln funktioniert.

Die Suche nach großen, seltenen, alten, historischen und schönen Bäumen geht weiter. Wer bei seinen Spaziergängen durch die mehr als 1 Millionen ha Wald im Land Brandenburg fündig wird, sollte sich an das »Haus des Waldes« in Gräbendorf (westlich von Prieros) wenden ☎ (033763) 6 34 10.

Südlich von Groß Köris liegt Löpten. Der kleine Ort ist für den Pferdefreund sehr zu empfehlen. Das hübsche Hotel »Eichenhof« mit Reithalle bietet Kutschfahrten, Reitunterricht u. a.

wurde, Schweden- und Franzoseneichen, die an den Dreißigjährigen Krieg erinnern, Napoleoneichen, die Schlachten und Scharmützel gegen den Franzosenkaiser belegen, Friedenseichen, die man aus Freude über das langersehnte Kriegsende pflanzte und eben auch Königseichen, die vom Aufenthalt gekrönter Häupter unter ihrem Laubdach zeugen. Über 300 dieser Baumriesen vermerkt das »Verzeichnis liebenswerter alter Bäume«. Diesen schönen Titel verlieh den grünen Recken das 1988 gegründete Kuratorium der Schutzgemeinschaft Deutscher Wald. Fragen zur Waldnutzung in Brandenburg, zum Schutz des wertvollen Baumbestandes oder zu Problemen des Umweltschutzes beantwortet das Landesforstamt in Königs Wusterhausen ☎ (03375) 29 12 74.

Keine 7 km westlich des Naturschutzgebietes Dubrow liegt *Groß Köris*. Im Ort überquert die Straße eine alte *Zugbrücke*, die die Schifffahrt zwischen großem *Moddersee* und *Schulzensee* und somit den Zugang nach Teupitz ermöglicht.

**Teupitz** Von den Einwohnern des Städtchens behauptete einst König Friedrich Wilhelm III.: »Die Teupitzer sind meine getreuesten Untertanen, sonst wären sie schon längst ausgewandert.« Offensichtlich fand der Preußenkönig die Gegend nicht sonderlich anziehend. Der Ort bildete einst den Mittelpunkt des Schenken-Ländchens. Dessen Name leitet sich vom früheren Besitzer, genannt der »edele Mann Schenke Albrecht zu Landsberg« her, der 1328 das Ländchen Tupcz übernahm. Die Schenken zu Landsberg regierten bis Anfang des 19. Jahrhunderts das Schenken-Ländchen, das mit seinen 4 Quadratmeilen bis nach Märkisch Buchholz, Prieros und Bestensee reichte. Slawische Herren hatten im 12. Jahrhundert auf der Spitze einer Halbinsel im *Teupitzer See* eine Burg errichtet. Der Schenk zu Landsberg ließ aus dem hölzernen Schutzwall eine mächtige steinerne Feste erbauen. Reste der Burgmauern und der starke Torturm, der den Rittern als Burgverlies diente, künden heute noch davon. Da die Schenken im Mittelalter zu einem der reichsten Adelsgeschlechter Brandenburgs aufstiegen, entstand daraus im 16. Jahrhundert ein *Schloss*. Im Jahre 1718 verkaufte der damalige

Schlosshalbinsel Teupitz – Einfahrt zum Burghotel

Schenk zu Landsberg sein Domizil für 54 000 Taler an den preußischen König Friedrich Wilhelm I., der es für Jagdaufenthalte nutzte. Vor dem Zweiten Weltkrieg diente das Gebäude als Schneiderei, danach als Flüchtlingslager und ab Mitte der 50er Jahre trat der Verfall ein. Die Rettung kam Anfang der 70er Jahre, als die SED-Führung das verfallene Gemäuer neu »entdeckte« und es zur Nobelherberge ausstaffieren ließ. Hier erholten sich u. a. gleichgesinnte KP-Führer aus dem Ausland. Inzwischen öffnen sich die Pforten des Schlosshotels Teupitz wieder für jedermann, etwas Kleingeld sollte der Besucher aber bei sich haben. Besondere Atmosphäre strahlt der *Rittersaal* aus, in dem zur kalten Jahreszeit das Kaminfeuer lodert. Spezialität des Hauses »Schlosshotel« ist Teupitzer Zander. Der im gleichnamigen See gefangene Fisch wird mit heller Sauce, Blattspinat und Schwenkkartoffeln gereicht. Eine leckere Gaumenfreude! Doch ist in Teupitz nicht nur das Schlosshotel sehenswert, sondern auch der kleine *Marktplatz* mit den vielen

Der erste Hinweis auf eine Befestigung auf der Teupitzer Halbinsel stammt aus dem Jahre 975 vom Sklavenhändler und Geschichtsschreiber Ibn Jacub.

hübsch renovierten alten Häusern, die meisten aus dem 18. und 19. Jahrhundert. Nur wenige Schritte davon entfernt erstreckt sich der 1000 ha große Teupitzer See. Vom Nordufer des Sees erreicht man nach nur 2 km in südlicher Richtung den idyllischen *Tornower See* (u. a. mit Badestelle). Wer übernachten will und die Ausgabe im Schlosshotel scheut, dem sei die Feriensiedlung in Neuendorf empfohlen. Appartements, Holzhütten, Restaurant, Reiterhof, Biergarten u. a. erwarten den Gast. Zum Abschluss unseres Abstechers westlich der Dahme-Wasserstraße noch zwei Tips für Unternehmungslustige: 7 km nördlich von Teupitz liegt *Motzen*. Das alte Runddorf umgibt ein großer See, an dem das Viersternehotel »Residenz« und die exklusive 18-Loch-Golfanlage liegen. Auf dem 150 ha großen Areal fanden 1994–1996 die German Open statt. Aber nicht nur Bernhard Langer ist hier gern gesehen, die Anlage steht jedermann offen und bietet u. a. Golfkurse an.

Schon in den 20er Jahren war der idyllische Flecken am Motzener See von Berlinern entdeckt worden. Dort konnten sie sich »aufmotzen«, eine Redensart, die es noch heute in Berlin gibt. Jedoch verstand man darunter ursprünglich »sich erholen«, jetzt ist es ein anderes Wort für stylen, d. h. durch Kleidung, Kosmetik, Schmuck etc. in »Form« bringen.

Eine ganz andere Attraktion verspricht die Exkursion, die das Schlosshotel Teupitz zum ehemaligen *Militärareal Zossen-Wünsdorf* im Programm hat. Gut 15 km westlich befindet sich einer der größten ehemaligen Militärstandorte Deutschlands (600 ha). Schon die Truppen des Kaisers probierten hier im märkischen Sand ihre Waffen aus, während des Zweiten Weltkrieges verschanzte sich der Generalstab des Heeres in Zossen und 1947–1994 igelte sich das Oberkommando der russischen Streitkräfte in Deutschland in der Militärstadt ein.

Einzelne Bunkeranlagen können bei Führungen im Gebiet Zossen-Wünsdorf besichtigt werden.

Wieder in Prieros führt die Tour nun nach Norden, aber nicht auf dem Land-, sondern auf dem Wasserweg, die Dahme entlang in Richtung Königs Wusterhausen. Über Dolgensee, Krüpelsee und Krimmnitzsee legen wir bis dorthin ca. 15 km per Schiff zurück. Die Ausflugsdampfer der Berliner Reederei Stern- und Kreisschiffahrt gehen in Prieros ab Anlegestelle am Dolgensee oder Langen See auf Fahrt. Dabei folgen wir übrigens dem Vorbild des märkischen Dichterfürsten Fontane. Auch er wählte für die Tour von Köpenick nach Teupitz das Schiff, womit belegt wäre, dass der berühmte Wanderer gelegentlich auch die Beine hochlegte und nicht immer zu Fuß stapfte. Theodor Fontane fuhr im Juli 1874 mit dem Segler Sphinx von Köpenick dahmeaufwärts bis Dolgenbrodt und am zweiten Tag bis Teupitz in Begleitung von drei Berliner Segelclubherren. Nachzulesen ist dies im Band »Spreeland« seiner »Wanderungen durch die Mark Brandenburg«. Am Rande sei erwähnt, dass die Verpflegung seines Ausflugsbootes, des Seglers »Sphinx«, 120 Flaschen Tivolibier, 120 Flaschen Sodawasser, 30 Flaschen Bordeaux, 2 Schock Eier, 1 Butterfass, 1 Baumkuchen, 6 Flaschen Scharlachberger, 1 Dutzend Flaschen Champagner u. v. a. m. zählte. – Ausreichend, bei einer Reisedauer von nur 2 Tagen und einer Zahl von 5 Passagieren, sollte man meinen.

Ab Senzig (östlich von Königs Wusterhausen) können ausdauernde Wanderer die 21 km lange Vier-Seen-Wanderung unternehmen, wie sie das Informationsbüro des Fremdenverkehrsbüro empfiehlt – eine anstrengende, aber sehr lohnende Tour.

Direkt am Dolgensee und der Dahme liegt das kleine Dörfchen *Gussow*. Hier verbindet sich märkische Idylle harmonisch mit touristischen Neuerungen nach der deutschen Wiedervereinigung. Ein Sportboot-Center, ein Kinderbauernhof (Gutshof Gussow), die Waldpension mit Reiterhof sind nur einige Beispiele dafür die Attraktivität des kleinen Ortes zu heben.

**Neue Mühle** Bei Kablow (Ortsausgang Richtung Zernsdorf) genießen wir den herrlichen Blick über *Krüpelsee* und *Zernsdorfer Lakensee*, bevor wir über Neue Mühle die Stadt Königs Wusterhausen erreichen. Im Ortsteil Neue Mühle drehte sich tatsächlich fast 300 Jahre eine Wassermühle. Heute gehört das Mühlenhaus aus behauenem Naturstein und mit eingebautem Mühlstein zu »Riedels Gasthof«, einer der bekanntesten und schönsten Ausflugsgaststätten in Berlins Umgebung. Direkt am Garten des Hauses legen die vollen Ausflugsdampfer aus Berlin und Königs Wusterhausen an. Die Besucher strömen zu Hauf und genießen das vorzügliche Essen, das schöne Ambiente von Bierstube und Restaurant und das Fluidum im großen Biergarten unter Schatten spendenden Linden und Kastanien. Unmittelbar am Wasser lässt sich der Bootsverkehr gut beobachten und vielleicht den

Schon vor dem Ersten Weltkrieg nahm ein Dampfer zwei Mal täglich (vor- und nachmittags) seine Fahrt auf, um für 50 bis 70 Pfennig Gäste von der Jannowitzbrücke in Berlin zur Neuen Mühle in Königs Wusterhausen zu bringen.

Schleuse von Neue Mühle

Aus der Speisekarte: Honigüberzogenes Kasslerrükkensteak, dazu Kartoffel- und Gemüsepuffer, garniert mit Waldpilzen oder Schottischer Wildkaninchenrücken, dazu Spätzle und Rosenkohl, verfeinert mit Sauce Hollandaise.

Wunsch aufkommen, einmal einen der 20 Seen, die von hier aus erreichbar sind, per Boot zu erkunden. Um die zahlreichen Kalorien einer reichhaltigen Mahlzeit teilweise wieder abzubauen lohnt ein Spaziergang in den nicht weit entfernten *Tiergarten* (über Tiergartenstraße, ab Gasthof ausgeschildert). Wer weniger laufen möchte, sollte sich zumindest das geschäftige Auf und Ab an der *Kammerschleuse* direkt in Neue Mühle an der Zernsdorfer Straße anschauen. Bereits 1739 wurde ihr erster Vorgänger erbaut. Die heutige Anlage – ein technisches Denkmal – stammt von 1905. Wir folgen von hier weiter der Dahme abwärts bis nach Königs Wusterhausen.

**Königs Wusterhausen** Einst gab der Soldatenkönig, Friedrich Wilhelm I., diesem Ort seinen Namen. Aber die meisten Besucher kennen und fürchten die Stadt nur als Nadelöhr auf dem Weg aus Berlin ins grüne Umland. Wir sollten uns deshalb etwas Zeit nehmen für die reizvolle Hafen- und auch Industriestadt, KW, wie Berliner und Brandenburger sie verkürzt nennen. Imposant wirkt der Blick vom *Wasserturm* direkt an der B 179 auf die Stadt. Der 1910 errichtete rote Klinkerbau überragt den Funkerberg um genau 33,3 m. Seit 1991 kann man wieder die 110 Stufen zur etwa 20 m hohen Aussichtsplattform erklimmen und von dort weit ins Dahmeland blicken. Nur ein paar Meter entfernt trägt der Berg einen riesigen Sendemast. Einst ragten hier 22 dieser Gitterkonstruktionen auf, deren mittlerer – »Dicker« genannt – 243 m maß. Diese gewaltige Anlage diente der Übertragung von Rundfunksendungen. Teile der Sendeanlagen wurden 1945 als Reparationsmaßnahmen in die Sowjetunion überführt. Der »Dicke«, damals nach dem Eiffelturm die zweithöchste Stahlgitterkonstruktion für funktechnische Zwecke der Welt, fiel 1972 einem schweren Sturm zum Opfer.

1910–1965 wurde der Turm als Reservoir für 300 m³ Trinkwasser errichtet. Heute sind in seinem Innern ein Café, eine Kunstgalerie und ein Raum für ständig wechselnde Veranstaltungen untergebracht.

Das erste Weihnachtskonzert der Postbeamten von Königs Wusterhausen am 22. 12. 1920, von hier auf Langwelle übertragen, gilt als Geburtsstunde des deutschen Rundfunks. Die offizielle Eröffnung erfolgte allerdings erst am 15. 10. 1923. Seitdem strahlte Königs Wusterhausen über Kurz-, Lang- und Mittelwelle in alle Erdteile aus. 1927 galt die Station als größter Rundfunksender der Welt. Von hier wurden die Olympischen Spiele von 1936 nach Asien, Südamerika und Afrika übertragen. Inzwischen ist es still geworden in der Hauptfunkstelle Königs Wusterhausen. Es scheint, als würden die Frequenzen, über die einst Deutschlandsender, später dann Radio Wolga oder Berliner Rundfunk übertragen wurden, bald verstummen, denn nur das Langwellenprogramm Deutschlandradio Köln wird zur Zeit noch von hier aus über Europa verbreitet. Ein technisches *Museum* bewahrt die Erinnerung an die Pioniertat: mit dem ersten provisorischen Studio, Ausschnitten aus Rundfunksendungen, Modellen des Antennenwaldes u. a.

Ein Sendeturm und zwei Masten auf der nördlichen Erdhalbkugel bilden das Wappen von Königs Wusterhausen und symbolisieren die einstige Bedeutung als Rundfunkzentrum.

Vor über 250 Jahren hieß das einstige Wendendorf Wustrow noch Wendisch Wusterhausen. Nachdem Kurfürst Friedrich III. (ab 1701 König Friedrich I.) es 1682 mit einigen anderen Ländereien von den Schenken zu Landsberg erworben hatte, erhielt es 1698 der damals 10-jährige preußische Kronprinz Friedrich Wilhelm als Geschenk. Es sollte zum Lieblingssitz des späteren Preußenkönigs Friedrich Wilhelm I. werden und sein Leben entscheidend prägen. Schon als junger Prinz ließ er hier seine Soldaten marschieren und mit Holzgewehren exerzieren. 1713 König geworden, rekrutierte er bald seine »Leibcompagnie«, die legendären »Langen Kerls«. 1718 erfolgte der Umbau des Gutshauses zum *Schloss*, in dem er alljährlich die Jagdsaison verbrachte. Der derbe »Soldatenkönig«, wie man ihn bald zu nennen pflegte, hielt in diesen Mauern seine berühmt-berüchtigten Tabakskollegien ab. Unter seiner Regie wurde geraucht, gegessen, kräftig getrunken und debattiert. Im Kreis seiner Generäle traf der rauhbeinige Herrscher hier die wichtigsten politischen Entscheidungen, die man dann in Berlin oder Potsdam nur noch offiziell proklamierte. Doch egal wie sich die Dinge auch zugetragen haben mögen, die Herrenabende boten Stoff für manch deftige Anekdote und verletzten sicher oft das zarte Gemüt der preußischen Prinzessinnen. So beschrieb auch später die Schwester Friedrichs des Großen, die Markgräfin von Bayreuth, in ihren Briefen an Friedrich den Lieblingsort ihres Vaters mit Schaudern als »Hölle«.

Noch bis 1917 hielt sich auch Kaiser Wilhelm II. alle zwei bis drei Jahre zur Jagd im Schloss Königs Wusterhausen auf. Er benutzte dabei mehrere Wohnzimmer und die mit Trophäen reich geschmückte Jagdhalle.

Wer das Jagdschloss des Königs besuchen will, sollte allerdings nicht zu viel erwarten. Der kleine, viergeschossige Putzbau mit seinem runden Treppenturm an der Frontseite vermittelt auf den ersten Blick so gar nichts Romantisches oder Geschichtsträchtiges. In neuerer Zeit nutzte man ihn als Rathaus, sowjetische Kommandantur, Finanzschule, Rat des Kreises und Landratsamt. Zur Zeit wird er aufwendig rekonstruiert und bald soll eine Ausstellung an die »Langen Kerls«, das Weidwerk und das Tabakskollegium erinnern (Raucherzimmer).

Die Tradition des Tabakskollegiums lebt seit 1995 wieder auf. Führende Politiker, Wissenschaftler und Künstler treffen sich regelmäßig im Schloss Königs Wusterhausen, um über »allgemein interessierende Fragen« zu sprechen, wie Diplomaten zu sagen pflegen. Eine wesentliche Veränderung gibt es aber: Frauen sind inzwischen zugelassen.

**Storkower Kanal** Von Königs Wusterhausen fließt die Dahme über Zeuthen nach Köpenick, um dort in die Spree zu münden. Wir jedoch kehren nach Prieros zurück, um entlang des Storkower Kanals zum Scharmützelsee zu gelangen. Nachdem wir den *Langen See* hinter uns gelassen haben, erreichen wir zunächst *Blossin* und *Kolberg* am großen *Wolziger See*. Dieser See ist ein ideales Erholungsgebiet für Wassersportler und Badelustige. Bootsausleihe, Strandbad (Kolberg) und gemütliche Gaststätten laden zum Verweilen ein. Die »Kleine Fischerhütte« in Blossin liegt direkt am See. Dort erhält man frisch geräucherten Fisch, der auch mit nach Hause genommen werden kann. In herrlicher Lage zwischen Kolberg und Görsdorf steht ebenfalls direkt am Wasser das »Seehotel«, ein modernes Wellnesshotel. Durch liebliche Wiesenlandschaften und Kiefernwälder nähern wir uns nun Storkow. Kurz zuvor fällt jedoch ein Hinweisschild an der Straße auf – *Philadelphia* 1 km. Der Name macht neugierig. Ein Stückchen Amerika in der Mark? Auch wenn die hiesige »Main Street« nur knapp 1 km misst und nur etwa 40 Häuser die Straßenränder säumen, verband die Bewohner dieses Orts einst zumindest ein Traum mit der Metropole gleichen Namens in den USA. Mitte des 18. Jahrhunderts gründeten pfälzische, würtembergische und sächsische Siedler das friederizianische Kolonistendorf. Doch es herrschten Elend und Armut in den zu kultivierenden Gebieten. Und so beflügelte manchen Kolonisten die Vorstellung von einem Neuanfang in der Neuen Welt. Friedrich der Große aber verbot die Auswanderung, da er die Entvölkerung der Region befürchtete. Ein weiteres Ärgernis für die Kolonisten war, dass die Neusiedlung wegen ihrer großen Schaf- und Hammelställe im weiten Umkreis nur »Hammelstall« hieß. Bitter beklagten sich die Siedler darüber in einem Brief an den König: »… dieweil wir doch alle aus guten Bauerndörfern auf Allerhöchst dero freundlicher Einladung hierhergekommen, gefällt uns nicht sonderlich, hier in der neuen Heimat einfach Hammelstaller zu heißen und zu sein. … so möchten wir alluntertänigst bitten, unsere Kolonie nach Höchst dero großer Weisheit einen anderen Namen zu geben, als welcher in hiesiger, niedriger Gegend noch gar nicht existiert …«. Die Antwort des Königs an seine Kolonisten in der »Alten Welt« lautete salomonisch: Philadelphia. Nun kündete zumindest der Name der Siedlung von der Sehnsucht nach bescheidenem Wohlstand und Glück. Die Vision von einem besseren Leben in der Neuen Welt muss zu diesen Zeiten weit verbreitet gewesen sein, denn nur ca. 5 km nördlich von Philadelphia entfernt treffen wir auf ein weiteres Kolonisten-

Der Name Philadelphia entstammt aus dem Vorderen Orient und ist abgeleitet von Philadelphos – im Griechischen so viel wie »seine Geschwister lieben«.

Ortsnamen, die aus der »Neuen Welt« stammen, waren und sind im Brandenburgischen gar nicht so selten: Kamerun im Havelland, Newjork, Florida und Maryland im Warthebruch (heute Polen) u. a.

Schlossruine in Storkow

Dort, wo bei Wolzig zwischen Philadelphia und Neu Bosten die Straße den Storkower Kanal überquert, steht ein kleines Gasthaus direkt am Wasser. An den Wochenenden bevölkern hier häufig ganze Heerscharen von Anglern die Ufer, ein Beleg für den Fischreichtum des Kanals.

dorf: namens *Neu Boston*. Neu Boston entstand um 1750 etwa zur gleichen Zeit wie Boston in Amerika. Es bietet sich noch weitgehend wie zur Kolonistenzeit dar. Darum ist Vorsicht geboten – die durch Steine künstlich verengte Brücke am Ortsausgang von Philadelphia über den Storkower Kanal eignet sich nicht für Fahranfänger, zudem führt nur eine schmale Straße nach Neu Boston, die man sehr leicht übersehen kann. Kurz darauf ist Storkow erreicht.

**Storkow** Der kleine Ort empfängt, so man von der breiten Hauptstraße abbiegt, den Gast mit einem hübschen feldsteingepflasterten *Marktplatz*. In der Mitte breitet eine riesige Linde ihr schützendes Blätterdach über das Markttreiben. Ringsherum stehen kleine, bunte Häuser. Als Besucher können wir hier auf einer Bank ausruhen und den Anblick genießen. Ob die Einwohner Storkows und seiner Umgebung tatsächlich den spröden Charme der Märker besitzen, den die Sage beschreibt, muss jeder für sich selbst herausfinden. Eine der hübschen

Die 1886 neu erbaute Storkower Mühle wurde von einer Dampfmaschine betrieben und war eine der modernsten Mühlen ihrer Zeit.

Legenden stammt von Paul Risch und erzählt, dass in grauer Vorzeit der Heiland und Sankt Peter zur Spree und Havel kamen, wo der Herr einen Kienapfel in einen struppigen, grässlichen Grobian verwandelte. Sankt Peter erwartete eine Rückverwandlung. Doch der Herr sprach statt dessen: »Nein, Peter, der bleibt was er ist! Will er in dem Sumpf und Sand gedeih'n, dann muß er trutzig und rauhaarig sein!« »Allzeit ging in Erfüllung das Wort des Herrn, der Märker ist grob, aber brav in seinem Kern!« (P. Risch)

Das 1209 erstmals erwähnte Storkow gehört zu den ältesten der planmäßig angelegten Städte in der Mark Brandenburg.

So vorgewarnt wissen wir nun, wie wir die Einheimischen zu nehmen haben und können unseren Rundgang fortsetzen. Hinter der *Kirche* überspannt eine *Fußgängerbrücke* den Storkower Kanal. Von 7.00 bis 20.00 Uhr arbeitet die *Schleuse*. Nach Überqueren der Hauptstraße steht man nach ca. 200 m vor einer *Burgruine*. Ihr Ursprung geht auf das 13. Jahrhundert zurück, ein Umbau erfolgte im 16. Jahrhundert durch die Lebuser Bischöfe. Teile der Burgmauer, das ehemalige Brauhaus und der

Die Burg Storkow hat den Zweiten Weltkrieg unbeschadet überstanden. Doch Unachtsamkeit während der Bauarbeiten in den 60er Jahren führte zu einem Brand und zur teilweisen Zerstörung. Wind und Wetter taten ein Übriges.

Nordflügel blieben als Ruine erhalten. Letzterer zeigt das Relief eines Storches, das Wappentier der Stadt. Ihm hat die Zeit etwas zugesetzt. Der lang gezogene Fachwerkbau daneben entstand erst 1934 als Jugendherberge. Von Storkow führt die B 246 nach Wendisch Rietz. Kurz hinter der Stadt warnen Schilder vor dem Betreten des Waldes. Hier befindet sich ein Übungsgelände der Kurmark-Kaserne der Bundeswehr. Nach einem Drittel des Weges zweigt eine Straße nach links zum Storkower See ab. Sie führt zum *Schloss »Hubertushöhe«*. Leider können wir den mit Türmchen und Drachenköpfen verzierten Bau, der in schönster Lage über dem See thront, nicht besichtigen. Eine Tafel weist es als Schulungsheim des Unternehmens Reemtsma aus. Hungrige und Durstige erwartet auf der anderen Seite der Hauptstraße (ca. 2 km entfernt) die »Seeburg«. Die im Schlösschenstil erbaute Villa am Kleinen Küchensee bietet beste märkische Küche zu soliden Preisen. Suppenfreunde sollten unbedingt die Neidhardtsche Kräutersuppe mit Muschelfleisch probieren.

Von der Wassermühle bietet sich u. a. eine schöne Wanderung zum Großen Glubigsee, Springsee bzw. zum Grubensee an. Alle drei Gewässer eignen sich zum Baden (z. T. wilde Badestellen).

**Wendisch Rietz** Kurz danach erreichen wir Wendisch Rietz am großen *Scharmützelsee*, dem »Märkischen Meer«. Neben der *Wassermühle* aus dem 16. Jahrhundert am Abzweig nach Ahrensdorf (viele ausgeschilderte Wanderwege) fällt die große Zahl neuer Häuser im Ort auf. Wendisch Rietz war zu DDR-Zeiten ein bedeutender Erholungsort. Einst stand hier ein riesiges Jugend- und Erholungszentrum. Heute erinnert nur eine große, brachliegende Fläche an diese Feriensiedlung, die ca. 800 Gästen Platz bot. So wirken die Badestelle mit Strand, Liegewiese und Stege, damals extra für das Feriendomizil geschaffen, nun etwas verloren. Die Marina GmbH, die Eurosurfschule und Gaststätten zeigen aber auch hier den Neuanfang. Vor allem an Wochentagen außerhalb der Saison kann man nahezu allein auf Uferwegen und Stegen spazieren. Stress und Betriebsamkeit der hektischen Stadt sind fern, wenn in stetem Gleichklang die Wellen ans Ufer schlagen und die weite Wasserfläche silbrig glitzert. Entlang dieses 13,8 $km^2$ umfassenden Gewässers führt der letzte Teil der Strecke nach Bad Saarow, das den gesamten Nordzipfel umschließt. Umrahmt von lichten Buchenwäldern, das Ostufer flach zum See geneigt, das Westufer hügeliger, erstreckt sich das »Märkische Meer« über eine Länge von 10 km und gut 1 km Breite. Es besitzt eine Wassertiefe bis zu 28 m.

**Bad Saarow** durchlief eine wechselvolle Geschichte. Als Fontane 1881 mit der Kutsche über die Rauenschen Berge zum Scharmützelsee fuhr, fand er nur ärmliche Dörfer ohne besonderen Reiz. Kutscher Moll soll zum Dichter gesagt haben: »Is das eine Gegend hier! In Saarow is nichts, das kenn ich, und hier in Pieskow is gar nichts.« Bereits 30 Jahre später bot sich ein gründlich verändertes Bild. Ein Bankdirektor hatte 1905 die Gutsdörfer und das Land gekauft, um eine Villenkolonie für reiche Berliner bauen zu lassen. Damit begannen Spekulation und Aufschwung und die Berliner Prominenz zog nach Saarow. Als zusätzlich 1912 heilendes Moor und eine Chlor-Kalzium-Quelle entdeckt wurden, entwickelte sich der Ort schnell zum mondänen Bad. Berliner Stars und Künstler verliehen Bad Saarow Glanz und einen Hauch von Luxus: Gustav Fröhlich, Viktor de Kowa, Käthe Dorsch, Harry Liedke, Max Schmeling, Anny Ontra u. a. Sie sorgten für Gesprächsstoff im kleinen, aber exklusiven Ort. Nach 1933 wurden die jüdischen Eigentümer vertrieben. In die Villen zogen Offiziere der braunen Machthaber. 12 Jahre später sperrte die sowjetische Armee das Zentrum des Kurbades ab und nutzte es als Sanatorium. Erst seit dem Abzug der Russen im Jahre 1993 sind ganze Straßenzüge mit hübschen Landhäusern wieder für die Allgemeinheit zugänglich. Wer auf den Spuren der einstigen DDR-Größen wandeln will, der sollte das frühere »Honeckerhaus« besuchen. Die jetzige exklusive Gaststätte »Seeterrassen« hat ihn nach Aussage der Besitzer öfters beherbergt. Inmitten des alten Dorfes Pieskow steht die prachtvolle Villa »Klein Sanssouci« (1906 erbaut). Hier erholte sich der Chef der DDR-Gewerkschaft Harry Tisch. Das Haus ist heute Schulungsstätte der Telekom und am Wochenende als Gaststätte geöffnet. Jetzt knüpft man in Bad Saarow wieder an die »Gründerzeit« an. Einige Fixpunkte des alten Ortes, wie das *Bahnhofsensemble*, das säulenge-

Heute ist Bad Saarow einer von fünf anerkannten Kurorten Brandenburgs (Bad Liebenwerda, Bad Wilsnack, Bad Freienwalde, Buckow)

Das Häuschen des Boxweltmeisters Max Schmeling und seiner Frau Anny Ondra liegt etwas abseits in der Silberbergstraße.

Blick von Nord-Ost-Ufer zwischen Saarow und Pieskow nach Westen auf die Insel Großer Werl und die Halbinsel Alte Eichen

Das schmucke Bahnhofsgebäude von Bad Saarow wurde 1911 an der Strecke Fürstenwalde–Bad Saarow-Pieskow eröffnet. Es entstand im sogenannten Heimatstil mit 4 Giebeln, Türmchen und seitlichen Anbauten aus Fachwerk.

schmückte, pseudobarocke *Kurhaus*, der kleine *Trinkpavillon* der Solequelle, die stilvolle *Post*, das wunderschöne *Freibad*, das Holzhaus, in dem der Dichter M. Gorki lebte, und viele herrliche Villen bieten einen guten Grundstock für den erneut aufstrebenden Erholungsort. Gut dass es sie gibt, denn die meisten Neubauten, die seit 1990 hinzukamen, lassen Phantasie vermissen. Bei der Planung von Supermarkt, Drogerie und Bank spielten Ästhetik und Anpassung an die architektonischen Vorbilder kaum eine Rolle. Und doch versucht Bad Saarow nun mit neuem Anspruch wieder mondän zu werden, ein zweites »Starnberg am See«. Rund um *Silberberg* zwischen Wendisch Rietz und Saarow Dorf hielt die »neue Zeit« schon Einzug. Der erste Golfplatz, von Mark Palmer entworfen, samt Clubhaus im amerikanischen Stil nahm bereits den Betrieb auf. Der zweite Platz vom Schotten Mark Faldow wird 1997 spielbereit sein. Danach beginnt die Bauphase der dritten, von Bernhard Langer entworfenen Anlage. 1995 eröffnete die *Nick Bollettien-Tennisakademie*. Hier trainieren »Wunderkinder« bis zur Profireife. Ein Centrecourt mit Tribünen für 2000 Zuschauer ist ebenfalls disponiert. All diese Projekte laufen über das 500-Millionen-DM-Projekt des Sporting Clubs e. V. Berlin (größte nicht industrielle Investition in Brandenburg). Auf der 300 ha großen Fläche sind außerdem eine Beautyfarm, eine Wasserbeckenlandschaft, ein Tagungszentrum und eine Pferdesportanlage vorgesehen, die sich bereits im Bau oder noch in der Planungsphase befinden. Auch dafür wirbt übrigens ein prominenter Name: Alwin Schockemöhle. Den Mittelpunkt bildet das im Juli 1997 eröffnete Fünf-Sterne-Hotel der Kempinski-Gruppe mit 162 Zimmern.

Der alte Golfplatz aus den 20er Jahren wurde zu DDR-Zeit aufgegeben. Auf dem Areal entstanden Wochenendgrundstücke für Parteifunktionäre.

Von unserem Abstecher entlang der Dahme-Wasserstraße kehren wir wieder zur Spree zurück, die wir am Rande des Unterspreewaldes verlassen haben.

## Der besondere Tipp:

### Der Duft weist den Weg

In Groß Schauen bei Storkow gibt es an der Hauptstraße 18 und 19 gleich zwei Adressen, die sich jeder Petrijünger und Fischfeinschmecker merken sollte. Eine eigene Erlebniswelt bietet der Fischerhof der Fischerei Köllnitz. Neben dem Restaurant »Fischerstuben« stehen dort alte Fischkästen, in denen lebende Prachtexemplare ihrer Art schwimmen (Aal, Karpfen, Zander, Forelle). Sie können, wie auch die leckeren Räucherfische, gekauft werden. Wer will, kann sich eine Angelausrüstung samt Boot ausleihen und selbst sein Glück versuchen. Spielplatz, Ruderboote, Aussichtsturm am Vogelbrutgebiet sind weitere Attraktionen des Fischerhofes. Gleich daneben lockt der »Aalhof« mit rustikalem Restaurant und Verkaufsladen. Hauseigene Räucheröfen, mit Erlenholz beschickt, sorgen für ständigen Nachschub und schon der Geruch kann süchtig machen. Für die Petrijünger gibt es gratis einige Weisheiten mit auf den Weg: »Niemals wird mehr gelogen als vor der Wahl und nach dem Angeln.«

# Unterwegs im Beeskower Land

## Spreetal · Werder · Kossenblatt · Trebatsch Schwielochsee · Jessern · Friedland · Beeskow Sauen

Anreise:
***mit dem Auto*** *über die Autobahn A 13 Abfahrt Teupitz, weiter über Märkisch-Buchholz bis Alt Schadow*
***mit der Bahn*** *die Strecke Königs Wusterhausen–Beeskow bis Lindenberg oder ab Beeskow bis Briescht*

Im Spreetal bei Werder

**Spreetal** Wo der Unterspreewald endet und wieder das gewöhnliche Spreetal beginnt, darüber lässt sich streiten. Aber es spricht einiges dafür *Alt Schadow* am nördlichen Ufer des Neuendorfer Sees als Begrenzung zu sehen. Hier endet nicht nur das große Biosphärenreservat Spreewald, nach mehr als 60 km verzweigt sich die Spree nun nicht mehr in unzählige Seitenarme, sondern strömt wieder in einem einzigen, vielfach geschwungenen Flusslauf zusammen. Der landschaftlichen Idylle in diesem Teil der Spreeniederung, die hier eine Breite zwischen 200 und 500 m erreicht, wird in unmittelbarer Nachbarschaft des touristisch weithin erschlossenen Spreewaldes oft nur wenig Bedeutung geschenkt – zu unrecht, wie wir auf unserer Reise feststellen werden. Doch das hat auch sein Gutes, denn touristische Hektik ist hier ein Fremdwort. Am besten erobert man diesen Spreeabschnitt mit dem Paddelboot oder zu Fuß. Die etwa 10 m breite Spree besitzt hier viele Totarme, die sich schlingenförmig links und rechts des Hauptwasserweges verzweigen. Die begehbaren Wege entfernen sich allerdings oft vom Fluss. Fahrradwege sind kaum vorhanden und die Straße kreuzt nur gelegentlich das Tal. Übrigens war das organisierte Wandern noch vor knapp 100 Jahren eine reine Domäne der Männer. Frauen wurden nur gelegentlich auf den Herrenpartien zugelassen.

Die Wälder um Werder in Richtung Alt Schadow und Limsdorf sind im Herbst reiche Pilzgründe. Neben Maronen und Pfifferlingen wachsen hier teilweise auch Stein- und Sandpilze.

**Werder** Als nächsten Ort im Spreetal erreichen wir Werder. Doch Achtung, dieser Name kann ohne Landeskenntnis zu Verwechslungen führen. Nicht die havelländische Inselstadt bei Potsdam ist gemeint, die nahezu allen Berlinern durch ihr schmackhaftes Obst ein Begriff ist, sondern die Gemeinde gleichen Namens an der Spree. Das Spree-Werder zählt nur ca. 150 Einwohner, ein idyllischer Flecken, der zum Verweilen einlädt. Für einen so kleinen Ort besitzt es eine ungewöhnlich lockere und weiträumige Bebauung. Ein Platz an der 1991 erneuerten Spreebrücke (Ortsausgang) mit Blick auf die Spreearme und Wiesen – im Hintergrund die Koppeln eines Reiterhofes – eignet sich bestens für ein romantisches Picknick. Wer nicht darauf eingestellt ist, kann das kleine 100 m entfernte Café-Restaurant »Spreeufer« mit herrli-

Die ersten organisierten Wanderer waren Berliner. Am 27. 5. 1884 gründeten Beamte, Lehrer und Gewerbetreibende den ersten »Touristenclub der Mark Brandenburg«. Der Club erforschte die Landschaft, die Geschichte sowie die Natur- und Volkskunde des Brandenburger Landes. Theodor Fontane war Ehrenmitglied.

Blick über die neue Holzbrücke auf Werder

Zu den dendrologischen »Spezialitäten« von Schwenow gehören herrliche Roteichen. Seit 200–250 Jahre wurzeln sie im märkischen Sand. Im Herbst leuchtet ihr Laub wundervoll gelb und rot.

cher Terrasse besuchen. Für Radtouren bietet sich die Landschaft nördlich des Dorfes in Richtung Schwenow und Limsdorf an. In dem leicht hügeligen Gelände reicht der Blick über ausgedehnte Felder, große Waldflächen bis zu den immerhin 111 m hohen Blocksbergen. Im nächsten Ort sind auch zahlreiche Wanderwege zu den *Blocksbergen* und den kleinen Seen des Gebietes ausgeschildert.

**Kossenblatt** Von Werder liegt Kossenblatt am gleichnamigen See nicht weit ab. Die Dorfstraße dieses typischen Straßendorfes führt von der Spree aus leicht bergab. In Höhe des Dorfkruges biegt man links zum Schloss ab. Zuvor lohnt jedoch ein bewusster Blick zurück auf die Dorfstraße – dort spendet eine herrliche Baumallee Schatten. Die sogenannte Schlossanlage zeigt sich dem Besucher mehr als großer Gutshof mit Wirtschaftsgebäuden aus Backstein. Noch macht sie einen verfallenen Eindruck, aber hier tut sich etwas. Sanierungsarbeiten sind im Gange, gefördert durch das Land Brandenburg, wie ein Schild bezeugt. Das *Schloss* selbst, ein dunkelgrauer, barocker Putzbau, schirmt ein Zaun ab und darf derzeit leider nicht betreten werden. Es entstand 1705–1712 als zweigeschossige barocke Dreiflügelanlage, deren schöner Innenhof bedauerlicherweise vom Zugang aus nicht zu sehen ist. Bauherr war der Feldmarschall Reichsgraf J. A. von Barfuß. 1736 gelangte das Schloss in Besitz von König Friedrich Wilhelm I., der sich bei seinen Aufenthalten hier der Malerei widmete. Danach nutzte es sein Sohn Prinz August Wilhelm von Preußen, nach dessen Tod im Jahre 1758 wurde das Anwesen verpachtet. Noch heute ziert das von einem Adler bekrönte Wappen des Prinzen die Schalldecke der spätgotischen *Feldsteinkirche* (1275) am oberen Ende der Dorfstraße. Auch die Königsloge blieb erhalten. Zu den weiteren Kostbarkeiten des Gotteshauses zählen die Gruft des Generals von Barfuß und die Grabsteine für die Damen von Klitzing und von Flosin. Bemerkenswert schön ist besonders der Kanzelkorb mit den Blumengehängen.

Das Kossenblatter Herrenhaus mit Park, nach 1945 Archiv, wird seit 1991 durch das Mikro- Film-Center Brandenburg genutzt.

**Trebatsch** Mit der Besichtigung der Kirche wollen wir uns nun auch von Kossenblatt verabschieden und setzen unsere Reise Richtung Norden über *Brieschf* nach Trebatsch fort. In diesem kleinen Ort erblickte 1813 der große Australienforscher Ludwig Leichhardt das Licht der Welt. Während er in Deutschland weithin unbekannt ist, würdigten die Australier seine Verdienste um ihren Kontinent auf originelle Weise: Über 40 Berge, Flüsse und Buchten tragen seinen Namen, sogar ein ganzer Distrikt, immerhin größer als die fünf neuen Bundesländer. Als sechstes Kind eines königlichen Torfmeisters geboren, besuchte er von 1820 bis1826 die ehemalige Trebatscher Dorfschule. Das Dorf erinnert heute mit einer *Gedenkstätte* im Gemeindeamt, dem darin original nachgestalteten Klassenraum und dem Leichhardt-Zimmer mit Landkarten, Briefen u. a. an den großen Sohn. Die neue Schule trägt seit 1980 seinen Namen. Leichhardt durchquerte 1844/45 als Erster Nordaustralien von Brisbane bis Darwin. Im Jahre 1848 brach er zu einer Ost-West-Expedition auf. Seither gilt er als in der australischen Wüste verschollen. Seine Beobachtungsgabe und sein Interesse an Naturkunde entwickelten sich bereits im Sawaller Luch direkt vor Trebatsch, der

Im kleinen Ort Brieschf zweigt ein Fahrweg über die Spree in Richtung Schuhlen-Wiese ab. Entlang des Rocher Mühlenfließes bietet sich der Weg als Wander- oder Fahrradtour zum Großen Leuthener See an.

Auch viele Gattungsnamen von Pflanzen und Tieren, die in Australien nach Leichhardt benannt worden sind, erinnern an sein wissenschaftliches Werk.

»Es ist doch sonderbar, dass ich in meinen Träumen fast jede Nacht nach Trebatsch geführt werde, ... und immer ist es, als wenn ich zu Fuß angewandert käme, als wenn ich in der weiten Ebene Trebatsch und unseren Garten sehe, wie wenn man von Sawall oder dem Luch dem Dorf sich nähert« (Ludwig Leichhardt am 27. September. 1841 im Brief an seine Mutter).

Wirkungsstätte seines Vaters. Hier wurden die Torfschichten abgetragen, geformt, getrocknet und als Brennmaterial verschifft. Im Ortsteil *Sabrodt* an einem Findling, wo einst das Geburtshaus stand, beginnt heute der 6 km lange *Leichhardt-Wanderweg*. Er verbindet historische Plätze und Naturdenkmale, die an den Forscher erinnern. Die höchste Stelle des Weges wird mit dem *Swietenberg* (62 m) erreicht. Von einer Bank genießen wir das herrliche Panorama auf den vor uns liegenden *Schwielochsee* und die Mündung der alten Spree. Eine Baumgruppe ragt weit in das Wasser hinein und am linken Ufer des Flusses erstreckt sich ein *Vogelschutzgebiet*. Die günstige Lage regte schon steinzeitliche Rentierjäger dazu an das Gebiet nach der Eiszeit zu besiedeln. Später boten Fluss und Halbinsel den Slawen einen sicheren Zufluchtsort. Am gegenüberliegenden Seeufer förderten Grabungen ehemalige Rastplätze der Rentierjäger zutage. Auf die spätere slawische Besiedlung deuten Namen wie Swietensee, Swietenberg und Sawall hin. Die Bezeichnungen Swietensee und Swietenberg leiten sich vermutlich vom Gott des Lichtes »Swantewitt« ab, einer der obersten Gottheiten der Slawen. Das slawische »Zawall« bedeutet Wall und »Treba« Opfer. Am *Lauseberg* bei Trebatsch erkennt man heute noch Schutzwallreste. Vermutlich errichteten die Slawen hier eine Opferstätte und gründeten auch den Ort Trebatsch.

Für all jene, die gut zu Fuß sind, bietet sich eine etwa 10 km lange Wanderung entlang der Spree von Trebatsch bis Beeskow an. Am Friedhof zeigt ein Wegweiser die Richtung. Es geht durch typisch märkische Heide, vorbei am Glower, Ranziger und Tiefen See mit immer wieder schönen Ausblicken bis nach Beeskow. Bänke, Badestellen und Gaststätten laden unterwegs zur Rast ein.

**Schwielochsee** Unser nächster Wegabschnitt soll jedoch um den Schwielochsee führen. Der 8,5 km lange und etwa 1 km breite See gehört zu den großen Gewässern Brandenburgs. Seit vielen Jahren ist er ein bevorzugter Tummelplatz für Segler, Surfer, Angler, Freizeitkapitäne, Camper und Sonnenanbeter. Wie für Brandenburgs Gewässer typisch entstand der lang gestreckte See während der letz-

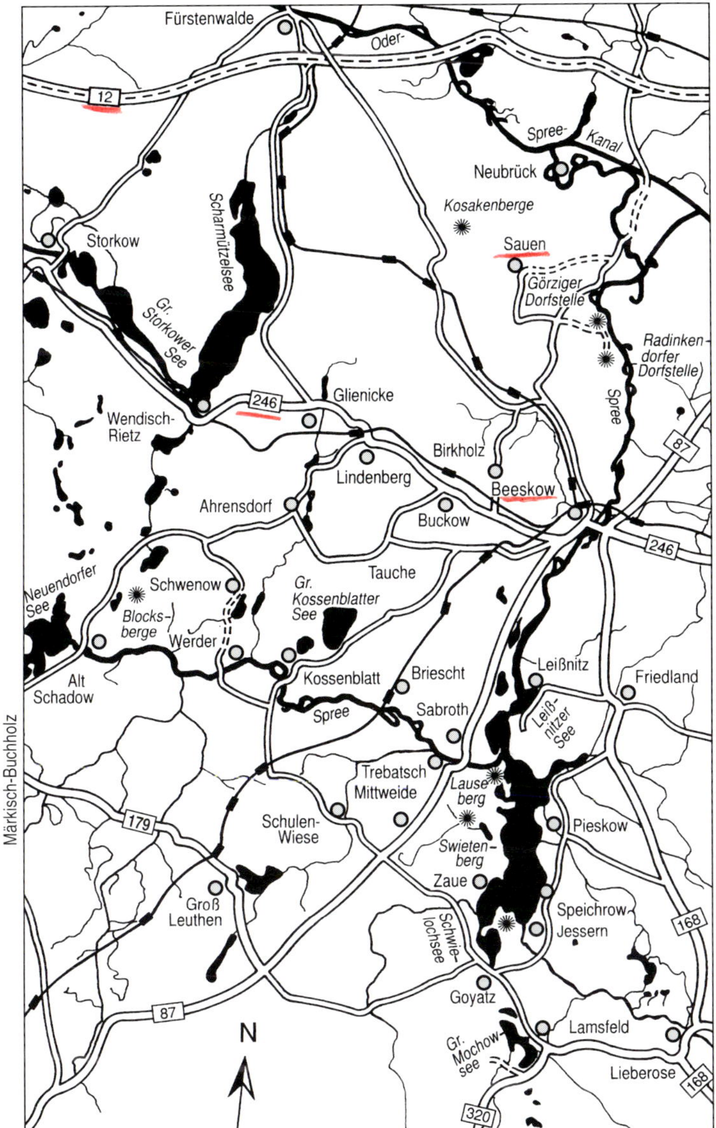
Fürstenwalde
Oder-
12
Spree-
Kanal
Neubrück
Scharmützelsee
Kosakenberge
Storkow
Sauen
Görziger Dorfstelle
Gr. Storkower See
Radinkendorfer Dorfstelle
Spree
246
Glienicke
Wendisch-Rietz
87
Birkholz
Lindenberg
Beeskow
Ahrensdorf
Buckow
246
Tauche
Neuendorfer See
Schwenow
Gr. Kossenblatter See
Blocksberge
Werder
Leißnitz
Friedland
Alt Schadow
Kossenblatt
Briescht
Spree
Sabroth
Leißnitzer See
Märkisch-Buchholz
Trebatsch
Mittweide
Lauseberg
179
Schulen-Wiese
Pieskow
Swietenberg
Zaue
Groß Leuthen
Schwielochsee
Speichrow
Jessern
168
Goyatz
87
N
Lamsfeld
Gr. Mochowsee
Cottbus
Lieberose
168
320

Drei einladende Campingplätze in Zaue, Jessern und Goyatz am Schwielochsee sowie zahlreiche Ausflugsmöglichkeiten garantieren einen abwechslungsreichen Urlaub. Zaue ist der größte Platz und liegt idyllisch im Kiefernwald, Jessern gilt als familienfreundlich, Goyatz empfiehlt sich besonders für ruhebedürftige Camper.

ten Eiszeit durch Gletschervorstoß und nachfolgendes Abtauen. Aber viel schöner als diese erdgeschichtliche Betrachtung erzählen Legenden und Sagen von der Entstehung des Sees. Eine von ihnen berichtet, dass sich statt des Sees hier einst ein dichter Eichenwald auf moorigem Grund ausdehnte, von der Spree durchflossen. Eines Tages wühlte eine Rotte Wildsauen unterhalb des Babenberges eine große Grube auf, sie stießen auf eine heilige Quelle, der nun ein gewaltiger Wasserstrahl entsprang. Das Wasser sprudelte unaufhaltsam, begrub die ganze Gegend unter sich und staute sich zu diesem anmutigen See. So muss die Spree heute ihren Lauf durch den See nehmen. Am nordöstlichen Ufer bei Trebatsch mündet sie in den Schwielochsee, um ihn nach 3 km im Norden bei Leißnitz wieder zu verlassen. Bevor wir dem Spreelauf jedoch weiter folgen, führt unsere Tour erst noch einmal zum südlichen Zipfel des Sees nach Goyatz, einer relativ stark touristisch erschlossenen Gemeinde, von der auch Ausflugsschiffe zu Seerundfahrten starten. Vom Dorfplatz an der Kirche vorbei gelangt man direkt zum Ufer. Dort bietet sich ein herrlicher Blick über die große glitzernde Wasserfläche des Sees. Bänke laden zum Verweilen ein. Auf dem See spannen sich die Segel der Surfer und Katamarane. Bevor wir unseren Weg am Ufer des Schwielochsee fortsetzen, lohnt an schönen Tagen noch ein Abstecher zum Mochowsee, keine 3 km südlich. Hier herrscht Stille vor. Ein Naturidyll mit schilfumrandeten Ufern und flügelschlagendem Wassergetier. Der *Mochowsee* kann eine der besten Wasserqualitäten der Region vorweisen. Einige wilde Badestellen und ein Campingplatz in *Lamsfeld* erwarten den Besucher. Vielleicht endet ein mutiger Tauchversuch hier sogar mit dem Auffinden eines Goldschatzes. Die Legende besagt, dass die Kroaten, als sie sich im Dreißigjährigen Krieg in der Schlacht gegen die Schweden am 22. 6. 1647 bei Lieberose ihrer Niederlage sicher sein konnten, ihre Wagen samt Beute in diesem nahe gelegenen See versenkten.

Ein Tip für Pferdefreunde: In Mochow gibt es zwei Reiterhöfe und wer Lust hat und einige Grundkenntnisse besitzt, kann von dort an einem Reitausflug zum Mochowsee teilnehmen.

**Jessern** Wir jedoch werden uns an der Schatzsuche nicht beteiligen, sondern kehren zum Schwielochsee zurück, wo wir am Ostufer Jessern erreichen. Der Ort schiebt sich auf einer Halbinsel weit in den See hinein, so dass das Westufer bereits nicht mehr fern liegt. An der Abzweigung der Hauptstraße nach Jessern fällt das *»Landhaus Ott«*, eine sehr gute Gaststätte, auf. Ob allerdings der große Wegweiser erforderlich und passend ist, der den Gästen anzeigt, dass die Entfernung von hier bis zu den ehemaligen Grenzen des Deutschen Reiches vor dem Zweiten Weltkrieg jeweils 650 km beträgt, sei dahingestellt. Die ganze Halbinsel liegt heute fest in den Händen der Camper, Wohnwagen- und Bungalowbesitzer. Trotzdem lohnt sich der Weg bis zur Spitze der Halbinsel, denn immer leicht bergan gelangen wir so zum *Babenberg*. Ein schönes Hotel mit Restaurant empfängt den müden Wanderer. Insbesondere in der warmen Jahreszeit sitzt es sich sehr gut auf der herrlichen Terrasse. Etwa 20 m oberhalb des Sees gleitet der Blick weit über Wasser, Wälder und Felder. Ein gutes Essen dazu macht den Ausflug perfekt: Wie wäre es beispielsweise mit Rehkeule in Rotwein und dazugehörigen Preiselbeerbirnen zu einem durchaus vernünftigen Preis?

Ab Jessern führt die Landstraße nach Speichrow, Pieskow und Friedland. Wanderer können dann ab Speichrow den *Uferweg* direkt entlang des Sees bis zum Campingplatz in Niewisch (Badestelle) benutzen. Auf halber Strecke, auch von der Straße bei Pieskow gut zu sehen, steht auf dem *Weinberg* (64 m) eine schöne neue Schutzhütte, die zum Rasten und zu Naturbeobachtungen einlädt.

**Friedland** ist der nächste größere Ort, der uns erwartet. Scheunen am Ortseingang zeugen vom dörflichen Charakter des 800-Seelen-Städtchens, das einiges Sehenswerte zu bieten hat: so die große, weißstrahlende *Kirche* aus dem 17. Jahrhundert und – nur wenige Meter davon entfernt – die *Burg*. Das heute noch bewohnte Burggebäude, ein Teil wird als Apotheke genutzt, vermittelt auf den ersten Blick keinen besonders imposanten Eindruck. Die Rückseite mit den dicken Mauern, einige Meter über dem breiten Wiesengrund gelegen, lässt dagegen schon eher auf eine bewegte Vergangenheit schließen. Im 13. Jahrhundert als Wasserburg

Auch die Idylle am Schwielochsee kann allerdings nicht darüber hinwegtäuschen, dass sich die Wasserqualität des Sees in den letzten 10 Jahren immer mehr verschlechtert hat. Tourismus und Landwirtschaft führen zu Beeinträchtigungen die durch die geringe Wassertiefe von durchschnittlich nur 3 m verstärkt werden. Durch neue Kläranlagen und geringere Schadstoffeinleitung versucht man diesem Problem u. a. zu begegnen.

In Friedland lohnt ein Besuch der Friedländer Galerie (täglich geöffnet) am Fuße der Burg mit ihren schönen Töpferwaren. Seit 10 Jahren töpfert die Familie Reichmann im Ort. Sie übernahm diese Tradition von ihrem Urgroßvater aus dem thüringischen Bürgel (bei Jena).

vom Ritter von Strehle gegründet erhielt sie durch die Johanniter ihre heutige Form. Seit 1523 residierten hier die Ordenshauptleute der Johanniter (Komturei). Der Orden spielte vor allem in der Neumark (heute Polen) aber auch in anderen Regionen Brandenburgs bis in unser Jahrhundert bei der Bewirtschaftung des Landes eine wichtige Rolle. 1811 fiel die Herrschaft Friedland an Sachsen, aber schon 1815 wieder an Preußen. Die drei Sensenklingen im Stadtwappen deuten bereits auf den traditionellen Broterwerb hin. Doch die Landwirtschaft auf dem mageren Sandboden warf wenig ab. So spielten bald Kaufleute eine wichtige Rolle im Gemeinwesen. Ab 1709 begünstigte das Ordensamt die Ansiedlung jüdischer Familien, verlangte jedoch Schutzgelder, eine ansehnliche Einnahmequelle in dieser Zeit. Bürgerrechte galten für die jüdischen Mitbürger allerdings nicht, auch das spätere Emanzipationsedikt von 1812 besaß hier keinen Einfluss. Der Volksmund belegte die Stadt mit dem Namen »Jüdisch Friedland«. Die inzwischen große jüdische Gemeinde verfügte über ein eigenes Badehaus und eine Synagoge. 1822 bei einem Brand zerstört, wurde sie danach wiederaufgebaut, jedoch 1912 endgültig abgerissen. Bereits in der zweiten Hälfte des 19. Jahrhunderts wanderten die Juden mehr und mehr ab, da Friedland seine Bedeutung als Handelsumschlagplatz allmählich einbüßte. Heute zeugt der große *jüdische Friedhof* außerhalb des Städtchens an der Beeskower Straße von diesem Geschichtsabschnitt. Die letzte Bestattung fand hier im Jahre 1921 statt. 1934 verwüsteten Schüler der nationalsozialistischen RAD-Truppenführerschule die Anlage. Geschändete Grabsteine dienten später als Wegebefestigung. Den älteren, teilweise von einer Feldsteinmauer umfassten Teil der Begräbnisstätte im Westen richtete man 1988 wieder her und trennte ihn mit einem Zaun von der übrigen Anlage ab.

Von der Benachteiligung der Juden zeugt auch folgende Festlegung: Juden mussten halbjährlich 4 Taler an die Landesbehörde für einen speziellen Pass bezahlen. Die sächsische Regierung bestimmte, dass ein deutscher Name angenommen werden musste und der eigentliche Name als Vorname zu führen war.

Von Friedland folgen wir der kleinen Straße nach Leißnitz wieder an die Spree. Der Weg führt an der Gaststätte »Haus am See« vorbei auf einer schmalen, etwas holprigen Straße direkt an den Fluss. Eine kleine Wiese mit Bänken zum Ausruhen gibt den Blick auf die hier den *Leißnitzer See* verlas-

Blick zur Beeskower Burganlage

sende Spree frei. Eine Badestelle existiert in diesem Bereich jedoch nicht. Dafür liegt ein Badeplatz am anderen Ufer nur ca. 50 m entfernt.

Zur Hauptstraße zurückgekehrt schließt sich nun ein längerer Flussabschnitt an, der zwar häufige Verästelungen, aber bis vor die Tore Berlins kaum mehr größere Seen aufweist. Trotzdem lohnt es sich, ihn zu erkunden. Paddelboot oder Kanu wären dafür am besten geeignet, aber auch per Rad oder mit dem Auto kann der Ausflug reizvoll sein. Allerdings muss man dann den PKW häufig stehen lassen und die Füße benutzen, denn nicht immer läuft die Straße am Fluss entlang. Bis Beeskow ist dies allerdings der Fall.

**Beeskow** Von Leißnitz kommend liegt direkt am Spreeübergang das Beeskower Schloss. Eine Geschichtsabhandlung des Landes Lebus von 1829/31 schildert die Situation sehr treffend: »Das Schloss Beeskow liegt in der angenehmsten Gegend bey dieser Stadt, auf einem von der Spree umflossenen Werder, und man hat von demselben nach allen

Ein weiterer Ausflugstipp: 13 km östlich von Friedland liegt das schöne Ölsetal. Besonders reizvoll ist der tief eingeschnittene Talabschnitt an der Jankemühle oberhalb des Ölsener Sees mit seinen bis zu 38 m hoch aufragenden Fichten.

Ein Naturlehrpfad, der am Friedhof beginnt, führt uns den Mühlen- oder Hauptgraben entlang. In diesem schmalen Tal rasteten, so belegen es Ausgrabungen, schon vor 8000–10000 Jahren Rentierjäger.

Auf der gleichen ehemaligen Spreeinsel wie die Burg liegt der Kiez, einst eine slawische Fischersiedlung. 1477 fiel die Burg, die die Ritter von Strele gegründet hatten, an Sachsen (verpfändet). 1518 erhielt sie der Bischof von Lebus und 1555 gelangte sie in brandenburgischen Besitz.

Seiten eine abwechslungsreiche Sicht.« Die Stadtgründung ging ab 1253 planmäßig von der an dieser Stelle errichteten damaligen Burg aus. Sie bildete mit den Burgen Storkow, Friedland und Lieberose ein dichtes Netz zur Sicherung des neu erworbenen, besser gesagt von den Slawen eroberten Landes der Askanier. Das 1272 erstmals als Stadt erwähnte »Besicow« besaß einen fast quadratischen Grundriss. Vom 30 m hohen Bergfried können wir heute noch die Grundzüge dieser nahezu »klassischen« ostdeutschen Kolonisationsstadt erkennen, und das trotz der Wunden, die der Zweite Weltkrieg schlug. Zu der ab 1321 errichteten Stadtmauer gehörten einst 9 Türme. Geblieben sind der Dicke Turm am einstigen Luckauer Tor und der Münz-, Pulver-, Darr- und Storchen- sowie der Storkower Turm. Unseren Rundgang durch das »alte« Beeskow beginnen wir am besten an der *Burg* (großer Parkplatz). Der Bergfried stammt noch von der ersten Anlage aus dem 13. Jahrhundert, auf deren Trümmern Anfang des 16. Jahrhunderts der Bischof von Lebus Dietrich von Bülow eine neue Burg errichten ließ. Das »alte Amt«, wie die Beeskower noch heute ihre Burg nennen, war seit dem 16. Jahrhundert Sitz des kurfürstlichen Amtes. Vieles wurde in den letzten Jahren passabel restauriert. Heute beherbergt die Burg das sehr sehenswerte *Regionalmuseum* (u. a. Leichhardtausstellung), vier Ateliers, einen Kammermusik- und einen Theatersaal sowie mehrere Ausstellungshallen im Obergeschoss. Inzwischen zieht die Burg als kulturelles Zentrum des Oder-Spree-Kreises, dessen Kreisstadt Beeskow ist, zahlreiche Besucher aus nah und fern an. Die öffentliche Aufmerksamkeit verdankt sie nicht zuletzt der von Herbert Schirmer, dem letzten Kulturminister der DDR und Kunsthistoriker, hier 1990 inspirierten Sammlung sogenannter »sozialistischer Auftragskunst«. Sie umfasst 20 000 Arbeiten – Bilder, Plastiken und andere Kunstgegenstände – aus der gesamten ehemaligen DDR. Wohl mancher hätte die Propaganda-Werke lieber in der Abstellkammer verschwinden sehen. Doch werden neben den comichaft vereinfachenden Bildern des »neuen Menschen im realen Sozialismus«, die oft lächerlich wirken, auch kritische Werke gezeigt. Letztere setzten sich mit den Zuständen im »realen Sozialismus« auseinander und zogen, so sie gezeigt werden durften, einst tausende zu den Kunstausstellungen nach Dresden. Es gibt in Deutschland wohl keine vergleichbare Sammlung. Selbst aus den USA und Japan lockt die Ausstellung Besucher an, wie das Gästebuch zeigt. Jedoch präsentiert die Sammlung im Beeskower Schloss immer nur einen Teil der Auftragskunst. Es können nur ausgewählte Werke der großen Sammlung in jährlich wechselnden Ausstellungen gezeigt werden, zu denen auch Vortragsreihen gehören (Informationen ✆ (03366) 2 05 79.

Das »Dokumentationszentrum DDR-Kunst« wird durch die Landesregierungen von Mecklenburg-Vorpommern, Brandenburg und Berlin gefördert.

Nun wollen wir uns der Stadt zuwenden. Ein Stadtrundgang sollte auf jeden Fall die erhaltenen Teile der *Stadtbefestigung* einschließen, deren einstige Größe sich angesichts des runden Storkower Turms und des Münzturms in der Mauerstraße am besten erahnen lässt. Viele Investitionen flossen seit der politischen Wende in den Erhalt der alten Stadtanlage. Der historische *Marktplatz* erstrahlt schon wieder fast vollständig in neuer Farbe. In der Kirchgasse direkt am Markt steht das älteste Fachwerkhaus der Stadt von 1487 neu restauriert, das heute der Kunstkreis Beeskow nutzt. Imposant gibt sich die 1360–1511 in zwei Etappen im Stil der norddeutschen Backsteingotik erbaute *St. Marienkirche*. 1945 völlig zerstört, arbeitet man zur Zeit noch an ihrem Wiederaufbau. Fontane bezeichnete sie als eine der schönsten Kirchen der Mark. Bald kann sie dieser Bezeichnung wieder alle Ehre machen. Ein weiterer Ausspruch Fontanes – »Beeskow ist nicht halb so schlimm, als es klingt« – bezieht sich auf die alte Schreibweise Besekow = bese = böse. Obwohl, ein sehr inniges Verhältnis verband ihn nicht mit dieser Stadt. Die Ursache ist in der Familiengeschichte zu suchen. Der Großvater von Fontanes Frau Emilie, Jean Rouanet, bekleidete in Beeskow das Amt des Stadtkämmerers. Die Stadt pflegt noch heute seine Grabstätte auf dem ehemaligen Friedhof. Die Inschrift am Grabstein lautet: »Ruhestätte des Stadtkämmerers Jean Pierre Barthelemy Rouanet der sich in der Franzosenzeit in der Stadt Beeskow Verdienste erworben durch die Milderung der Besatzungslasten. geb. 1747 zu

Die Wehrmauer mit ihren zahlreichen Türmen misst etwa 3 201 Ruten (960 m). Die Namen der Türme erinnern noch an ihre ursprüngliche Nutzung. So wurde beispielsweise im Darrturm das Malz für die 82 Brauhäuser getrocknet.

Beeskower Marktplatz

Aus Dankbarkeit für sein Engagement für die Stadt erhielt Rouanet, als er 75-jährig aus dem Amt schied, eine Jahrespension von 500 Talern; dazu 245 Scheffel Roggen, 11 Scheffel Hafer und 39 Klafter Holz. Er konnte von dieser stolzen Pension noch 15 Jahre zehren.

Stephfauxin Languedoc gest. 1837 in Beeskow«. Dem »Franzosen mit dem treuen Preußenherzen«, wie man ihn auch betitelte, gelang es mit Mut und diplomatischem Geschick seine französischen Landsleute zu mäßigen Besatzungskosten zu bewegen. Fontane hätte eigentlich stolz auf sein berühmtes Familienmitglied sein können, trotzdem mied er die Stadt. Warum? Seine Frau Emilie wurde geboren, als ihre Mutter, Tochter Rouanets, schon lange Witwe war – ein uneheliches Kind, eine Ungeheuerlichkeit in der kleinbürgerlichen Gesellschaft von Beeskow. Auch Fontane, der gesellschaftskritische Romane wie »Effi Briest« schrieb, konnte sich der herrschenden Moralauffassung wohl nicht völlig entziehen und verschwieg das »dunkle Kapitel« der Familiengeschichte lieber. Er machte einen Bogen um Beeskow. Nur ein einziges Mal während seiner Wanderungen durch die Mark (vom 2. zum 3. Mai 1862) verweilte Fontane in der Stadt. Den Großvater Emilies erwähnte er in seinen Aufzeichnungen mit keinem Satz. In der Klosterstraße, unweit vom Grab des Großvaters seiner Frau Emilie, befindet sich das Haus, in dem er übernachtete.

Bevor wir die Spree nun weiter in Richtung Berlin begleiten, sollten wir auch die Umgebung des Ortes erkunden. Stille Waldseen, sanfte Hügel, Zeugnisse alter Geschichte verbergen sich dort. Als Ausgangspunkt für Spritztouren eignet sich Beeskow sehr gut. Hier einige Anregungen: 15 km östlich liegt das berühmte, unter Naturschutz stehende *Schlaubetal*, eines der romantischsten Flusstäler Brandenburgs (siehe Kapitel »Wo der Große Kurfürst zum Spaten griff«), knapp 10 km südlich die Kleinstadt *Lieberose* mit dem Barockschloss. Doch auch eine Fahrt über die Dörfer westlich der Stadt hat ihre Reize. Einen Abstecher dorthin kann man u. a. mit dem Besuch des schönen Scharmützelsees verbinden (siehe Kapitel »Entlang der Dahme-Wasserstraße«). Bei *Birkholz* (4 km östlich) ziehen Mitarbeiter des Gutes Hirschaue in einer Einhegung eine prachtvolle Damwildherde groß. In *Buckow*, unweit von Birkholz, befand sich einst eine slawische Burg, deren ehemaliger Befestigungswall noch immer zu erkennen ist. Wenige Kilometer weiter südlich, vor *Tauche*, blieb ebenfalls ein slawischer Rundwall erhalten (eine Tafel informiert darüber). Von Buckow können wir in südwestliche Richtung nach *Ahrensdorf* laufen. Kurz vor dem Ort liegt eine reizvolle Seenkette, die sich von Glienicke über Ahrensdorf bis zur Spree nach Kossenblatt über fast 12 km erstreckt. Kurz vor Ahrensdorf wird die eiszeitliche Rinne zwischen dem Premsdorfer- und Ahrensdorfer See von einem Weg überquert. Hier ergibt sich ein schöner Blick auf beide Gewässer. Ein Abstecher nach *Lindenberg*, 10 km westlich von Beeskow, wäre noch möglich. Hier fällt zunächst die ockerfarbene Kirche mit dem kleinen Turm auf. Dahinter steht das größenmäßig recht beachtliche Schloss. Doch trotz einer teilweise gewerbsmäßigen Nutzung befindet es sich in einem ziemlich verwahrlosten Zustand, von den dem Verfall preisgegebenen Wirtschaftsgebäuden gar nicht zu reden. Den danebenliegenden Park kann man als solchen gerade noch erkennen. Das Netteste an diesem Ort ist das Storchenpaar,

Lieberose gehörte von 1519 bis 1945 mit wenigen Unterbrechungen zum Besitz derer v. d. Schulenburg.

Ob es sich bei den slawischen Anlagen um Fluchtburgen, Fürstensitze oder befestigte Heiligtümer handelte, ist bis heute nicht endgültig geklärt. In Buckow spricht allerdings einiges für ein Heiligtum, denn auch die heutige Kirche steht innerhalb des alten Walles.

das unmittelbar an der Straße nach Wendisch Rietz nistet und sich weder vom Straßenlärm noch vom Geschehen auf dem nahen Sportplatz beeindrucken lässt. Doch der Anregungen zu Ausflügen in die Umgebung der Stadt soll es nun genug sein, wir wenden uns wieder der Spree bei Beeskow zu.

Ab Beeskow folgen wir der Spree (ca. 15 km) über *Neubrück* bis zum weiter nördlich gelegenen Oder-Spree-Kanal. Leider führt parallel zur Spree nur eine schmaler Fahrweg, der mit dem PKW nicht zu passieren ist. So müssen Autofahrer die Straße von Beeskow über Görzig und Neubrück in Richtung Briesen (nördlich des Oder-Spree-Kanals) nehmen, die teilweise einige Kilometer westlich des Flusses verläuft. Das Spreetal selbst gibt sich in diesem Teil heute siedlungsleer. Das verhielt sich nicht immer so, einst existierten hier zwei kleine Dörfer: Görzig und Radinkendorf. Die alten Dorfstellen mit Flur- und Mauerresten etwa 6 km nördlich von Beeskow künden davon. Die feuchte Spreeniederung erwies sich offensichtlich als wenig wohnlich.

Wer am Neubrücker Sportplatz vorbeikommt, sollte nicht versäumen, einen Blick auf die riesige Eiche zu werfen. Aber eigentlich ist sie ja mit ca. 7 m Umfang auch kaum zu übersehen. Bereits etwa 500 Jahre trotzt sie den Stürmen der Zeit.

**Sauen** Ein letzter Abstecher, bevor sich die Spree westwärts in Richtung Berlin windet, soll nach Sauen am Fuße der *Kosakenberge* gehen. Hier gelang es dem »Walddoktor« August Bier ab 1912 einen völlig heruntergewirtschafteten Landstrich wieder in ein naturnahes, gesundes Waldparadies zu verwandeln. Er gestaltete aus »Gegensätzen eine Harmonie«, um mit den Worten des griechischen Philosophen Heraklit zu sprechen. Etwa 460 verschiedene Gehölzarten durchmischen sich in einem bunten Wechselspiel und erfreuen die Augen der Besucher und Forstwirte: »Mischwald, in dem das Nadelholz neben dem Laubholz, der Flachwurzler neben dem Tiefwurzler, der Humuserzeuger neben dem Humusverbraucher steht«, wie Bier es vor fast 90 Jahren ausdrückte. Wer den Ausflug über Sauen (vom wendischen sowa = die Eule) wählt, kann auch das neu renovierte *Gutshaus* mit dem Park bewundern. Im Gutshof wachsen herrliche Exemplare von sogenannten Pyramideneichen. Seit 1992 gibt es hier eine von den Enkeln des großen Wissenschaftlers gegründete Stiftung für Ökologie und Medizin, in der sich bekannte Politiker und Wis-

Prof. August Bier, ein berühmter Chirurg, lebte von 1861–1949.

Das Gutshaus in Sauen war einst Domizil der Kunsthochschule Berlin-Weißensee. Jetzt dient es allen Berliner Kunsthochschulen als Aus- und Weiterbildungseinrichtung.

senschaftler zusammenfanden. Die Stiftung unterstützt auch das Dubrow-Projekt, das durch eine Umweltanalytik GmbH getragen wird. Es geht dabei um die Beseitigung von Altlasten auf dem 1 600 ha großen Gelände des ehemaligen russischen Schießplatzes Dubrow, wenige Kilometer entfernt am Oder-Spree-Kanal. Bleibt zu hoffen, dass hier nochmals gelingt, was Prof. Bier in Sauen schon vor vielen Jahrzehnten verwirklichte – die Rekultivierung und Gesundung der vom Menschen geschädigten Naturlandschaft.

Alte Militärstandorte (Konversion) haben in Brandenburg mit 8 % einen sehr hohen Anteil an der Landesfläche.

Mit diesem Ausblick in die Zukunft endet unsere Spreetour durch das Beeskower Land. Doch bevor wir unsere Spree-Reise Richtung Berlin fortsetzen, soll uns der nächste Tourenabschnitt noch entlang des Oder-Spree-Kanals führen.

## Der besondere Tipp:

**Eine Fundgrube für Besucher**

Nur 3 km südlich von Trebatsch liegt Mittweide. In der Nähe der alten Schmiede fällt ein schilfgedecktes Häuschen auf. Weiß und braun leuchtet das Fachwerk, überall wachsen Blumen. Frau Kaufmann, die Besitzerin, und ihre Mitarbeiter zaubern aus allem, was die Natur bietet – Holz, Pflanzen, getrockneten Blumen, Steinen, Schneckenhäusern, aber auch Stoff – geschmackvolle Accessoires für Küche, Wohnzimmer, Schaufenster, Galerie u. a. Es ist ganz erstaunlich, was mit viel Fantasie unter geschickten Händen aus oft einfachsten »Zutaten« entsteht. Auf dem Hof oder im Verkaufsraum können Besucher den Frauen bei der Arbeit zuschauen. Im Sommer wird im Hof im altdeutschen Backofen gelegentlich auch Brot gebacken.

# Wo der Große Kurfürst zum Spaten griff

## Oder-Spree-Kanal · Kaisermühl · Schlaubetal Müllrose · Fürstenwalder Spree

Anreise:
***mit dem Auto*** *von Berlin über die Autobahn A 12 bis Abfahrt Müllrose, dann 10 km Landstraße bis Müllrose und von dort weiter zu den einzelnen Reisezielen*
***mit der Bahn*** *von Berlin über Frankfurt (Oder) nach Müllrose*

In Fürstenwalde an der Schleuse, Blick zur alten Treidelbrücke

**Oder-Spree-Kanal** Nachdem die Spree Beeskow hinter sich gelassen und den 98 m hohen *Großen Schwarzberg* passiert hat, erreicht sie den *Wergensee* bei Neuhaus. Während der Spreestrom ihn an seiner westlichen Seite wieder verlässt, folgen wir zunächst einem heute als *Speisekanal Neuhaus* bezeichneten Wasserlauf, der einst den Namen seines Förderers – des Großen Kurfürsten Friedrich Wilhelm – trug. Eine Verbindung zwischen Spree und Oder war von jeher von strategischem Interesse der Mächtigen. Schon der deutsche Kaiser und böhmische König Ferdinand I. (1503–1564) plante den Bau eines Wasserweges zwischen seinen schlesischen Besitzungen und der Nordsee und vereinbarte mit dem Kurfürstentum Brandenburg eine Oder-Spree-Verbindung. Doch während der Habsburger seine Seite des Vertrages erfüllte und bereits 1564 die vereinbarte 10 km lange Teilstrecke des Kanals vom Werchensee bis Müllrose nach 6 Jahren übergab, ließen sich seine märkischen Vertragspartner mit dem Baubeginn noch mehr als 100 Jahre Zeit. Erst der Große Kurfürst Friedrich Wilhelm vollendete das Großprojekt. Im Jahre 1662 setzte er die Gegner des Kanalbauprojektes, angeführt von der Oderstadt Frankfurt, per Kabinettsorder außer Gefecht. Am 2. Juni des gleichen Jahres vollzog er in Kaisermühl bei Müllrose höchstselbst den ersten Spatenstich zum offiziellen Baubeginn. Der Bau der fast 23 km langen Strecke von Müllrose bis zum *Brieskower See* brauchte 6 Jahre. Auch zur Fertigstellung im August 1668 reiste der oberste Bau- und Landesherr wieder an. Nach Flutung des Kanals vom Herbst 1668 bis zum Frühjahr 1669 passierten im März 1669 die ersten Schiffe den Kanal von Schlesien in Richtung Berlin. Lange hielt die Freude über den neuen Verkehrsweg jedoch nicht an, denn schon Ende des 17. Jahrhunderts musste der Kanal rekonstruiert werden, eine weitere Erneuerung fand zwischen 1827 und 1868 statt.

Erstmals kam die Idee einer Oder-Spree-Verbindung im 14. Jahrhundert auf. Kaiser Karl IV. (1316–1378), seit 1373 brandenburgischer Landesherr, wollte einen Kanal zwischen Fürstenberg (Oder) und Tangermünde (Elbe) bauen lassen.

Der Große Kurfürst betraute den italienischen Ingenieur Philipp de Chieze mit der Leitung der Kanalbauarbeiten, der Holländer Mathias Smids war für die Errichtung der Schleusen und Brücken verantwortlich.

Doch auch diese letzte Runderneuerung des Friedrich-Wilhelm-Kanals hielt nur für kurze Zeit den Ansprüchen des Schiffsverkehrs stand, so dass im Jahre 1886 die Entscheidung für den Bau eines neuen Oder-Spree-Kanals fiel. Gänzlich wurde der

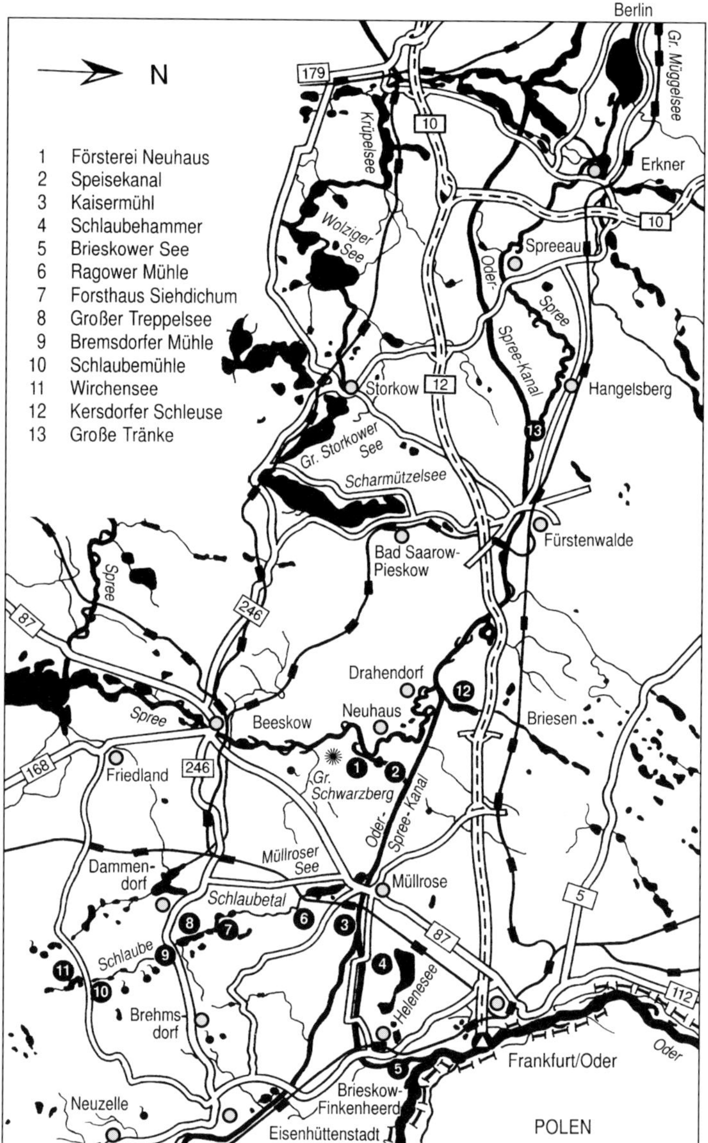
N
1 Försterei Neuhaus
2 Speisekanal
3 Kaisermühl
4 Schlaubehammer
5 Brieskower See
6 Ragower Mühle
7 Forsthaus Siehdichum
8 Großer Treppelsee
9 Bremsdorfer Mühle
10 Schlaubemühle
11 Wirchensee
12 Kersdorfer Schleuse
13 Große Tränke
Berlin
Gr. Müggelsee
Prenzlau / Hamburg
Erkner
179
10
Krüpelsee
Wolziger See
Spreeau
Oder-
Spree
Spree-Kanal
Storkow
12
Hangelsberg
Gr. Storkower See
Scharmützelsee
Fürstenwalde
Bad Saarow-Pieskow
Lübben
Spree
87
246
Drahendorf
Neuhaus
Beeskow
Briesen
168
Friedland
Gr. Schwarzberg
Oder-Spree-Kanal
Müllroser See
Dammendorf
Schlaubetal
Müllrose
5
Schlaube
Helenesee
Brehmsdorf
112
Oder
Frankfurt/Oder
Brieskow-Finkenheerd
Neuzelle
Eisenhüttenstadt
POLEN

Vorgänger jedoch nicht abgeschrieben. Den Abschnitt 2 km nördlich des Wergensees bis *Schlaubehammer* 3 km östlich von Müllrose bezog man in den zwischen 1887 und 1891 errichteten Neubau ein. Da die Schifffahrt auf der Spree ab dem Wergensee aufgrund des stark mäandrierenden Flusslaufs ebenfalls nicht mehr den Anforderungen der Binnenschifffahrt genügte, planten die Projektanten den Lauf des Oder-Spree-Kanals in westliche Richtung bis zum *Seddinsee* an der Berliner Stadtgrenze. In östliche Richtung wich der neue Kanal ebenfalls von der alten Streckenführung ab und nahm Kurs auf das damalige *Fürstenberg* – heute Eisenhüttenstadt.

Ihren Höhepunkt erlebte die Frachtschiffahrt auf dem Oder-Spree-Kanal im Jahre 1912 mit fast 4,5 Mio t transportierter Güter.

**Kaisermühl** Ein Abstecher von der Spree am Wergensee in östliche Richtung entlang des Oder-Spree-Kanals soll uns zunächst bis nach Kaisermühl führen, einen Ortsteil von Müllrose. Die Ortschronik erwähnt bereits 1275 eine Wassermühle. Etwa 200 Jahre später taucht ein gewisser Gore Kayser in den Annalen als Besitzer auf – vermutlich der Namensgeber von Kaisermühl. Das Wasser der Schlaube fließt seit Errichtung des Kanals längst nicht mehr so ergiebig, sicher einer der Gründe für den vormaligen langen Dornröschenschlaf der Mühle. Damit ist es allerdings seit einiger Zeit vorbei. Mitte 1997 eröffnete das *»Hotel Kaisermühle«* seine Pforten und bietet individuell gestaltete Zimmer an. Die »Kaisersuite«, das »Prinzessinnenzimmer«, die »Mond und Sterne-Kammer« und die »Gute Stube« verheißen einen romantischen Aufenthalt. Doch auch in Gästezimmern wie der »Gemüsekiste«, dem »Heuboden« oder der »Gesindekammer« lässt es sich behaglich wohnen. Bei Töpferkursen (siehe »Der besondere Tipp«) kann der interessierte Gast Kreativität beweisen und Erholung bietet die wundervolle Umgebung reichlich, z. B. während eines Spaziergangs zu den Wiesen in unmittelbarer Umgebung, auf denen teilweise noch einheimische Orchideenarten wachsen. Keine 3 km sind es bis zum weiter nördlich bei Malchow gelegenen *Helenesee*, einem beliebten sommerlichen Badedomizil. Das 250 ha große und 55 m tiefe Gewässer ging aus der Rekultivierung eines ehemaligen Tagebaurestloches her-

Für Bahnreisende: Kaisermühl wird vom Bahnhof Müllrose nach etwa 15 min. Fußweg erreicht.

Die Buchenvorkommen entlang der Schlaube gehören zu den schönsten und größten Beständen Ostbrandenburgs, insbesondere auf den absonnigen Hängen zwischen Wirchensee und Schernsdorfer Mühle.

Der Helenesee, durch einen Kanal mit dem Katja-See verbunden, besitzt einen 1,8 km langen Sandstrand, darunter einen FKK-Bereich an der westlichen Seeseite. Ein Wanderweg führt direkt um den See herum und misst 13,5 km.

vor. Bereits in den 60er Jahren verwandelte man das einstige Kohlerevier, in dem von 1930 bis 1950 Braunkohle abgebaut wurde, in ein Erholungsgebiet mit breitem Sandstrand, Sport- und Spielplätzen sowie Wanderwegen.

Ausgedehnte Wandertouren in das sich südlich erstreckende Schlaubetal – einem der schönsten Täler der Mark Brandenburg – lohnen sich zu fast jeder Jahreszeit.

**Schlaubetal** Seine landschaftlichen Reize verdankt das Schlaubetal vor allem der letzten Eiszeit. Mit dem Schmelzen der mächtigen Eismassen ergossen sich gewaltige Wasserströme über das flache Land und gruben eine Schmelzwasserrinne, die sich tief in die Umgebung eingeschnitten hat. Sie formten das anmutige Schlaubetal mit seinen kleinen waldbestandenen Steilhängen, sumpfigen Wiesen, bewachsen mit Schilf, Rohr und Riedgräsern, mit melancholisch wirkenden kleinen Mooren und romantischen Seen in tiefen Talkesseln. Das Schlaubetal bietet teilweise so traumhafte Kulissen, wie sie auch ein Landschaftsmaler nicht besser hätte komponieren können.

Müllrose ging aus einer slawischen Siedlung hervor und wurde im Jahre 1648 vom Großen Kurfürsten erworben. Im Jahre 1971 erfolgte die Eingemeindung von Kaisermühl sowie der Ortsteile Biegenbrück und Dubrow.

**Müllrose** Von Kaisermühl begeben wir uns wieder in westliche Richtung und erreichen nach kurzer Zeit das Zentrum des Städtchens Müllrose, das oft das »Tor zum Schlaubetal« genannt wird. Der Ort entwickelte sich am ehemals einzigen Übergang zwischen der Oder und Fürstenwalde über die Sumpfniederung der unteren Schlaube und der unteren Spree. So war das Städtchen schon von altersher ein wichtiger Kreuzungspunkt bedeutender Handelsstraßen. Zwischen Leipzig und Frankfurt (Oder) verlief die »alte Messstraße«, die vor allem in der Zeit der Leipziger und Frankfurter Messe viel befahren war. Aus Böhmen kam ein weiterer Handelsweg, der über Müllrose weiter nach Norden führte. Eine dritte Handelsstraße von Schlesien erreichte Müllrose von Guben aus. Im Mittelalter war Reisen kein Vergnügen. Auf den unbefestigten Straßen wurden Kutschen und Fuhrwerke erbärmlich durchgeschüttelt. Hinzu kamen häufig Überfälle durch Wegelagerer. Auch der Knüppeldamm, der sich durch ganz Müllrose zog, gab oft Anlass zu Beschwerden. Das für die Befestigung benutzte Holz faulte durch den morastigen Untergrund sehr schnell und musste ständig erneuert werden. Erst 1724 fasste die Stadt den Entschluss den Damm zu pflastern. Sie benötigte dafür erhebliche Gelder, die die Wirtschaftskraft kleiner Siedlungen oftmals überforderten. Um die Kosten für die Unterhaltung aufbringen zu können erhob die Stadt ein Damm- bzw. Pflastergeld. Bis 1819 hatte jedes Fuhrwerk einen Silbergroschen für die Benutzung zu entrichten, jedes Rindvieh, das Bauern oder Händler auf der Straße trieben, besteuerte man mit drei, jedes Schwein oder Schaf mit zwei Pfennig. Bürger der Stadt und der umliegenden Orte, Militärpersonen oder jene, die Waren aus Müllrose holten, blieben von der Besteuerung verschont. Mehr zur Geschichte Müllroses und zur Natur des Schlaubetales erfahren wir im *Heimatmuseum* im Kietz 5. Von dort lohnt ein Spaziergang zum *Müllroser See* und zum Einmündungsgebiet der Schlaube in den Oder-Spree-Kanal. Inmitten des Sees liegt eine Insel, die Einheimische »Fischer-Werdel« nennen. Diese Bezeichnung rührt noch aus den Tagen, als die Fischer die Insel für die Aufbewahrung ihrer Netze nutzten. Man sagt, ein Riese hätte das Eiland in grauer Vorzeit erschaffen, als er den See durchschritt und ihm der Henkel seines mit Sand gefüllten Korbes riss. Der Sand rieselte ins Wasser und bildete eine anmutige Insel.

Im Jahre 1505 bot die Stadt Frankfurt (Oder) beispielsweise noch etwa 100 Reiter auf um die umliegenden Straßen vor Räubern und Wegelagerern zu schützen.

Der Müllroser See kann mit dem Paddelboot oder Kanu vom Oder-Spree-Kanal über den Katharinensee oder den Kleinen See erreicht werden. Für Motor- und Segelboote ist der See nicht passierbar.

Folgen wir der Schlaube von Müllrose aus weiter nach Süden in Richtung Quelle, lernen wir den idyllischten Teil des Tales kennen. In einem Flachmoorverlandungsbereich des Flüsschens schlängelt sich ein Weg entlang des angrenzenden Waldes zunächst zur *Ragower Mühle*. Die Mühle mit dem kleinen aufgestauten Mühlteich strahlt seit ihrer Rekonstruktion Anfang der 90er Jahre wieder in freundlichen Farben.

Den wohl schönsten Flecken des Schlaubetals erreichen wir noch oberhalb von Dammendorf. Ein schmaler Zugang führt zu einem plötzlich hoch aufragenden Hügel, der wie ein Sporn in die Tallandschaft hineinragt. Fasziniert von der reizvollen Gegend ließ sich der damalige Abt des Klosters Neuzelle hier 1771 ein kleines Jagdschloss errich-

Fürstenwalde – Blick zum Dom St. Marien und zum Alten Rathaus

Trotz einer maximalen Tiefe von nur 7 m weist der Hammersee relativ steile Ufer auf. Er nimmt eine Fläche von etwa 16 ha ein.

ten, das spätere Domizil der Försterei Siehdichum. Heute erwartet der hübsche Fachwerkbau als Restaurant seine Gäste, der Name aber, *Försterei Siedichum*, blieb und man sollte ihn wörtlich nehmen. Der Blick gleitet über steile Hänge mit herrlichem Laubmischwald. Etwa 30 m tiefer, in der Vegetationszeit durch Baumkronen vor unseren Augen versteckt, liegt der wundervolle *Hammersee*. Auf der anderen Seite des Hügels bahnt sich ein kleines Rinnsal seinen Weg durch die hier noch wildromantische Natur. Von der Försterei begeben wir uns wieder zurück auf den befestigten Weg in Richtung Dammendorf und folgen hinter der Brücke, die sich über die Schlaube spannt, dem Wanderpfad entlang des Hammersees und des sich anschließenden *Großen Trepelsees*. Bevor wir die Landstraße zwischen Beeskow und Eisenhüttenstadt erreichen, begegnen uns noch »Himmel und Hölle«, eine durchaus treffende Bezeichnung für den tiefen Kesseleinschnitt rechts des Weges und den kleinen Berghügel an der Straße. Kurz nach dem Überqueren der Straße liegt die *Bremsdorfer*

*Mühle* vor uns, die heute als Restaurant ein beliebtes Ausflugsziel im Schlaubetal ist. Als einzige Mühle im Tal besitzt sie noch ein nachgebildetes Antriebsrad. Von dort kehren wir nun wieder nach Müllrose zurück und wenden uns am Oder-Spree-Kanal nach Westen. Unser Kanal trifft hinter dem Speisekanal vom Wergensee, dem Ausgangspunkt unserer Tour, linker Hand auf die *Drahendorfer Spree*, die sanft mäandrierend den Kanal ein Stück seines Weges begleitet um sich bei Drahendorf mit der sogenannten Fürstenwalder Spree zu vereinen.

Kurz vor Fürstenwalde wird der kleine Ort Berkenbrück erreicht. Dort befindet sich im Ortsteil Roter Krug eine Gedenkstätte für Hans Fallada, der von 1930 bis 1932 hier lebte.

**Fürstenwalder Spree** Direkt hinter der *Kersdorfer Schleuse* beginnt jener etwa 20 km lange Abschnitt, der dem früheren Spreeverlauf entspricht und als Fürstenwalder Spree bezeichnet wird. Auf dieser Strecke verliert unsere kanalisierte Wasserstraße ihr strenges Gesicht und gibt sich nahezu natürlich. Doch auch dieser Teil wurde verbreitert und vertieft um den Anforderungen des modernen Schiffverkehrs zu entsprechen. Die Bezeichnung Fürstenwalder Spree geht auf die gleichnamige mittelalterliche Bischofsstadt zurück, die unser Fluss durchfließt und die sich seit dem Ende des 19. Jahrhunderts zu einem wichtigen brandenburgischen Industriestandort entwickelte. Ein Stück vom Glanz des alten Bischofssitzes kehrte 1995 mit der Wiedereinweihung des im Zweiten Weltkrieg stark zerstörten und nunmehr restaurierten *Doms St. Marien* nach *Fürstenwalde* zurück. Im Umfeld des Doms ist man immer noch dabei die letzten Narben des Zweiten Weltkrieges zu beseitigen. Neue Einkaufspassagen, restaurierte Bürgerhäuser mit Geschäften und Restaurants prägen inzwischen das belebte Stadtzentrum. Im Ratskeller können wir eine mittelalterliche Mahlzeit im passenden Ambiente einnehmen. Kunstinteressierte sollten einen Blick in die Galerie im Alten Rathaus werfen. Das *Stadt- und Kreismuseum* in der Domstraße 1 bringt seinen Besuchern die Stadt- und Regionalgeschichte nahe.

Im Jahre 1354 erwarben die Bischöfe von Lebus [bei Frankfurt (Oder)] Fürstenwalde und begannen mit seinem Ausbau zur Residenzstadt. Knapp 250 Jahre später erfolgte 1598 die Säkularisation des Bistums.

Kurz nachdem die kanalisierte Spree Fürstenwalde hinter sich gelassen hat, verzweigt sich der Wasserlauf wieder und nimmt auf unterschiedlichen Wegen Kurs auf Berlin. Ab *Große Tränke* fließt der größte Teil des Spreewassers im Oder-Spree-Kanal geradewegs bis zum Seddinsee und

Das Befahren der Müggelspree mit Motorbooten ist nicht gestattet, umso mehr lohnt eine Paddelboottour.

von dort weiter nach Berlin-Köpenick. Das andere Flusswasser gelangt über ein Wehr ab Große Tränke in die *Müggelspree*, die sich in zahlreichen Windungen ihre Bahn über Hangelsberg, Spreeau, Neu Zittau, Erkner und den Großen Müggelsee bis nach Berlin-Köpenick sucht. Kurz hinter der Köpenicker Altstadtinsel vereint es sich wieder mit dem über den Oder-Spree-Kanal in die Hauptstadt gelangten Teil des Spreewassers.

## Der besondere Tipp:

**Töpfern in Kaisermühl**

Ein nicht alltägliches Angebot bietet die Töpferei von Peter Mikeska in Kaisermühl bei Müllrose an. Unter fachkundiger Anleitung kann man hier nach Herzenslust seine eigenen Töpferwaren herstellen. Gebrannt werden die Kunstwerke im hauseigenen Ofen, wobei das angewendete Verfahren sogenanntes salzglasiertes Steinzeug produziert – heute eine Seltenheit. Unsere Großeltern wussten solche Steingutschüsseln, -töpfe, -teller oder -krüge sehr zu schätzen. Wer keine Zeit zum Töpfern hat, kann auf das reichhaltige Werkstattangebot zurückgreifen und eines oder mehrere dieser Meisterstücke käuflich erwerben.

Das gegenüber der Töpferei gelegene »Hotel Kaisermühle«, das ebenfalls Herr Mikeska betreibt, bietet zudem Kurse für Glasmalerei und Korbflechten an. ✆ (033606) 3 95.

# Von der ländlichen Müggelspree zum hauptstädtischen Fluss

## Landschaftsschutzgebiet Müggelspree Rahnsdorf · Großer Müggelsee · Köpenick Wendische Spree (Dahme) · Spreepark Haus Zenner · Spreetunnel · Stralau

Anreise:
***mit dem PKW*** *vom Stadtzentrum aus über Stralauer Allee, Hauptstraße, Köpenicker Chaussee, Rummelsburger Landstraße, An der Wuhlheide und Lindenstraße bis zur Köpenicker Altstadt; nach Rahnsdorf weiter über die Friedrichshagener Straße, den Fürstenwalder Damm und die Fürstenwalder Allee*
***mit der Bahn*** *entsprechend dem Reiseziel bis zu den S-Bahn-Stationen Rahnsdorf, Friedrichshagen, Köpenick, Plänterwald oder Treptower Park*

Blick von der Elsenbrücke

**Landschaftsschutzgebiet Müggelspree** Die vom Südosten kommende Müggelspree nähert sich dem Berliner Stadtgebiet zunächst als »Grenzfluss«, denn auf einer Strecke von ca. 1,5 km trennt sie bei *Erkner* brandenburgisches und hauptstädtisches Terrain. Der *Dämeritzsee*, in den sie anschließend mündet, gehört jeweils etwa zur Hälfte den beiden Spreeanrainern. Die Spree erhält hier eine Frischwasserkur durch das aus dem Nordosten zufließende Wasser des Flakensees, der vom Mühlenfließ, dem Kalkgraben, der Löcknitz und der Mielitz gespeist wird. So gestärkt setzt die Spree ihren Weg auf Berliner Seite in Richtung Großer Müggelsee fort. Das Gebiet, welches sie nun durchfließt, musste dem Siedlungshunger der Millionenmetropole bereits Tribut zollen. Die Stadtväter der im Jahre 1920 gebildeten Großgemeinde Berlin schützten die Wälder rund um den Großen Müggelsee zwar weitsichtig vor größeren Eingriffen, jedoch kam es in den umliegenden Dörfern wie Rahnsdorf oder Friedrichshagen in der Folgezeit zu einem Bauboom, zahlreiche Villen, Wohnhäuser und Wochenendhäuschen wuchsen empor. Um einer weiteren Zurückdrängung der Naturlandschaft vorzubeugen beschloss die Senatsverwaltung 1996 die »Verordnung zum Schutz der Landschaft der Müggelspree im Bezirk Köpenick von Berlin«. Die verbliebenen Großseggenriede, Feuchtwiesen, Erlenbrüche und Auenwaldreste, die Kleinseen wie der Bauersee, die Neben- und Altarme sowie das Mündungsdelta und seine Inseln am Großen Müggelsee wurden zum Landschaftsschutzgebiet erklärt. Ein in der Konzipierung begriffener Pflege- und Entwicklungsplan soll als Instrument zukünftiger Naturschutztätigkeit dienen.

Das Gerhart-Hauptmann-Museum in Erkner macht mit dem Leben und dem Schaffen des Schriftstellers bekannt. In seinen Werken verarbeitete er mehrmals Personen und Ereignisse aus Erkners Lokalgeschichte. In der Novelle »Fasching« stellte er einen Unfall dar, bei dem im Jahre 1887 drei Personen im Flakensee ertranken.

Geprägt ist das Gebiet durch dünenartige Sandablagerungen und rinnenartige Täler, die von Grund- und Endmoränenhügel unterbrochen werden.

**Rahnsdorf** Die althergebrachte Fischerei, wie sie nicht wenige Rahnsdorfer in vorangegangenen Jahrhunderten betrieben, erlebt heute im Landschaftsschutzgebiet Müggelspree als ökologisch orientierte Fischwirtschaft eine Renaissance. Im letzten Jahrhundert nahmen die Rahnsdorfer Fischer jedoch noch eine zweite wichtige Aufgabe wahr, die Rettung von Schiffbrüchigen auf dem Großen Müggelsee. Heute stehen hierfür professionelle Rettungsdienste zur Verfügung.

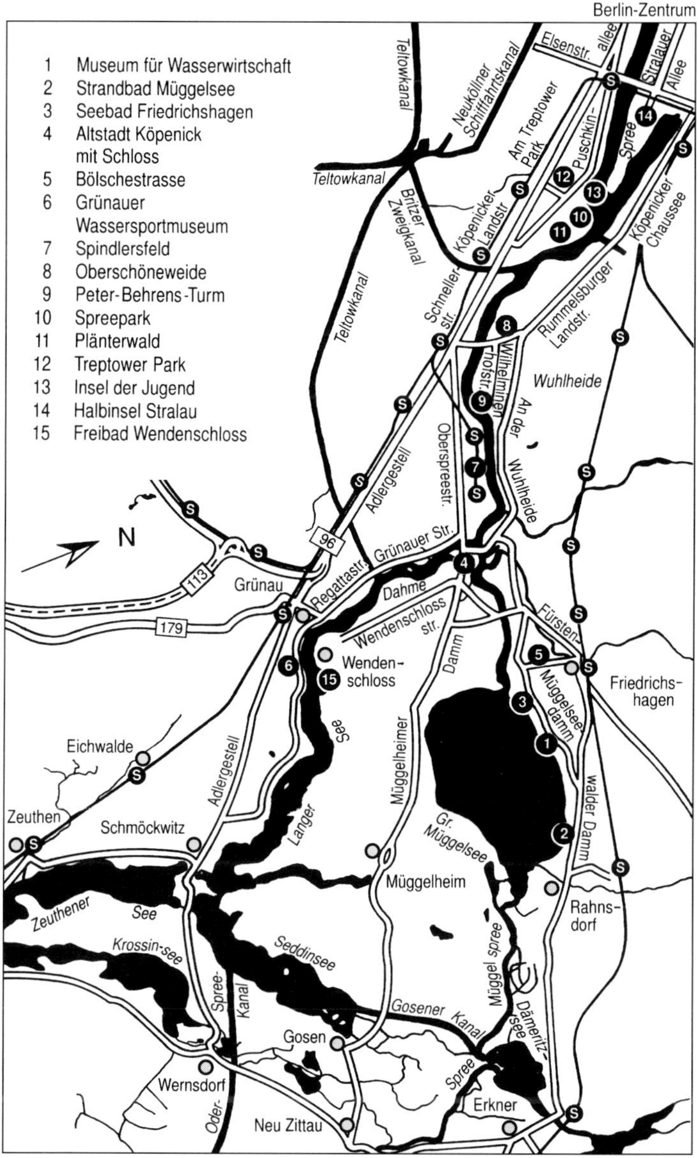
Berlin-Zentrum
1 Museum für Wasserwirtschaft
2 Strandbad Müggelsee
3 Seebad Friedrichshagen
4 Altstadt Köpenick mit Schloss
5 Bölschestrasse
6 Grünauer Wassersportmuseum
7 Spindlersfeld
8 Oberschöneweide
9 Peter-Behrens-Turm
10 Spreepark
11 Plänterwald
12 Treptower Park
13 Insel der Jugend
14 Halbinsel Stralau
15 Freibad Wendenschloss
N
Teltowkanal
Neuköllner Schiffahrtskanal
Elsenstr.
allee
Stralauer Allee
Am Treptower Park
Puschkin-
Spree
Köpenicker Landstr.
Köpenicker Chaussee
Britzer Zweigkanal
Schneller str.
Rummelsburger Landstr.
Wilhelminenhofstr.
An der Wuhlheide
Wuhlheide
Oberspreestr.
Adlergestell
Grünauer Str.
Regattastr.
Dahme
Wendenschloss str.
Damm
Fürsten-
Friedrichs-hagen
Müggelseedamm
walder Damm
96
113
179
Grünau
Wenden-schloss
See
Langer
Müggelheimer
Gr. Müggelsee
Müggelheim
Rahns-dorf
Eichwalde
Zeuthen
Schmöckwitz
Königs Wusterhausen
Zeuthener See
Krossin-see
Seddinsee
Spree-Kanal
Gosener Kanal
Müggel spree
Dämeritz-see
Gosen
Wernsdorf
Oder-
Neu Zittau
Spree
Erkner

Stellvertretend für die vielen mutigen Helfer, die zur Rettung Schiffbrüchiger beitrugen, erhielt August Herrmann (1842–1915) auf der Rahnsdorfer Dorfaue ein Denkmal.

Das Gesicht des alten Fischerortes wurde mehr und mehr durch den Tourismus geprägt. Rund um die Dorfaue entstanden am Ufer des Kleinen Müggelsees und »An den Bänken« Ausflugslokale wie der »Müggelhort« und »Neu Helgoland«. Mit Ausnahme des nordwestlichen Teils des Entenwalls sind die zum Mündungsdelta der Müggelspree gehörenden Inseln bebaut. Auch auf dem Wasser geht es heute lebhaft zu. Vom Dämeritzsee kommend nehmen Wasserfahrzeuge Kurs auf den 770 ha umfassenden *Großen Müggelsee.*

Südlich des Großen Müggelsees begleitet der bewaldete Höhenzug der Müggelberge mit dem Kleinen Müggelberg (82 m, mit Aussichtsturm) und dem Großen Müggelberg (115 m) den seenartigen Spreeverlauf.

**Großer Müggelsee** Er ist nicht nur eine beliebte »Badewanne«, auch viele Freizeitkapitäne »schippern« in den Sommermonaten auf diesem »Berliner Meer«. Das Gebiet rund um den Müggelsee okkupierten die Berliner als Erholungsoase, die sie schnell mit Verkehrsmitteln erreichen. Ausflugsgaststätten wie die »Müggelseeperle« und »Rübezahl« sorgen am südlichen Ufer für Gastlichkeit und kurzweilige Stunden, am Nordufer laden das Strandbad Müggelsee, das Seebad Friedrichshagen sowie das Licht- und Luftbad mit dem größten FKK-Strand Berlins ein. Zu den guten Adressen gehört das »Seehotel« in Friedrichshagen, das nicht nur kulinarische Spezialitäten bietet, sondern auch ein breites Freizeitspektrum (Sauna, Solarium, Kegelbahn, Bootsanlegestelle, Segel- und Surflehrgänge). In der unmittelbaren Umgebung befindet sich in dem 1893 errichteten Backsteingebäude eine der interessantesten Sehenswürdigkeiten von Friedrichshagen, das *Museum für Wasserwirtschaft* (Müggelseedamm 301–308). Es zeigt auf eindrucksvolle Weise den Stand der Technik bei der Trinkwassergewinnung Anfang unseres Jahrhunderts. Da mit wachsender Einwohnerzahl auch der »Durst« der Berliner immer größer wurde, blieb eine Erweiterung des Wasserwerkes nicht aus. Heute gewinnt man das lebenswichtige Nass in Brunnengalerien am Nordufer des Großen Müggelsees aus dem Untergrund. Anschließend wird es unter Einhaltung strenger Normen zu Trinkwasser aufbereitet.

Das erste Berliner Wasserwerk wurde im Jahre 1856 eingeweiht. Zuvor deckten die Berliner ihren Wasserbedarf aus Brunnen. Die Nutzung dieser Wasserspender regelte seit 1660 die »Brunnen- und Gassenordnung«, die Kurfürst Friedrich Wilhelm in Kraft setzte.

Eine spezielle Veredlung erfährt das Spreewasser am Müggelseedamm 164. Hinter dieser Adresse verbirgt sich die Berliner Bürgerbräu GmbH mit

Wasserwerk in Friedrichshagen

dem am 5. Oktober 1996 im ehemaligen Sudhaus eingeweihten *Brauereimuseum*. Es verdeutlicht die komplette technologische Herstellungslinie – von der Hopfenwaage bis zur Abfüll- und Etikettieranlage, die noch von 1920 stammt. Besucher erfahren u. a. Wissenswertes über eine besondere Methode zur Bockbierherstellung, wofür man bis in die 40er Jahre gefrorenes Spreewasser nutzte. Zum Kühlen des in Fässern abgefüllten jungen Bockbieres dienten Eisblöcke, die kräftige Männer in kalten Wintern aus dem Großen Müggelsee herausschlugen. Den ausgereiften edlen Hopfensaft schenken die Friedrichshagener zum alljährlich im Mai stattfindenden Bölschefest aus, wo er deziliterweise durch die durstigen Kehlen rinnt. Seinen Namen erhielt das Fest nach der Bölschestraße, dem repräsentativen Boulevard von Friedrichshagen, der wiederum nach W. Bölsche benannt wurde. Bereits 1754 begannen die Bauarbeiten für diese Straße, die nach anfangs vorrangig Seiden- und Baumwollspinner bewohnten. Doch nach und nach

Der Dichter und Naturphilosoph W. Bölsche wohnte von 1890–1918 in Friedrichshagen am Müggelseedamm 254.

Ende des 19./ Anfang des 20. Jahrhunderts fand sich der »Friedrichshagener Dichterkreis« in dem Berliner Vorort zusammen. W. Bölsche, der 1885 nach Berlin gekommen war um sich der naturwissenschaftlichen Publizistik zu widmen, galt als führendes Mitglied des Kreises. Sein wohl populärstes Werk ist »Liebesleben in der Natur« (1900/1903). Weitere bekannte Vertreter des Dichterkreises waren u. a. G. Hauptmann, F. Wedekind und Ch. Morgenstern.

zog es auch wohlhabende Händler und Künstler hierher und heute prägen Banken und Immobilienfirmen das Gesicht dieser traditionsreichen Bummelmeile. Nur zum Bölschefest verwandelt sich das Kommerzviertel in bierseliger Gemütlichkeit in einen einzigen großen Festplatz.

**Köpenick** Was für Friedrichshagen das Bölschefest ist, bedeutet für das wenige Kilometer spreeabwärts gelegene Köpenick der »Köpenicker Sommer«. Gallionsfigur des Festes ist der Hauptmann von Köpenick – alias Schuster Wilhelm Voigt. Als Hauptmann der preußischen Armee verkleidet erleichterte das Berliner Original die Köpenicker Stadtkasse 1906 um die erkleckliche Summe von 3 557,45 Reichsmark. Sein kühner Husarenstreich brachte ehedem nicht nur den kleinen Mann auf der Straße, sondern auch den Kaiser zum Lachen. Noch heute können wir uns den Ort des Geschehens, den Kassenraum des *Rathauses*, ansehen.

Einen anderen Anlass zum geselligen Beisammensein bot früher der »Grenzenzug«. Im Mittelalter war es Tradition die Fischfanggebiete mit dem damals noch eigenständigen, südöstlich der Köpenicker Insel gelegenen Kietz in gewissen Abständen neu zu regeln. Aus diesem Anlass floss literweise Bier durch die Kehlen, dazu aß man Spreefisch wie Hecht, Aal und Quappen und schwang ordentlich das Tanzbein. Als man den Kietz gegen Ende des letzten Jahrhunderts nach Köpenick eingemeindet hatte und keine Veranlassung mehr zum Grenzenzug bestand, kam die Eskapade des frechen Hauptmanns von Köpenick als neuer Grund zum Feiern gerade recht.

Ein Besuch Köpenicks lohnt aber auch aufgrund seiner Architektur und Geschichte. In der zwischen 1677 und 1688 errichteten barocken *Schlossanlage*, die die Hohenzollern in Auftrag gaben, fand im Jahre 1730 der Gerichtsprozess gegen den jungen Kronprinzen und späteren König Friedrich II. statt. Gemeinsam mit seinem Freund Katte hatte er versucht dem rohen Regime seines strengen Vaters zu entfliehen, aber ihr Plan scheiterte. Der Soldatenkönig ließ daraufhin beide wegen Hochverrats zum Tode verurteilen. Doch während Friedrich seinem Schicksal entging, kostete die Tat Katte das Leben.

Köpenicker Rathaus

Auf Befehl des Monarchen enthauptete man in Küstrin den treuen Gefolgsmann Friedrichs vor den Augen des jungen Prinzen.

Von diesen dramatischen Geschehnissen ahnt der Besucher angesichts der heute im Schloss untergebrachten wertvollen *Kunstgewerbesammlung* nichts. Einer der herausragendsten Schätze, der Gisela-Schmuck, ist ein ottonisches Schmuckensemble aus der Zeit um 1000.

Bereits seit 1782 war das Köpenicker Schloss unbewohnt. 1804 erwarb es der preußische Offizier W. K. von Schmettau, 1819 wurde es Militärdepot, 1830 Staatsgefängnis, in dem auch Fritz Reuter eine Haftstrafe verbüßte. Von 1846 bis 1926 diente es als Lehrerseminar, danach als Studentenwohnheim. Eine umfassende denkmalpflegerische Restaurierung erfolgte zwischen 1960 und 1963, seitdem beherbergt es das Kunstgewerbemuseum.

Köpenick, dessen erste urkundliche Erwähnung aus dem Jahre 1209 datiert, entstand als slawischer Burgwall auf einer Insel am Zusammenfluss von Spree und Dahme. Vom slawischen Wort »Copanic«, was so viel wie »Inselort« bedeutet, leitet sich auch sein Name her. Im Jahre 1996 fanden Archäologen bei Bauarbeiten gegenüber dem Rathaus Reste eines Hauses vom Anfang des 13. Jahrhunderts. Heute kann sich Köpenick rühmen der einzige Bezirk im Berliner Stadtgebiet zu sein, dessen alter Ortskern in seiner Grundstruktur erhalten blieb. Einen weiteren Vorzug macht der Wasser- und Waldreichtum aus.

**Wendische Spree (Dahme)** Wie die vom Großen Müggelsee kommende Spree ergießt sich die vom Süden heranfließende Dahme, auch Wendische Spree genannt, in seenhafte Erweiterungen. Über den Seddinsee, vorbei an der auf einer Halbinsel gelegenen Ortschaft Schmöckwitz, dem Langen See und den Stadtteilen Wendenschloss und Grünau erreicht die Dahme, die bereits Spreewasser durch den Oder-Havel-Kanal und den Spree-Dahme-Umflutkanal erhalten hat, die Spree an der Köpenicker Altstadtinsel. Interessantes und Sehenswertes gibt es auch an der Wendischen Spree zu entdecken, beispielsweise die älteste Köpenikker Ausflugsgaststätte »Palme« in *Schmöckwitz* oder das *Grünauer Wassersportmuseum* in der Regattastraße 141. Das Museum erzählt u. a. Wissenswertes über die olympischen Ruderwettkämpfe, die 1936 in Grünau stattfanden.

Auf ihrem bisherigen Weg durch Berlin passierte die Spree bislang vor allem Erholungsgebiete. Flussabwärts von Köpenick ändert sich das Bild entlang des Spreestroms, von nun an prägt Industrie die Kulisse. Im Jahre 1835 gründete Henriette Lustig am Ufer der Spree eine Lohnwäscherei und legte damit den Grundstein für ein Reinigungsimperium im nordwestlich von Köpenick gelegenen *Spindlersfeld.*

Auch weiter flussabwärts reiht sich Fabrik an Fabrik. In den zahlreichen Betriebshallen des Industriegebietes *Oberschöneweide* wurden anfangs Automobile produziert, es folgte die Herstellung von Elektrokabeln, Transformatoren, Farben und Fernsehbildröhren. Die bemerkenswerte denkmalgeschützte Industriearchitektur – vielfach in Klinkerbauweise – belegt die rasante wirtschaftliche Entwicklung Berlins zu Beginn des 20. Jahrhunderts. Das herausragendste Gebäude in der Oberschöneweider Industrielandschaft ist der 70 m hohe *Peter-Behrens-Turm* von 1917 in der Wilhelminenhofstraße.

Viele Ostberliner nennen den Peter-Behrens-Turm auch heute noch WF-Turm. Diesen Namen erhielt er nach dem früheren Werk für Fernsehelektronik – kurz WF genannt. Noch immer wird hier produziert, nun mit koreanischen Eigentümern.

**Spreepark** Trotz Dominanz der Industrie existieren auch hier grüne Oasen wie die *Kleingartenkolonien »Wilhelmstrand«* und *»Am Freibad«*. Auf der gegenüberliegenden westlichen Spreeseite, die wir mit einer Personenfähre vom Anlegeplatz Weg 7 erreichen, lädt der *Plänterwald* zu erholsamen Spaziergängen ein. Wer Nervenkitzel mag, sollte seine Schritte stattdessen in den Spreepark lenken. Aus der Gondel des 45 m hohen Riesenrades erhält man einen guten Überblick über das Terrain. Danach geht´s ab zur Looping- oder Wildwasserbahn, letztere überwindet ein Gefälle von 62 % und ist eine nervenaufreibende Alternative zu einer Fahrt auf der gemächlich dahinfließenden Spree.

Das Gebiet zwischen dem heutigen Spreepark im Plänterwald und dem S-Bahnhof Treptower Park zog zur groß angelegten Gewerbeausstellung 1896 schon einmal Preußens Schausteller an. Urspünglich war hier eine wirtschaftliche Weltausstellung geplant, die dann jedoch auf eine nationale Präsentation hinauslief – aber immerhin mit 7,5 Millionen Besuchern. Zum zweiten Mal stellte sich die preußische Wirtschaft in einer repräsentativen Leistungsschau vor. An der Spree »ankerte« ein für dieses Ereignis nachgebauter Hochseedampfer. Die kaiserliche Kriegsmarine focht auf der Wasserfläche eines 1 ha großen künstlich angelegten Sees mit Miniaturmodellen ihrer Schlachtschiffe sieg-

Die erste preußische Gewerbeausstellung fand 1822 in der Klosterstraße in Berlin-Mitte statt. Die Veranstaltung zählte damals etwa 10 000 Besucher.

Abteibrücke zur Insel der Jugend

1996 feierte die Archenhold-Sternwarte ihr 100-jähriges Jubiläum und erstrahlt seitdem in neuem Glanz. Nach alten Plänen wurde auch der Einsteinsaal wiederhergestellt. Hier hielt der weltbekannte Nobelpreisträger im Jahre 1915 seinen ersten Vortrag in Berlin.

reiche Seegefechte aus. Wer keine Freude an den Kriegsspielen empfand, zerstreute sich bei traditioneller Unterhaltung im Zirkus Hagenbeck oder erklomm mit einer elektrisch betriebenen neuen Turmbahn ein 60 m hoch gelegenes Restaurant, um den Ausblick auf das Ausstellungsgetümmel zu genießen. Sogar die Spree bekam zeitweise Konkurrenz – auf einer fast 4 ha großen Fläche schlängelte sich ein falscher Nil durch die Kulisse des nachgebauten Kairo.

An das Großreignis erinnert heute nur noch die *Archenhold-Sternwarte* im benachbarten Treptower Park. Alle anderen Gebäude mussten nach Schließung der Gewerbeausstellung am 15. Oktober 1896 wieder abgerissen werden, so auch das mit zwei je 60 m hohen Türmen ausgestattete Hauptgebäude, das mit seiner riesigen Kuppel einer Moschee ähnelte. Dieses Provisorium hatte der Architekt B. Schmitz entworfen, der auch die Pläne für das Kaiserdenkmal am Deutschen Eck in Koblenz sowie für das Völkerschlachtdenkmal in Leipzig lieferte.

Nach dem Ende des Zweiten Weltkrieges entstand auf dem Gelände der Gewerbeausstellung im

Treptower Park ein sowjetischer *Soldatenfriedhof* mit Ehrenmal, der an die russischen Opfer des Zweiten Weltkrieges erinnert. Hier fand nach der deutschen Wiedervereinigung auch die offizielle Verabschiedung der in der ehemaligen DDR stationierten sowjetisch-russischen Truppen im Beisein von Boris Jelzin und Helmut Kohl statt.

**Haus Zenner** Der Treptower Park ist heute einer der wichtigen Heimathäfen der Stern- und Kreisschifffahrt. Wenige Meter vom S-Bahnhhof Treptower Park starten die Ausflugsschiffe ihre Fahrt auf der Spree in die Berliner City oder stromaufwärts in Richtung Köpenick. Doch auch zu Fuß lohnt eine Entdeckungstour entlang des Spreeufers im *Treptower Park*. Die Stadtväter ließen nach dem Ende der Gewerbeausstellung den Parkcharakter wieder herstellen.

Der Treptower Park entstand zwischen 1876 und 1882 im Stil englischer Landschaftsgärten nach Plänen von J. H. G. Meyer. Der Mitarbeiter P. J. Lennés wurde der erste Direktor des 1870 gegründeten städtischen Gartenamtes und war maßgeblich an der Konzipierung des Parkgürtels beteiligt, der sich heute um den Innenstadtbereich zieht (Tiergarten, Humboldthain, Friedrichshain und Treptower Park).

Von der Anlegestelle vorbei am Rosengarten gelangen wir am südöstlichen Ende des Treptower Parks zur Ausflugsgaststätte Zenner, die auf eine fast 400-jährige Tradition zurückblicken kann. Im Jahre 1602 erwarb die Stadt Berlin das Grundstück, auf dem ein »Spreebudiker« (Gastwirt) ausschenkte. Zu einschlägigem Ruhm kam jedoch erst das in den Jahren 1821/22 errichtete Gasthaus Ende des 19. Jahrhunderts unter der Leitung von Rudolf Zenner. Heute gehört zu dem gastlichen Haus auch die Musikkneipe »Eierschale«. Vor allem bei schönem Wetter lohnt ein Besuch des 1500 Plätze fassenden Biergartens am Spreeufer, von dem aus wir die fast noch ländliche Flusslandschaft mit der benachbarten Insel der Jugend und der gegenüberliegenden Halbinsel Stralau mit dem schiefen Turm der einstigen Dorfkirche betrachten können. Am Ufer liegen Tret- und Ruderboote für Ausflüge zu Wasser bereit. Einst ein Geheimtip für junge Leute ist heute das auf der *Insel der Jugend* vom Stadtbezirk Treptow geführte Jugendfreizeitzentrum eine beliebte und bekannte Adresse für Konzert- und Kulturveranstaltungen.

**Spreetunnel** Vom Zenner führte einst der Spreetunnel zur 200 m nördlich gelegenen Stralauer Halbinsel. Die Bauarbeiten begannen im Jahre 1895, die Fertigstellung zur Gewerbeaustellung ein Jahr später gelang jedoch nicht. Erst im Jahre 1899 konnte der Tunnel befahren werden, die Nutzung als Straßenbahntunnel dauerte bis 1932 an. Damit die Straßenbahnen in der engen, eingleisigen Tunnelröhre nicht zusammenstießen, wurde ein Holzknüppel wie ein Staffelstab nach der Spreeunterquerung an den nächsten Straßenbahnfahrer übergeben. Die »Knüppelbahn« fuhr so bis zur Einstellung ihrer Tunnelfahrten im Dezember 1932 unfallfrei. Während des Zweiten Weltkrieges zu einem Luftschutzraum umgebaut, kam es im Februar 1945 während eines Bombenangriffs zur Flutung und teilweisen Zerstörung des Tunnels. Nach dem Krieg schüttete man die Eingänge zu. Mehr als 50 Jahre vergingen, bevor Berliner Bauherren den Spreetunnel an der Stralauer Seite wieder öffnen ließen. Taucher inspizierten Ende 1996 die 4 m breite Röhre um den Zustand des Baugrundes für ein nahe gelegenes Bauvorhaben neuer Appartmenthäuser zu beurteilen.

Die während der Bauarbeiten am Spreetunnel gewonnenen Erkenntnisse dienten den Baufachleuten auch für Planungen zur Unterquerung der Spree im Zuge des U-Bahnbaus, der Anfang des 20. Jahrhunderts begann.

**Stralau** Der Spreetunnel, der vom Zenner in Treptow bis zu dem alten Fischerort Stralau führte, steht heute nicht mehr zur Verfügung. Aber es existiert eine westliche Zufahrtsstraße nach Stralau. Über die Verlängerung der Stralauer Allee erreichen wir hinter der Elsenbrücke die von der Spree und dem Rummelsburger See umflossene Halbinsel. Wissenschaftler vermuten, dass Stralau im frühen Mittelalter noch von allen Seiten vom Wassser umspült war und dass es zusammen mit dem östlich in der Spree gelegenen Kratzbruch und der Liebesinsel sowie der südlich vorgelagerten Insel der Jugend ein Miniarchipel bildete. Historisch verbürgt ist dagegen seit dem 16. Jahrhundert die Tradition des Stralauer Fischzuges. Alljährlich im August begann das »Anfischen« auf der Spree, wobei die Erträge der ersten vier Fischzüge der Pfarrer erhielt. Der Geistliche wiederum zeigte sich den Spendern mit einer halben Tonne Bier und einer Mahlzeit erkenntlich. Aus diesem Ritual entwickelte sich beginnend mit dem Jahre 1780 ein Volksfest größeren Ausmaßes, das damals auch viele Berliner besuchten. In der Folgezeit uferte das Fest jedoch so aus, dass die Halbinsel für die zuströmenden Menschenmassen zu klein wurde. Das Fest-Treiben ließ selbst den Friedhof nicht aus.

Das 1288 als Ort bereits urkundlich erwähnte Stralau kaufte Berlin schon 1358 auf.

Gewalttätigkeiten standen auf der Tagesordnung. So sprach die zuständige Behörde 1873 erstmals ein Verbot für den Stralauer Fischzug aus. Sein Schicksal schien mit dem Berliner Mauerbau 1961 schließlich endgültig besiegelt, als die Stammbesucher aus dem benachbarten Neukölln und Kreuzberg ausbleiben mussten. Als die Stralauer 1996 das ursprüngliche Traditionsfest wieder zum Leben erwecken wollten, gelang es durch organisatorische Pannen noch nicht an alte Zeiten anzuknüpfen.

Nach der Wende begann die Neubebauung der malerischen Halbinsel mit Wohnbauten in landschaftlich reizvoller Lage – die »Spreeresidenzen«, luxuriöse Wohnungen in neu errichteten Appartmenthäusern sind zum modernen Wahrzeichen Stralaus geworden. Auch die gegenüberliegende Treptower Spreeseite erhielt eine Skyline. Der »Treptowers«, der Büroturm der Allianz-Versicherung, und wuchtige Büroneubauten vereinen sich zu einer für Millionenstädte typischen Bebauung. Der Spree kommt auf ihren letzten Kilometern außerdem die Ehre zu die Wassermagistrale der deutschen Hauptstadt zu sein.

Auf den folgenden Reisabschnitten begleiten wir nun unseren Fluss quer durch die pulsierende und bunte Metropole Berlin.

Im Jahre 1996 entdeckten Archäologen auf der Stralauer Halbinsel Reste einer Befestigungsanlage aus dem 13. Jahrhundert, bestehend aus einem 6–8 m breiten Wall, einem Graben und Resten von Palisadenpfosten. Weit älter sind Keramikfunde aus dem 2. Jahrhundert n. Chr., die die Besiedlung der Spreehalbinsel durch Germanen beweisen.

## Der besondere Tipp:

**Fortbewegung mit Sonnenkraft**

Ein neues Zeitalter begann Mitte der 90er Jahre in Köpenick mit dem Einsatz von Solarbooten auf dem Großen Müggelsee. Mittlerweile kann jedermann an einer Verleihstation nahe dem Freibad Wendenschloss Solar-Katamarane für Bootsfahrten mieten und damit die Berliner Spree- und Dahmegewässer erkunden.

Sollten die Zukunftsvisionen von Planern und Tourismusunternehmen Wirklichkeit werden, so werden bald Solar-Wassertaxis zwischen den Bezirken Mitte und Köpenick verkehren. Konkrete Planungen gibt es auch für das Projekt »Ökologischer Wassertourismus«, das die Errichtung von 6 Servicestationen für Solarboote entlang der Wasserstraßen zwischen Köpenick und dem Scharmützelsee bis zum Jahre 2000 vorsieht.

# Spreeathen

## Oberbaumbrücke · Karl-Marx-Allee
## Nikolaiviertel · Alexanderplatz · Schlossplatz
## Hackescher Markt · Friedrichstraße
## Spreebogen · Tiergarten

Anreise:
***mit dem PKW*** *über den Berliner Ring A 10 bis Schönefelder Kreuz, weiter über A 113 und*
*B 96a bis Schlesisches Tor*
***mit der Bahn*** *bis Berlin-Lichtenberg und weiter mit der S-Bahn bis Warschauer Straße*

Am Schlesischen Tor

Mit der Oberbaumbrücke am sogenannten *Schlesischen Tor* erreichen wir auf unserer Spreefahrt das historische Berlin, denn genau hier endete die Stadt noch bis 1920. Am 27. 4. 1920 verabschiedete die Preußische Landesversammlung das »Gesetz über die Bildung der neuen Stadtgemeinde Berlin«. Groß-Berlin, wie fortan häufig genannt, wuchs auf das 13fache – von 6 700 auf 878 010 ha und auf die doppelte Einwohnerzahl – von 1,9 auf 3,8 Millionen. Flächenmäßig war sie die größte, der Einwohnerzahl nach die drittgrößte Stadt der Welt jener Zeit. Die Nachbarstädte hatten sich bis dahin erfolgreich gegen die Eingemeindung nach Berlin gewehrt. 1920 kam es im Köpenicker Stadtparlamentes sogar zu Prügeleien zwischen den Abgeordneten über den Anschluss. Dabei sollen auch Stinkbomben auf die Rednertribüne geflogen sein. Die Geschichte ist darüber längst hinweggegangen.

Die Bildung der Großgemeinde war lange umstritten. Die Berliner Börsen-Zeitung schrieb am 27. 4. 1920: »Das Haus war dicht besetzt. Die Abstimmung erfolgte durch die Abgabe blauer Ja- und roter Nein-Karten. Im Ganzen stimmten 317 Abgeordnete. Für das Gesetz stimmten 164, dagegen 148, so dass Groß-Berlin mit nur 16 Stimmen Mehrheit beschlossen ist.« – vergleichbare Aufregung rief nur noch die Abstimmung über den Hauptstadtstatus Berlins 1992 im Bundestag hervor.

Während unserer Spreetour lernen wir das historische Berlin auf zwei verschiedenen Wegen kennen: Auf dem ersten Reiseabschnitt begeben wir uns in die Innenstadt, zum einstigen und künftigen Machtzentrum der deutschen Hauptstadt, und auf unserer zweiten Route (siehe folgendes Kapitel) entlang des Landwehrkanales bewegen wir uns vor allem durch Kreuzberg, einem der koloritreichsten Berliner Bezirke. Die City besticht durch eine Fülle von Highlights und Sehenswürdigkeiten und doch hat sie noch mehr zu bieten als das Brandenburger Tor, den Reichstag, die Siegessäule oder den Kurfürstendamm. Wir werden auf unserer kurzen Spreetour immer nahe am Fluss bleiben, gelegentlich nach links und rechts abschwenken, wo Bekanntes und weniger Bekanntes ins Blickfeld rückt, ohne dabei den Anspruch auf Vollständigkeit zu erheben. Die Spreetour bietet dabei nur eine Variante an, das pulsierende Herz Deutschlands zu erobern.

**Oberbaumbrücke** Die Oberbaumbrücke – einer der schönsten Brückenbauten Berlins – ist ein markantes »Eingangstor« zur Innenstadt. Der eigentümliche Name rührt von quer gelegten Baumstämmen her, die im 18. Jahrhundert verhinderten, dass sich während der Nacht Unbefugte auf dem Wasserweg Zugang zur Stadt verschafften. Der Ober-

Oberbaumbrücke

Die alte Zollmauer von 1735 bestand bis 1867/68. Von den insgesamt 17 Toren überstand nur das Brandenburger Tor den Abriss. Namen wie Rosenthaler, Frankfurter, Hallesches, Schlesisches oder Oranienburger Tor erinnern noch heute an den früheren Verlauf.

baum fand sein Gegenstück im Unterbaum in der Nähe des heutigen Reichstages, wo die Spree die Stadt wieder verließ. Ab 1735 bildeten sie einen Teil der Akzisemauer (eine von insgesamt drei historischen Stadtmauern Berlins), die aus Holz oder Stein die Stadt umschloss, um Desertionen von Soldaten zu unterbinden und Akzise (Zoll) einzunehmen. Die originelle Architektur der Oberbaumbrücke über sieben Brückenbögen mit Türmchen und Erkern erinnert an mittelalterliche Stadtmauern. Als kombinierte Straßen- und Hochbahnbrücke wurde der Backsteinbau 1895 eingeweiht. Der Verkehr rollt heute in drei Autospuren über die Brücke, daneben soll in den nächsten Jahren die Tram über die Gleise gleiten. Trotz Verkehrslärmes sollte man sich ruhig einmal auf die Brücke stellen, um die Aussicht zu genießen: Spreeabwärts zeichnet sich die Silhouette der Innenstadt mit dem Fernsehturm ab, rechts, direkt an der Spree, zieht sich eine 1,3 km lange Betonmauer entlang, die ein Kunstwerk besonderer Art darstellt: die sogenannte *East Side Gallery*. Von der Öffnung der Mauer zutiefst bewegt bemalten im Frühjahr 1990 118 Künstler aus 21 Ländern unter Leitung der Schottin Chris McLean dieses Stück des ehemaligen Grenzwalls zwischen Ost und West. Der Trabant, der die Mauer durchbricht, der Bruderkuss zwischen E. Honecker und L. Breshnew und der Mauerspringer sind heute weltberühmt. 1992 wurde die Open-Air-Gallery unter Denkmalschutz gestellt. Leider sind die Bildwerke bereits in schlechtem Zustand, so dass man sich 1996 entschloss, einige Bilder völlig neu zu malen. Weiter westwärts liegt auf der rechten Spreeseite der *Hauptbahnhof*, der früher Schlesischer Bahnhof hieß. Man sieht es der Umgebung mit ihren Neubauten aus Glas und Beton heute nicht mehr an, aber in den 20er Jahren war dieser Flecken die »kriminellste Ecke« der Stadt. Hier blühten Prostitution, Straßenraub und Bauernfängerei und hier gründete die Berliner Unterwelt ihre ersten Vereine, die – Chicago lässt grüßen – Namen wie »Geselligkeits-Club Immertreu« trugen. Im Angebot der geführten thematischen Stadtrundgänge sind auch sogenannnte »Tatort-Touren«: Rundfahrten durch die Berliner Kriminalgeschichte. Dabei führt der Weg auch in die Lange Straße am Hauptbahnhof, in der der gefürchtete Serienmörder Karl Großmann lebte, der um 1921 mindestens 23 Frauen ermordete. (Informationen über Berlin-Tourismus-Marketing GmbH, siehe praktische Hinweise)

Die Oberbaumbrücke war bis 1989 ein Grenzübergang zwischen Ost- und Westberlin (Fußgänger). Inzwischen erinnert nichts mehr daran, die Autos rollen wieder darüber und seit 1995 führt auch die U-Bahn wie früher über die Brücke.

**Karl-Marx-Allee** Vom Bahnhof lohnt ein Abstecher nach Norden zur Karl-Marx-Allee, dem größten »Denkmal« Berlins. Die 2,5 km lange einstige Prachtstraße Ostberlins entstand zwischen 1952 und 1959 unter Leitung des Architekten H. Henselmann als »Musterbeispiel sozialistischen Städtebaus«. Der Baustil der Stalinzeit, die weiträumige Gliederung und Monumentalität sind einmalig in Deutschland. Zur Zeit erfolgen umfangreiche Sanierungen, des unter Denkmalschutz stehenden Komplexes, denn die gesamten Kachelfassaden (ehemals Meißner Kacheln) müssen erneuert werden. An der Ecke Straße der Pariser Kommune erstrahlen die ersten Häuser, die großzügige Wohnungen bergen, bereits im neuen Glanz. Die Allee

Die Karl-Marx-Allee hieß bis 1961 Stalinallee. Ihr letzter Bauabschnitt vom Strausberger Platz bis zum Alexanderplatz wurde erst in den 70er Jahren vollendet und als 125 m breiter Aufmarschplatz genutzt. Am 1. Mai und am 7. Oktober (dem Gründungstag der DDR) fanden dort u. a. die Militärparaden statt.

Die Bier Fakultät präsentiert, in hohen Regalen wohlgeordnet, eine beindruckende Sammlung von 417 Biersorten aus aller Welt. Wer nicht nur eine »Molle stemmen«, sondern auch noch seinen Wissensdurst löschen möchte, dem steht auch ein »Bier-Computer« zur Verfügung, mit dessen Hilfe man viel Interessantes rund um den Gerstensaft erfährt.

entlang erreichen wir bald den *Strausberger Platz*. Im Mittelalter galt er als verrufener Ort, denn hier befand sich das Hochgericht. Zweimal im Jahr fanden Hinrichtungen zur Abschreckung der Berliner statt. Von 1391 bis 1448 registrierten die Annalen allein 114 Hinrichtungen – teilweise wegen geringer Vergehen wie z. B. Diebstahl einer Kneipenkasse oder Heringsdiebstahl. Am 22. 3. 1540 wurde der legendäre Hans Kohlhase an dieser Stelle gerädert. H. v. Kleist setzte dem um Gerechtigkeit kämpfenden Kaufmann aus Cölln an der Spree in seiner Novelle »Michael Kohlhaase« ein Denkmal. Selbst als Anfang des 18. Jahrhunderts das Hochgericht nach Norden zog, blieb der Platz noch lange unbewohnt. Inzwischen säumen Hochhäuser der 50er Jahre den Strausberger Platz, der heute ein wichtiger Verkehrsknotenpunkt ist. In der Mitte sprudelt eine Fontäne. In einem der Hochhäuser am nördlichen Platzrand hat seit 1995 die *»Berliner Bier Fakultät«* ihr Domizil. Bierfreunde können 111 verschiedene Sorten aus der Flasche und 9 vom Hahn probieren. Auch eine eigene kleine Brauerei ist angeschlossen.

Durch die Lichtenberger Straße gelangen wir zurück zur Spree und zur stählernen *Jannowitzbrücke*. Hier ragen seit neuestem Hochhäuser in den Himmel und gläserne Fassaden spiegeln sich im Wasser: das Jannowitz-Center. 23 000 m² Nutzfläche, Läden, Büros, Gewerbeflächen sind entstanden, wobei alte Fabrikhöfe integriert wurden. Es stellt ein prägnates Beispiel für die neue Spreeuferbebauung dar, wie sie uns auf den nächsten 3–4 km noch häufiger begegnen wird. Gegenüber, Ecke Brückenstraße/Märkisches Ufer, steht das Haus am *Köllnischen Park*, auch ein Neubau, allerdings noch aus DDR-Zeiten. Darin residierte einst der Gewerkschaftsbund FDGB, heute dient es als Kongresszentrum. Nur wenige Meter von hier entfernt, an der *Mühlendammschleuse*, stehen wir an der Wiege der Stadt Berlin. Vor etwa 750 Jahren erstmals erwähnt bildeten sich an dieser Spreefurt die Doppelstädte Berlin (nördliches Ufer) und Cölln (südliches Ufer) heraus. Etwa gleichzeitig hatten sich um 1190 Kaufleute an dem Kreuzungspunkt wichtiger Fernhandelsstraßen niedergelassen. Um

An der Mühlendammschleuse

den Cöllnischen Fischmarkt und die heute nicht mehr vorhandene Petrikirche entwickelte sich Cölln, um die Nikolaikirche nördlich des Molkenmarktes Berlin. Die erste Schleuse wurde im 15. Jahrhundert gebaut. An das alte Berlin erinnert leider nur noch wenig. Links der Mühlendammbrücke ragen die Hochhäuser der *Fischerinsel* auf. Dieser Teil galt bis zum Abriss im Jahre 1965 als einer der unterentwickeltsten Winkel der Stadt. Hier fand der berühmte »Milljöh«-Maler H. Zille seine unverwechselbaren humoristischen, aber durchaus sozialkritischen Motive des Berliner Alltagslebens. Die Wohnungen besaßen keine Innentoiletten, keine Bäder, viele Häuser zeigten Zeichen des Verfalls. Trotzdem bildete der frühere Fischerkietz mit seinen Katen und den 1–3-geschossigen Fachwerkhäusern von Handwerkern – einst keine 400 m vom Schloss des Kaisers entfernt – ein uriges Stück Berlin. Durch den Abriss zu DDR-Zeiten ging ein Teil der historischen Altstadt für immer verloren.

Cölln wird am 28. 10. 1237 erstmals in einem Vertrag zwischen dem Bischof Gernand von Brandenburg und den Markgrafen Johann I. und Otto III. erwähnt. Die erste Erwähnung Berlins erfolgte in einer Urkunde der Markgrafen vom 26. 1. 1244.

**Nikolaiviertel** Nördlich der Mühlendammbrücke hingegen gibt es noch so etwas wie Altberliner Atmosphäre im Nikolaiviertel. Um die *Nikolaikirche*, die älteste Kirche Berlins (1264 erstmals erwähnt), gruppieren sich in dem eng verschachtelten Quartier alte und neue Häuser in bunter Mischung. Anlässlich der 750-Jahr-Feier der Stadt baute man diesen Teil des ursprünglichen Berlins nach der Zerstörung im Zweiten Weltkrieg dem historischen Vorbild entsprechend wieder auf. Bis auf wenige original erhaltene Häuser (neben dem Ephraimpalais in der Poststraße) sind selbst scheinbar alte Gebäude Nachbauten aus heutiger Zeit. Trotzdem kann man dem Viertel, in dem Läden, Kneipen, Restaurants, Cafés und Museen dicht beieinander liegen, das gewisse »Etwas« nicht abstreiten. Gäste und Einheimische zieht es zahlreich hierher. Neben der Kirche (heute Ausstellungsraum und Konzerthalle) mit ihren neogotischen Zwillingstürmen ragen das *Knobloch-Haus* (Poststraße 23), 1759 durch Ch. Knobloch als dreistöckiges Wohn- und Geschäftshaus errichtet, und das *Ephraimpalais* (Poststraße 16), für den Hofjuwelier Friedrichs des Großen V. H. Ephraim 1761–1765 erbaut und als »schönste Ecke« von Berlin bekannt, als besonders sehenswert heraus. Noch manche andere historische Adresse liegt im Nikolaiviertel. So hat G. E. Lessing im Haus am Nikolaikirchhof 10 (heute Nikolaikirchplatz 7) das Trauerspiel »Miss Sahra Sampson« geschrieben. Der Name Fontane-Apotheke ist aber irreführend. Der bekannte Dichter absolvierte zwar in Berlin eine Apothekerlehre, jedoch ein paar Straßen weiter in der Spandauer Straße.

Die romanische Nikolaikirche wurde Ende des 13. Jahrhunderts zur gotischen Hallenkirche umgebaut. Beim großen Stadtbrand 1380 brannte sie bis auf die Grundmauern nieder, so dass die heutige Bausubstanz aus der Zeit um 1400 stammt.

**Alexanderplatz** Einmal im Nikolaiviertel angelangt sollte man einen Abstecher zum Alexanderplatz unternehmen. Vorbei am *Roten Rathaus*, dem wuchtigen 99,20 m langen und 87,90 m tiefen Backsteingebäude, das mit seinem mächtigen, stark gegliederten Turm nach Plänen des Architekten H. E. Waesemann 1861–1865 im sogenannten Rundbogenstil aus roten Klinkern entstand (heute Sitz des Regierenden Bürgermeisters), gelangt der Besucher zum neobarocken *Neptunbrunnen* von R. Begas und zum Fernsehturm. Das von der Figur

Das Rote Rathaus hatte mehrere Vorgänger. Die frühmittelalterlichen Städte Berlin und Cölln bauten ein gemeinsames Haus zuerst auf der Rathaus-

Neptuns bekrönte Wasserspiel, bereits 1891 gefertigt, erhielt ursprünglich einen Platz vor dem Schloss und seinen jetzigen Standort erst 1969. Der *Fernsehturm* war 1969 fertig gestellt. Das höchste Bauwerk der Stadt (nach der Fertigstellung 365 m – ab 1998 durch Installation einer neuen Antennen-Anlage über der Turmkugel sogar 368 m) lohnt immer einen Besuch, sofern das Wetter gut ist. In 203 m Höhe bietet sich ein toller Blick über das unendliche Häusermeer vor uns aus, bei günstiger Witterung kann man vom Turm bis zu 40 km weit in die Umgebung schauen. Im Café, das sich stündlich einmal um die Achse des Turms dreht, werden hoch über den Dächern der Stadt, Erfrischungen, Kuchen und Herzhaftes angeboten. Der eigentliche Alexanderplatz liegt hinter dem S-Bahnhof. Der S-Bahnviadukt verläuft hier in vielen Kurven, da er auf der alten Stadtbefestigung aus dem 17. Jahrhundert erbaut wurde. Der Alexanderplatz war und ist das Zentrum des Ostteils der Stadt. In seiner heutigen verkehrsberuhigten Form nahm er erst in den 60er bis 70er Jahren Gestalt an, doch um die Jahrhundertwende gehörte er zu den am meisten von Leben durchpulsten Orten der Weltstadt. Hier kreuzten sich die Linien der Stadtbahn (ab 1882), der Pferde- und ab 1896 der elektrischen Straßenbahn und ab 1913 der neuen U-Bahn. 1927 begann die Umgestaltung des Platzes und der Verkehrswege. Baulich blieb nach dem Zweiten Weltkrieg nur das *Berolinahaus* (heute Einkaufszentrum) und das *Alexanderhaus* (heute Sitz der Bezirksverwaltung Mitte) übrig. Seit mehreren Jahren denken Stadtplaner über eine Neugestaltung des »Alex« nach – die großen Freiflächen sollen verschwinden, eine dichtere Bebauung, die den heutigen hohen Bodenpreisen und Mieten Rechnung trägt, entstehen. Ob die Überlegung hier Hochhäuser mit 20–30 Stockwerken zu errichten städtisches Leben und Weltstadtfluidum zurückbringt, darf aber bezweifelt werden.

Zurück zur Spree können wir über die Gruner- und Littenstraße südlich des Alexanderplatzes gelangen. Dieser Weg führt vorbei an einem kleinem Stück *Stadtmauer*, das vom mittelalterlichen Berlin kündet. Hier an der Mauer gibt es noch einige

brücke am Nikolaiviertel. 1692–1695 entstand der Vorgängerbau an der heutigen Stelle. An der Fassade des Roten Rathauses befinden sich 36 Terrakottareliefs, die als Fries um das Haus laufen und die Berliner Geschichte bebildern.

Der Alexanderplatz war im 15. Jahrhundert noch ein Viehmarkt vor den Toren der Stadt. Ab dem 18. Jahrhundert diente er als Exerzierplatz. Seinen heutigen Namen erhielt er 1805 anlässlich des Besuches von Zar Alexander I.

Der Ursprung des Lokals »Letzte Instanz« geht auf das Jahr 1621 zurück, als ein ehemaliger Reitknecht des Kurfürsten hier eine Branntweinstube eröffnete. Neben Angehörigen des nahen Stadtgerichts waren und sind es auch Prominente aus Kultur und Politik, die hier einkehren. Zu den Gästen zählten u. a. Napoleon Bonaparte, Heinrich Zille, Maxim Gorki und Jacques Chirac.

Seit 1451 dominierte das Schloss der Hohenzollern den Platz. Der einstige Renaissancebau erhielt im 18. Jahrhundert durch A. Schlüter seine letzte barocke Gestalt. Es hatte eine Länge von 200 m und eine Breite von 120 m. Die DDR-Führung ließ den z. T. zerstörten Bau 1950/51 abreißen.

alte ehrwürdige Bürgerhäuser und die urgemütliche *Gaststätte »Letzte Instanz«*, eine der ältesten Kneipen Berlins. Durch die Stralauer Straße und über die Mühlendammbrücke erreichen wir dann das westliche Flussufer, früher die »Cöllner Seite« der Doppelstadt Berlin/Cölln. Nach rechts biegt die Breite Straße ab.

**Schlossplatz** Hier befindet sich noch ein Relikt des ehemaligen kaiserlichen Schlossensembles: der 1898–1906 entstandene *Marstall*, einer der wenigen erhaltenen frühbarocken Bauten Berlins. Er diente bis 1918 zur Unterbringung der 300 Pferde und prachtvollen Kutschen des Hofes. Mit dem schlichten *Ribbeckhaus*, das vier zierliche Giebel und ein reich verziertes Sandsteinportal aufweist, gleich nebenan sehen wir eines der wenigen erhaltenen Bauwerke der Spätrenaissance. Das Ribbeckhaus entstand Anfang des 17. Jahrhunderts. Nach der Zerstörung im Dreißigjährigen Krieg kaufte es Kammerrat Hans-Georg von Ribbeck und ließ es im Renaissancestil umbauen. Dieses Kleinod beherbergt seit 1996 das Zentrum für Berlin-Studien. Hier wird geforscht und debattiert zum Thema: Berlin in Geschichte, Gegenwart und Zukunft. Geschichtsinteressierte wie auch Touristen erhalten in dieser Einrichtung Informationen. Gegenüber liegt der Schlossplatz, einst war er das repräsentative Zentrum Preußens und des Kaiserreiches, heute ist er verwaist und Standort des leer stehenden *»Palastes der Republik«*. Das eckige, 180 m lange, 1973–1976 errichtete Gebäude aus Naturstein, Aluminium und Glas diente zu DDR-Zeiten als Parlament und als Kulturstätte. 1990 wegen Asbestverseuchung geschlossen bildet der Tempel sozialistischer Prägung immer noch einen der typischen Streitfälle der Politik um Berlins historische Mitte – Abriss oder Sanierung. Der Gedanke an gleicher Stelle das bis 1951 dort existierende Hohenzollernschloss ganz oder teilweise wieder aufzubauen, wird ebenso erwogen wie eine völlige Neubebauung des geschichtsträchtigen Platzes. Gegenüber am Spreekanal gähnt uns gegenwärtig eine große Freifläche entgegen. Bis 1996 stand dort ein wenig ansehnlicher Neubau, das DDR-Außenministerium, dessen Abriss wohl niemand nachtrauern wird. Was stattdessen entstehen soll, ist noch offen. Zwar wurde der Wiederaufbau der einst hier vorhandenen Schinkelschen Bauakademie ins Auge gefasst, doch Konkretes liegt noch nicht vor. Auf dem Schlossplatz fallen noch drei weitere Gebäude auf. Das *ehemalige Staatsratsgebäude* an der südlichen Begrenzung des Platzes mit einem reich verziertem Portal des alten Stadtschlosses von 1713 als Eingang nutzt in heutigen Tagen das Bundesbauministerium als Amtssitz. Besucher sind hier immer willkommen und können im Foyer das riesige Berlin-Modell bestaunen und sich über die Baupläne der Stadt informieren. Selbst Relikte der DDR-Zeit – wie die Glasmalerei über die lichte Zukunft des Sozialismus, das DDR-Emblem mit Hammer, Zirkel und Ährenkranz – sind hier noch zu sehen. Direkt gegenüber steht das wuchtige Gebäude der *ehemaligen Reichsbank*, 1934–1938 im Monumentalstil der Nationalsozialisten erbaut. Nach dem Krieg residierte hier die Staatspartei SED, 1999 wird das Bundesaußenministerium einziehen. Wesentlich schöner anzuschauen ist die gegenüberliegende *Friedrichswerdersche Kirche*, die an die märkische Backsteinbauweise anknüpft. Es war K. F. Schinkels erster Versuch den deutschen Klassizismus mit gotischen Elementen zu verschmelzen (erbaut 1826–1830). Heute dient die Kirche, die zahlreiche Gemälde und Entwürfe Schinkels birgt, zu Recht als *Schinkelmuseum*. Von der Schlossbrücke am Nordrand des Schlossplatzes bietet sich dem Besucher der Blick auf die berühmte *Museumsinsel*: mit *Altem Museum*, *Neuem Museum*, *Bode- und Pergamonmuseum*. Da all diesen Museen mit weltbekannten Sehenswürdigkeiten viele Prospekte, Kunstbücher und ganze Seiten von Stadtführern gewidmet sind, belassen wir es bei ihrer Erwähnung. Links von der *Schlossbrücke* beginnt die Prachtstraße *Unter den Linden*, rechts die Karl-Liebknecht-Straße. Letztere prägt eine »bunte Mischung« aus Bauwerken unterschiedlicher Zeiten. Von unserem Standort aus erreichen wir zuerst den *Lustgarten*, einst Gemüsegarten des Schlosses, dann Barockgarten zum Lustwandeln, später Paradeplatz der Nazis und nun – typisch für Berlin – ein Platz, für dessen Gestaltung es vielerlei Ideen,

In der Schinkelschen Bauakademie befand sich einst das Archiv der 1885 gegründeten »Messbildanstalt für Denkmalaufnahmen«, das bereits 1905 ca. 11 000 Aufnahmen von 831 Bauten in 195 Orten umfasste.

Die Museumsinsel ist mit dem Alten Museum, dem Neuen Museum (im Bau), dem Pergamonmuseum, der Alten Nationalgalerie und dem Bodemuseum der größte Ausstellungskomplex der Hauptstadt. Zwischen 1824 (Altes Museum) und 1909 (Pergamonmuseum) ausgebaut, vereinigt sie eine in Deutschland einmalige Sammlung von Altertümern.

Der Monumentalbau des Berliner Doms (1894–1905), auch wenn durch die Vielfalt der Stile umstritten, ist durchaus einen Besuch wert. Die »Hauptkirche des preußischen Protestantismus«, wie Wilhelm II. sie nannte, erstrahlt inzwischen wieder fast vollständig restauriert.

aber noch keine konkreten Pläne gibt. Dort erhebt sich auch der riesige Kuppelbau des *Dom*, in dem sich 90 Sarkophage und Grabmäler brandenburgischer Kurfürsten, preußischer Könige und anderer Angehöriger des Hauses Hohenzollern befinden. Gegenüber steht der Palast, der keiner mehr ist, dahinter sieht man die *Marienkirche*, während auf der Straßenseite gegenüber Neubauten der 60er Jahre unseres Jahrhunderts das Bild prägen. »Mit dieser Achse erhielt Berlin als einzige europäische Hauptstadt eine städtebauliche Komposition im Zentrum, die die charakterlichen Gestaltungsvorstellungen der 60er Jahre verdeutlicht und die entsprechend weiträumig angelegt wurde.« So heißt es nicht etwa in einem DDR-Werbeprospekt, sondern im vom Berliner Bausenator herausgegebenen »Topografischen Atlas Berlins«. Unser Weg führt nun entlang des *Spreekanals*, vorbei am schönen Barockgebäude des *Zeughauses* mit den berühmten 22 Masken sterbender Krieger von A. Schlüter – dem heutigen *Deutschen Historischen Museum*. Dieses links liegend lassend gelangen wir zur Bodestraße. Über die Eiserne Brücke, die 1797 als erste Brücke aus diesem damals neuen Werkstoff außerhalb Englands gefertigt wurde, geht es vorbei an der Museumsinsel über die Burgstraße zum Hackeschen Markt. In der Burgstraße lag seit der Gründung Berlins im 13. Jahrhundert der Armenfriedhof der Stadt. Bei Grabungen fand man 1996 die Überreste von mehr als 300 Menschen.

Die Karl-Liebknecht-Straße hieß bis 1945 Kaiser-Wilhelm-Straße. Sie entstand 1880–1890 als Prachtstraße durch ein Altstadtviertel, dass J. Rodenberg 1870 so beschrieb: »Ein wahres Knäuel von engen Durch-

Gleich um die Ecke, an der Kreuzung Spandauer/Karl-Liebknecht-Straße, lädt das *T. G. I. Friday's* (Thanks god it´s Friday's) die Liebhaber amerikanischer Küche ein. Kellner mit Baseball-Kappen, Baskenmützen und Wikinger-Helmen bringen typisch Amerikanisches auf den Tisch, nicht jedermanns Geschmack, aber eine Kostprobe kann nicht schaden. Immerhin stehen auch 400 verschiedene Cocktails zur Auswahl.

**Hackescher Markt** Auf unserem kleinen Spree-Stadtrundgang lernen wir als nächstes das Gebiet um den Hackeschen Markt kennen, ein Stück lebendiges Berlin ohne Prunkbauten und prachtvolle Denkmäler. In dem Szeneviertel vermischen sich Kneipen, kleine Handwerksbetriebe, Cafés, Bars

Museumsinsel

und angesagte Kulturtreffs. Einst, das heißt bis Ende des 17. Jahrhunderts, war an dieser Stelle die Stadt zu Ende. Doch schon im 18. Jahrhundert entwickelte sich die Spandauer Vorstadt, die im 19. Jahrhundert die typische Berliner Mischung aus Arbeiten und Wohnen verkörperte. Auch wenn vieles den letzten Krieg nicht überlebte, man auf Schritt und Tritt Baugruben umgehen muss, manches einen etwas unaufgeräumten Eindruck macht und oft noch Putz von den Mauern bröckelt, es steckt quirliges, schillerndes Leben in diesem Viertel. Direkt gegenüber dem S-Bahnhof befinden sich die *Hackeschen Höfe*, der größte Hofkomplex Deutschlands mit neun Hinterhöfen, Quer- und Seitenflügeln, die im 19. Jahrhundert als Wohn- und Gewerbegebiet entstanden. Nach jahrzehntelanger Vernachlässigung haben im neuen Outfit nun erste Cafés, Kneipen, Kinos, Trödelläden, Boutiquen und Theater geöffnet: ein mannigfaltiges, eigenwilliges Konglomerat und Erlebnisviertel. Zu empfehlen ist vor allem der Besuch im Chamäleon, einer

gängen und schmutzigen Straßen in welche weder bei Tag noch bei Nacht ein anständiger Mensch sich gern wagte.«

Zwei Tipps für Kneipenbesuche im Gebiet des Scheunenviertels: Erstens der »Modellhut« in der Alten Schönhauser Straße 28. Im alten Hutgeschäft genießen vorwiegend junge Gäste die exzellente Küche, z. B. goldgelbe Jacobsmuscheln mit süßsauren Linsen. Wer es rustikaler mag, findet in der Großen Hamburger Straße 17 mittelalterliches Ambiente: Im Backsteingewölbe des »Excalibur« gibt es Hammelgelage oder Büßermenü. Unter Trommeln und Pfeifen spielt die historische Gruppe »In Extremo« auf.

Die Anfang der 90er Jahre widerhergestellte kriegszerstörte Neue Synagoge in der Oranienburger Straße entstand 1860–1866 im maurisch-byzantinischen Stil. Zur Zeit ihrer Fertigstellung war sie das prächtigste und größte jüdische Gotteshaus der Welt.

Art Kabarett-Theater, bei dem auch das Publikum mal mitspielen kann, oder ein Abend im Hackeschen Hof-Theater mit Pantomime, Clowns-Theater oder jiddischer Folklore. Das jüdische Element knüpft an die Traditionen aus dem früher hier angrenzenden *»Scheunenviertel«* an. Zwischen Rosenthaler-, Alter Schönhauser und Münzstraße lag bis zur Nazizeit das Quartier der armen, im 19. Jahrhundert aus Osteuropa eingewanderten Juden. Im 17. und 18. Jahrhundert lagen die Scheunen Berlins aufgrund der hohen Brandgefahr außerhalb der Stadtbefestigungen in der Spandauer Vorstadt – daher der Name »Scheunenviertel«. Durch den letzten der Hackeschen Höfe gelangen wir zum Ausgang und in die *Sophienstraße*. Gerade mal 300 m lang, nicht breiter als 12 m bildet diese – in Berlin anderswo kaum noch anzutreffen – eine regelrechte Handwerkergasse. Goldschmiede, Holzblasinstrumentenhersteller, Töpfer, Schneider, Puppenmacher u. a. arbeiten in der Straße Tür an Tür. Sie bewahren die Tradition der alten Gasse, in der 1905 der »Berliner Handwerkerverein« sein Vereinshaus eröffnete. Damals lockten aber vor allem auch die vielen Lokale Besucher an. Für Homosexuelle galt die Straße als Geheimtipp. Auch Strichmädchen promenierten hier. Schutzleute erhielten die Befugnis jede nächtliche Straßenpassantin, die sie ohne männliche Begleitung antrafen, aufs Revier zu schleppen. Und so blieben Peinlichkeiten nicht aus, wenn die übereifrigen Schutzmänner auf eine jener Frauen stießen, die nur gelegentlich »uffs Herrenjeschäft« gingen und eigentlich als »rechtschaffen« galten. Heute hat sich besagte »Vergnügungsmeile« vor allem in die *Oranienburger Straße* verlagert, jener Promenade, die hinter dem Hackeschen Markt beginnt und wo sich die Kunst- und Kneipenszene des neuerwachten, bunten Osten eingerichtet hat. An Sommerabenden ziehen karawanenweise Touristengruppen selbst aus Übersee, Punks, Aussteiger, Studenten, Herren in Nadelstreifen und Damen der Nacht durch die Straße. In Kult-Kneipen wie »Obst und Gemüse«, »Fresco«, »Aufsturz«, Café Orange«, »Oren« oder »Silberstein« (mit Galerie) pulsiert das Leben.

Vorbei an der wunderschönen Neuen Synagoge und dem »Tacheles«, einer berühmten Hochburg der Alternativen, gelangt der Besucher in die Friedrichstraße.

**Friedrichstraße** Im nördlichen Teil der 3,5 km langen einstigen Hauptgeschäftsstraße Berlins ist vom Bauboom noch wenig zu spüren. Dafür strömen abends festlich gekleidete Besucher in den berühmten *Friedrichstadtpalast*, eines der bedeutendsten Revuetheater Europas. Das traditionsreiche *Berliner Ensemble*, einst Brechts Stammbühne, liegt am Schiffbauerdamm. Nach dem Überqueren einer der schönen Spreebrücken, der *Weidendammbrücke* mit gusseisernem Hohenzollernadler (erbaut 1895–1897), liegt der *Bahnhof Friedrichstraße* vor uns. Zur Zeit ist der zu den lebhaftesten Verkehrsknotenpunkten (84 000 Reisende pro Tag) der Stadt zählende Bahnhof eine einzige Baustelle. Aber ab Ende 1997 soll der denkmalgeschützte Bau wieder im neuen Glanz erstrahlen. Von 1961–1989 war der Bahnhof Grenzstation zwischen dem Ost- und dem Westteil Berlins. Aus dieser Periode stammt auch der sogenannte *Tränenpalast*, die alte Abfertigungshalle, in der Ost- und Westberliner nach selten möglichen Besuchen tränenreich Abschied voneinander nahmen. Äußerlich wenig ansprechend bietet er dennoch ein gutes Kulturangebot: Kabarett, Diskussionsrunden, Auftritte von Rockgruppen, Lesben- und Schwulenparties u. a.

In die Nischen und Tore der S-Bahn-Bögen von der Friedrichstraße in Richtung Hackescher Markt haben sich zahlreiche Läden, Restaurants, Ausstellungen und ein Trödelmarkt einquartiert. Ein Bummel entlang des S-Bahnbogens lohnt also allemal.

Bevor wir zum Reichstag und zu den Baustellen des Regierungsviertels gelangen, unternehmen wir noch einen Abstecher entlang der südlichen Friedrichstraße. Sie entwickelte sich als Hauptstraße der ab 1688 entstandenen *Friedrichstadt*, eine der ursprünglichen Vorstädte Berlins. Um die Jahrhundertwende war sie als luxuriöse Einkaufs- und extravagante Amüsiermeile der Metropole weltbekannt. Dicht an dicht säumten Banken, Büros, aber auch Cafés, Restaurants und Nachtbars die Straße und boten Vergnügungen aller Art. An der berühmten Ecke Unter den Linden/Friedrichstaße trafen sich im Café Bauer, Café Kranzler oder Hotel und Café Victoria die Damen zum Kaffeeklatsch. Von dieser Stelle aus kann man die deutsche »Via Triumphales«, die Straße *Unter den Linden*, entlang-

Zwischen 1660 und 1690 entstanden vor den Toren der Doppelstadt Berlin/Cölln die planmäßig angelegten Vorstädte Friedrichstadt und Dorotheenstadt. Das gitterartige Straßennetz der 1709 zu Berlin eingemeindeten Vororte ist bis heute erhalten.

schauen oder auch -laufen. Seit 180 Jahren diente die 400 m lange Allee als zentrale Bühne politischer Selbstdarstellung. Hier paradierten im Stechschritt die Truppen der preußischen Monarchie und des Kaiserreiches. Hier demonstrierten im Dritten Reich die Nationalszialisten mit gespenstischen Fackelzügen ihre Macht. Unter Pomp und mit militärischem Zeremoniell inszenierte die DDR Unter den Linden ihre Wachaufzüge. – Deutsche Staatsoper, Humboldt-Universität, Altes Palais, Gouverneurshaus – jedes Haus hier erzählt eine eigene Geschichte. Es lohnt ein Spaziergang mit einem Reiseführer in der Hand, doch unsere Tour führt uns weiter durch die Friedrichstraße nach Süden. Nach jahrzehntelangem Dornröschenschlaf brach hier eine fast einmalige Bauwut aus. Unter Milliardenaufwand nimmt die neue Nobelmeile Berlins Gestalt an. Zu den pompösen Bauwerken aus Glas und Beton gehören u. a. die Friedrichstadtpassagen mit der Galerie Lafayette und dem Planet Hollywood Restaurant, das Lindencorso (Einkaufspalast mit drei Etagen für 500 Millionen DM), der Hofgarten mit 5 Sterne-Plus-Hotel »Four Seasons«, das Kontorhaus Mitte (fünf Büro- und Geschäftshäuser), das Atrium Friedrichstraße mit Arkaden zum Bummeln und das vom Stararchitekten Ph. Johnson entworfene American Business Center am Checkpoint Charlie (für 1,1 Mrd DM). Eine Straße der Superlative formt sich, auch was die Preise betrifft.

1996 eröffnete »Planet Hollywood« im Beisein von Hauptgesellschafter Arnold Schwarzenegger. Requisiten aus Actionfilmen, Filmhelden aus Pappe und flimmernde Monitore, die pausenlos Ausschnitte aus Hollywoodfilmen zeigen, gehören zur Ausstattung. Die Speisekarte bietet Turkeyburger, Hähnchentortillas, Brownies oder Apfelstrudel á la Mutter Schwarzenegger an.

Am *Checkpoint Charlie*, dem berühmten Kontrollpunkt der Alliierten während der Teilung, ist ein Freilichtmuseum vorgesehen: eine Ausstellung zur Geschichte der Mauer und des Grenzüberganges, eventuell mit einem Nachbau der DDR-Grenzsicherungsanlagen. Bei so viel Neuzeit lohnt ein Abstecher zurück in die Geschichte Berlins, die uns hinter das Kaufhaus Lafayette zum schönsten Platz Berlins, dem *Gendarmenmarkt*, führt. Seit 1996 zeigt sich das einmalige Bauensemble aus Schauspielhaus (Berliner Konzerthaus), Deutschem und Französischem Dom komplett wiederhergestellt. Der Deutsche Dom wurde als letzter der drei den Platz beherrschenden Monumentalbauten 1996 eröffnet. Er beherbergt die Ausstellung »Fragen an die Deutsche Geschichte« und ein hübsches Café. Aus 58 m Höhe bietet sich von der Aussichtsplattform auf des Französischen Doms ein herrlicher Rundblick über die historische Mitte Berlins, derzeit behindern allerdings noch Baukräne eine vollendete Sicht. Der Gendarmenmarkt gilt als bedeutendstes Ensemble des Berliner Klassizismus. Während das Schauspielhaus mit hoher Freitreppe, ionischer Säulenhalle und reichem plastischen Schmuck auf Plänen K. F. Schinkels fußt (erbaut in den Jahren 1818 bis 1821), entstanden der Deutsche und der Französische Dom bereits zwischen 1701 und 1709. Ihre Türme im Baustil des Frühklassizismus ließ Friedrich der Große als rein dekorative Elemente jedoch erst zwischen 1780 und 1785 anbauen.

Das einstige Schauspielhaus wird heute ausschließlich für Konzerte genutzt und heißt offiziell Berliner Konzerthaus. Für die Berliner und insbesondere für die Taxifahrer, bleibt es aber weiterhin beim historischen Namen.

**Spreebogen** Zurückgekehrt zum Bahnhof Friedrichstraße folgen wir nun wieder der Spree, die uns zum Reichstagsufer und zum neuen *Regierungsviertel* bringt. Vom Reichstag bis zum Lehrter Stadtbahnhof erstreckt sich der sogenannte Spreebogen, der ab 1999 das politische Machtzentrum Deutschlands verkörpern wird, noch als einzige Baustelle. Gegenüber dem Reichstag, der eine neue große Kuppel aus Glas und Stahl erhält, steht künftig der Bundesrat; beiderseits der Spree Kanzleramt, Bundesforum und Fraktionsgebäude mit Spreeterrassen. Diese Vorhaben begleiten der aufwendige unterirdische Bau der U-Bahn, des Fernbahntunnels, des Straßentunnels unter dem Tiergarten und der Umbau des Lehrter Stadtbahnhofes zum Zentralbahnhof. Auch vor dem Zweiten Weltkrieg, in der dunkelsten Ära deutscher Geschichte, befand sich ganz in der Nähe die Schaltzentrale der Macht, damals in der *Wilhelmstraße*, die vom Pariser Platz vor dem Brandenburger Tor nach Süden abzweigt. Insgesamt 34 Gebäude, u. a. Reichskanzlei, Reichspräsidentenamt, Außenministerium, später die Hauptquartiere von Himmler, Goebbels und Hess lagen an dieser Straße. Viel verschwand nach den Kriegszerstörungen und wurde Ende der 80er Jahre von Wohnbauten mit mehr als 1 000 Wohnungen abgelöst. Doch allmählich halten in dieser Umgebung wieder Repräsentation und Honoratioren Einzug. Das Gebiet um das Brandenburger Tor

Die in der Wilhelmstraße nach dem Zweiten Weltkrieg noch vorhandenen Regierungsgebäude sind teilweise durch die DDR weitergenutzt worden, meist aber nur bis zur Teilung 1961, da die Grenze nur wenige Meter entfernt lag.

Luisen-Denkmal im Tiergarten

und den Pariser Platz nimmt neue Gestalt an. Neben dem Nobelhotel Adlon entstehen die US-Botschaft, die französische und die britische Botschaft, die Häuser der Dresdner Bank und des Schweizer Bankvereins neu.

**Tiergarten** Auf dem letzten Teil unserer Tour durch das innerstädtische Spreeathen verläuft der Fluss entlang des Tiergartens im gleichnamigen Bezirk. Unterwegs begegnen uns weitere interessante Bauwerke, so die *Kongresshalle* – ein Geschenk der USA an Berlin von 1957 – (heute Haus der Kulturen der Welt) und das *Schloss Bellevue*, heute Sitz des Bundespräsidenten. Der Tiergarten selbst ist mit 200 ha Fläche die größte innerstädtische Parkanlage. Im 16. Jahrhundert Jagdrevier der Kurfürsten verwandelte P. J. Lenné 1837–1838 das Terrain in einen gepflegten Landschaftsgarten. Der Park mit kleinen Seen und Wasserläufen, alten Bäume und historischen Denkmalen hebt sich als eine Oase der Ruhe vom hektischen Getriebe der Millionenstadt ab. Hier können auch fußmüde und asphaltgeplagte Touristen auf Wiesen und Bänken neue Kraft tanken. Den Mittelpunkt bildet die Siegessäule am sogenannten Großen Stern, von der aus sich die verkehrsreiche »Siegesallee« quer durch den Tiergarten zieht. Die 1869–1873 errichtete *Siegessäule* erinnert an die Kriege gegen Dänemark, Österreich und Frankreich. Unterhalb der »Goldelse«, wie die Berliner die Siegesgöttin respektlos nennen, bietet die Aussichtsplattform einen Blick auf Grün und Häusermeer.

Abschließend noch zwei Empfehlungen für Kulturinteressierte: Östlich der Kongresshalle, über die Moltkebrücke, gelangt man in den Stadtteil Moabit. Entlang der Spree erheben sich die U-förmigen Türme auf dem Gelände der alten Bolle-Molkerei. Sie sind Mittelpunkt eines gelungenen innerstädtischen Büro- und Gewerbegebietes, das eventuell auch das Bundesinnenministerium aufnehmen soll. Von dort benötigt man nur einige wenige Schritte bis zur Invalidenstaße 50, seit 1996 eine der attraktivsten Adressen in der reichen Berliner Museumslandschaft. Der ehemalige *Hamburger Bahnhof*, ein funktionales, spätklassizistisches Gebäude wurde aufwändig restauriert und als *»Mu-*

Die Siegessäule stand bis 1938 vor dem Reichstag. Im Zusammenhang mit den größenwahnsinnigen Plänen der Nationalsozialisten zum Ausbau Berlins zur Reichshauptstadt Germania war sie dort im Wege. Vor dem Reichstag sollte die über 40 km lange Nord-Süd-Achse, die »prächtigste Straße der Welt«, verlaufen und sich mit der Ost-West-Achse (heutige Straße Unter den Linden/Straße des 17. Juni) kreuzen.

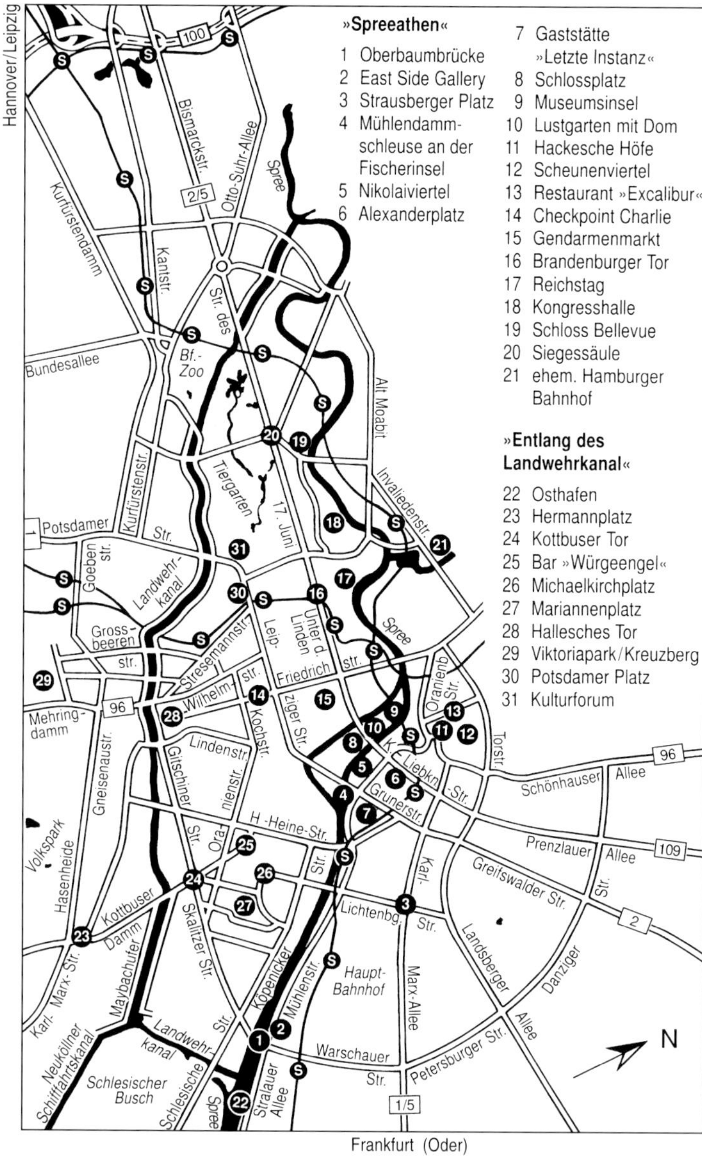
Hannover/Leipzig
»Spreeathen«
1 Oberbaumbrücke
2 East Side Gallery
3 Strausberger Platz
4 Mühlendamm-schleuse an der Fischerinsel
5 Nikolaiviertel
6 Alexanderplatz
7 Gaststätte »Letzte Instanz«
8 Schlossplatz
9 Museumsinsel
10 Lustgarten mit Dom
11 Hackesche Höfe
12 Scheunenviertel
13 Restaurant »Excalibur«
14 Checkpoint Charlie
15 Gendarmenmarkt
16 Brandenburger Tor
17 Reichstag
18 Kongresshalle
19 Schloss Bellevue
20 Siegessäule
21 ehem. Hamburger Bahnhof
»Entlang des Landwehrkanal«
22 Osthafen
23 Hermannplatz
24 Kottbuser Tor
25 Bar »Würgeengel«
26 Michaelkirchplatz
27 Mariannenplatz
28 Hallesches Tor
29 Viktoriapark/Kreuzberg
30 Potsdamer Platz
31 Kulturforum
100
Bismarckstr.
Otto-Suhr-Allee
Spree
2/5
Kurfürstendamm
Kantstr.
Str. des
17. Juni
Bundesallee
Bf.-Zoo
Alt Moabit
Tiergarten
Invalidenstr.
Potsdamer
Str.
Kurfürstenstr.
Goeben str.
Landwehr-kanal
Gross-beeren str.
Stresemannstr.
Leip-ziger Str.
Unter d. Linden
Friedrich str.
Oranienb. Str.
Wilhelm-str.
Kochstr.
96
Mehring-damm
Lindenstr.
Gitschiner
Gneisenaustr.
K.-Liebkn.-Str.
Grunerstr.
Torstr.
Schönhauser Allee
H.-Heine-Str.
Prenzlauer Allee
109
Greifswalder Str.
Karl-Marx-Allee
Lichtenbg. Str.
Volkspark Hasenheide
Kottbuser Damm
Skalitzer Str.
Köpenicker Str.
Mühlenstr.
Haupt-Bahnhof
Landsberger
Danziger
2
Karl-Marx-Str.
Maybachufer
Neuköllner Schiffahrtskanal
Landwehr-kanal
Warschauer Str.
Petersburger Str.
Allee
N
Schlesischer Busch
Schlesische
Spree
Stralauer Allee
1/5
Frankfurt (Oder)

*seum für Gegenwart – Berlin«* übergeben. Ein großer Teil der Säle repräsentiert die umfangreiche Privatsammlung des Geschäftsmannes E. Marx. Marx sammelte über 180 Werke der modernen Avantgarde. Die vier tragenden Künstler der herausragenden Sammlung sind Beuys, Rauschenberg, Twombly und Warhol.

Die zweite Empfehlung betrifft das *Tempodrom* im Wäldchen zwischen Kongresshalle und Reichstag. Das berühmte Zelt, das seit 1980 Konzerte und Showprogramme vor allem für junge Besucher veranstaltet, verkörpert einen schrillen, waghalsigen und verrückten Kulturbetrieb. Wegen des Baus des Regierungsviertels in unmittelbarer Nähe muss das Tempodrom in den nächsten Jahren jedoch zum Anhalter Bahnhof umziehen.

Noch um die Jahrhundertwende waren Zelte wie das Tempodrom in Berlin kein seltener Anblick. Sie dienten als Ausflugs- und Vergnügungslokale (u. a. Varietés)

## Der besondere Tipp:

**Klein aber oho!**

Eines der kleinsten Privattheater Berlins ist das »tip«, das »theater im palais«, gelegen am Festungsgraben neben dem Maxim Gorki Theater in Berlins Mitte. Der langgestreckte Saal in plüschiger Berliner Salon-Atmosphäre bietet 70 Plätze. 13 kreative Mitarbeiter arbeiten unter dem Wahlspruch: »Arm am Beutel, aber reich an Ideen«. Kurze Stücke der Weltdramatik, literarische Programme, Berliner Geschichten, Lieder und Chansons und Kabarett gehören zum Programm, darüber hinaus die bizarren literarischen »Gruselnächte« oder »Lukullischen Theatervergnügen« mit einem exquisitem 5-Gänge-Menü ✆ (030) 2 01 06 97.

# Entlang des Landwehrkanals

## Osthafen · Maybachufer · Klein Istanbul
## Luisenstädtischer Kanal · Kreuzberg
## Leipziger Straße/Leipziger Platz
## Potsdamer Platz · Kulturforum/Tiergarten

Anreise:
***mit dem PKW*** *über den Berliner Ring A 10 bis Schönefelder Kreuz, weiter die B 96 a bis zum S-Bahnhof Treptower Park*
***mit der Bahn*** *bis Berlin-Lichtenberg und weiter mit der S-Bahn bis Treptower Park*

Markttreiben am Maybachufer

Unser zweiter Reiseabschnitt durch Berlin führt uns noch einmal zurück zur Oberbaumbrücke. Auf dieser Tour werden wir uns jedoch von der Spree etwas entfernen und dem Landwehrkanal folgen. Unser Weg wird vor allem durch den Bezirk Kreuzberg führen. Hier erwarten uns weniger touristische Highlights als typische Berliner Kiez-Atmosphäre: Altes und Neues, Traditionen und Trends, Alltag und Kult eines der vielfältigsten Bezirke Berlins. Der künstlich angelegte Landwehrkanal zweigt kurz vor der Oberbaumbrücke von der Spree nach Westen ab, um sich in der Nähe des Schlosses Charlottenburg wieder mit ihr zu vereinen.

Der 10,3 km lange Landwehrkanal wurde 1845–1850 nach Plänen von P. J. Lenné an Stelle des aus dem 15. Jahrhundert stammenden Floß- und Schafgrabens angelegt. Dieser diente auch als Stadtgrenze.

**Osthafen** Am Abzweig des Kanals liegt der Osthafen. 1913 als Warenumschlagplatz eröffnet, verleitet er bis jetzt kaum zu einem Abstecher. Allerdings wird sich dies bald ändern. Der historische Getreidespeicher und das alte Eierkühlhaus werden zur Zeit zu einem *Design-und Expo-Center* umgebaut (Fertigstellung für 1998 geplant). Das Konzept, die alten Speicheranlagen zu einer ständigen Messe umzugestalten und dort Firmen Raum zur Präsentation zu bieten, stammt aus Chicago. Aber auch Modenschauen, Auktionen und Kunstausstellungen soll es zur Verfügung stehen. Nur wenige Meter nach dem Abzweig des Landwehrkanals von der Spree treffen wir auf die *Grünanlage Schlesischer Busch*. Hier verlief bis 1990 die Grenze zwischen den system-getrennten Stadthälften. Ein 12 m hoher Beton-Wachturm der ehemaligen DDR-Grenzanlagen – einst eine Führungsstelle für 18 weitere Wachtürme – hat die Zeit überdauert. Er wird jetzt als *»Museum der verbotenen Kunst«* genutzt. Wechselnde Ausstellungen beschäftigen sich mit der Aufarbeitung der Geschichte der Kunst in der DDR. Sie zeigen u. a. Kunstwerke, die den damaligen sozialistischen Machthabern nicht passten und unter Verschluss gehalten wurden. Auf unserem Weg bis Charlottenburg werden wir den Spuren der Teilung Berlins noch häufiger begegnen. Am *Lohmühlplatz*, nur wenig südwestlich von dem erwähnten Museum, verzweigt sich der Wasserlauf. Der Landwehrkanal biegt nach Westen ab, der *Neuköllner Schifffahrtskanal* nimmt seinen Lauf nach Süden und stellt die Verbindung zum 1903–

An 1,5 km Kaianlagen werden montags bis freitags Waren umgeschlagen. Mehr als 1 000 Schiffe machen hier jährlich fest. Sie haben vor allem Baustoffe, Kohle und Schrott geladen.

3 von insgesamt 302 Wachtürmen blieben von den einstigen Grenzanlagen übrig. Bis 1990 zogen sie sich, über 10 m hoch aufragend und mit Scheinwerfern versehen, im Abstand von 250 bis 300 m quer durch die Stadt.

Der Teltowkanal, der mit dem Landwehrkanal verbunden ist, bildet einen wichtigen Teil der Oder-Spree-Havel-Wasserstraße und ermöglicht die Umgehung der Innenstadt von Köpenick in Richtung Potsdam auf dem Wasserwege.

1905 gebauten *Teltowkanal* her. Wir jedoch bleiben in Kreuzberg und am Landwehrkanal, genauer am Maybachufer, das parallel zum Wasser verläuft.

**Maybachufer** Jeden Dienstag und Donnerstag verwandelt sich die Gegend am Kottbuser Damm in ein Stück Orient. Exotische Düfte erfüllen die Luft. Bunte Tücher und Stoffe liegen aus. Ein munteres Sprachgewirr beherrscht den Platz. Auf 275 m Uferstreifen drängen sich Händler aus aller Herren Länder, darunter viele in Berlin ansässige Türken. Nirgendwo in der Hauptstadt findet man ein derartig vielfältiges Obst- und Gemüseangebot wie hier – von Süßkartoffeln und Maniok bis zu Gemüsebananen und Kichererbsen. Wie auf einem südländischen Basar preisen die Verkäufer lautstark ihre Waren an und rufen neue Angebote aus. Der Wochenmarkt am Maybachufer ist nur einer von 129 in der Stadt, aber sicher der exotischste. Das Maybachufer gehört verwaltungsmäßig bereits zu Neukölln, der Landwehrkanal markiert die Bezirksgrenze. Eines der Zentren dieses Bezirkes befindet sich nur wenige Meter den Kottbuser Damm aufwärts: der belebte *Hermannplatz* mit der angrenzenden verkehrsreichen Karl-Marx-Straße und zahlreichen Restaurants, Läden und Boutiquen sowie dem *Volkspark Hasenheide*.

Der Volkspark Hasenheide, ehemals kurfürstliches Hasengehege, war 1811 Schauplatz der ersten öffentlichen Turnübungen von »Turnvater« F. L. Jahn. Zwischen 1936 und 1939 entstand der Volkspark in seiner heutigen Gestalt.

**»Klein Istanbul«** Wir wenden uns über den Kanal dem *Kottbuser Tor* zu. Die wenig ansehnlichen Nachkriegsbauten mit ihren Läden, Werbeflächen, Gemüse- und Dönerständen rund um den Hochbahnhof, bilden das Herz von »Klein Istanbul«, einem der lebendigsten Viertel der Stadt. Immerhin leben mehr als 140 000 Türken in Berlin, insbesondere in den Bezirken Kreuzberg, Neukölln und Wedding. Mit ihren Traditionen und kulturellem Hintergrund prägen sie, wie Angehörige anderer Nationen, die in Berlin ein Zuhause fanden, die Weltoffenheit und multikulturelle Atmosphäre der Stadt mit. Das Viertel um die *Oranien- und Manteuffelstraße* war in den frühen 80er Jahren einst auch das Zentrum der Hausbesetzerszene. Doch vieles hat sich inzwischen verändert im alten SO 36, so die frühere Postanschrift. Auch wenn noch gut ein Drittel der Urbesetzer in den Häusern wohnt, die Rebellen sind in die Jahre gekommen.

Hochbahn am Görlitzer Bahnhof

Die meisten gehen heute »ordentlichen« Berufen nach. Aber das starke Band der von ihnen gegründeten Genossenschaft, die 300 Wohnungen mit 500 Bewohnern umfasst, hat gehalten. Noch heute gelten in diesen Häusern besondere Regeln: Meist stehen die Wohnungstüren offen, es existieren Großküchen für das ganze Haus und die Kinder wachsen gemeinsam auf. Die »Kämpfe« der Kreuzberger Hausbesetzer gegen die Kahlschlagsanierung des Senats, der in den 70er Jahren ganze Straßenzüge zum Opfer fielen, erschütterten damals ganz Westberlin. In den letzten Jahren verlagerte sich die Hausbesetzerszene vor allem in die östlichen Berliner Bezirke Lichtenberg und Friedrichshain.

Ein buntes Völkergemisch lebt in diesem Kreuzberger Viertel, wo skurrile Kneipen, Bars und Etablissements das Nachtleben bereichern. In der *Dresdner Straße* 122 lädt beispielsweise der »Würgeengel«, eine klassische Bar mit ockerfarbenen bis blutroten Wänden, purpurnen Plüschbänken

Die Häuser Manteuffelstraße 40/41 und Oranienstraße 45 werden heute noch von ehemaligen Hausbesetzern bewohnt. Sie gehören zur Luisenstädter Genossenschaft, in der die Miete für Mitglieder ca. 6,00 DM/m$^2$ beträgt – paradiesische Zustände für Kreuzberg und Berlin.

Der Name »Würgeengel« ist dem gleichnamigen Film des spanischen Regisseurs L. Bunuel entliehen (1962). Darin werden Besucher einer Party durch einen unerklärlichen Zwang daran gehindert, das Fest zu verlassen. Sie können sich einfach nicht losreißen – auch beim Würgeengel in Kreuzberg fällt das schwer.

und Stuckdecke, Gäste ein. Nach Aussage des Besitzers reicht die Kundschaft vom Bettler bis zum Staatssekretär. Auch das Kellerkino in einer ehemaligen Fleischerei in der Dresdner Straße 125 gehört zu den »Kuriositäten« Kreuzbergs. 20 gepolsterte Sitze, Wein und gutes Essen erwarten den Besucher zu schwarzen, grotesken, komischen und unterhaltsamen Kurzfilmen. Seit 1992 zeigen die Mitstreiter des Vereins »No-Budget-Filmservice«, dass ein Film nicht immer teuer produziert sein muss, um gut zu sein. Auch Kurse zum Schreiben von Drehbüchern und zur Kameraführung stehen zur Auswahl. Die »Eigenproduktionen« können dann hier dem Publikum vorgeführt werden. Das Kurzfilmprogramm im Kellerkino wechselt komplett mit den Jahreszeiten. Das Ganze Saisonprogramm nennt sich dann »Frühlingsrolle«, »Sommerrolle«, usw.

**Luisenstädtischer Kanal** Die Dresdner Straße stößt auf den Oranienplatz, an dessen Verlängerung der *Michaelkirchplatz* liegt. Die bogenförmige doppelte Straßenführung mit dem Grünstreifen in der Mitte verläuft auf einem ehemaligen Kanalbett. 1848–1852 baute die Stadt den Luisenstädtischen Kanal als Verbindung vom Landwehrkanal bis zur Spree an der Jannowitzbrücke. Da er die vorgesehene Bedeutung nie erreichte, ließ man ihn 1928 wieder zuschütten. Darauf entstanden eine Grünanlage und das sogenannte *Engelbecken* vor der *St. Michaelkirche.* Springbrunnen und Laubengänge bildeten einen wohltuenden Kontrast zum Häusermeer in dem dicht besiedelten Großstadtbezirk. Genau hier verlief ab 1961 die Berliner Mauer und alle Anlagen verschwanden unter Schutt und Steinen. 1993 begannen die Wiederherstellungsarbeiten mit einer Überraschung: Teile des alten Wasserbeckens hatten die Jahrzehnte in der Erde überdauert – Grund genug die gesamte Anlage wiederherzurichten. Der *Indische Brunnen* und einzelne Laubengänge besitzen bereits wieder ihre ursprüngliche Pracht. Nur wenige Schritte östlich, am *Mariannenplatz*, steht das ehemalige *Krankenhaus Bethanien.* Es wurde 1845–1847 im Rundbogenstil mit zwei schlanken Türmen im Mittelrisalit errichtet und dient heute als Künstlerhaus. Das

Die Grünanlage um das Engelbecken entstand unter Leitung des damaligen Stadtgartendirektors E. Barth 1929 zur Zeit der Weltwirtschaftskrise, als für Vorhaben wie dieses in Deutschland kaum Mittel vorhanden waren.

Haus Bethanien beherbergt Ateliers, Ausstellungsräume und Werkstätten. Unser weiterer Weg führt nun über den Moritzplatz und die Prinzenstraße parallel zur U-Bahn, die hier eine Hochbahn ist, zum Halleschen Tor. Die vorbeidonnernde Hochbahn der U 1 wurde schon 1906 als erste U-Bahn-Strecke Berlins fertig gestellt.

Bei einem Gang durch Kreuzberg zieht uns oft ein inzwischen wohlbekannter Duft in die Nase, der von den zahlreichen Döner-Ständen herüberweht. Vor 25 Jahren trat das gefüllte Fladenbrot als Alternative zur fetten Currywurst und zum pappigen Hamburger von Berlin aus seinen Siegeszug in Deutschland an. Treffend beschreibt der Journalist E. Seidel-Pülers in seinem 1996 aufgelegten Büchlein »Aufgespießt« die Situation: »Allen Ortes treffen wir auf ernste, hochkonzentrierte Menschen, die sich mit demütig vorgebeugtem Oberkörper, weit aufgerissenen Augen und animalischer Beißhaltung an mächtigen Fleischtaschen zu schaffen machen.« Die Leidenschaft der Berliner für diese Delikatesse blieb bisher ungebrochen, an 1 300 Dönerbuden vertilgen sie jährlich ca. 100 Millionen (!) Döner. Hier wird mehr Geld umgesetzt als bei McDonald's, Burger King und Wienerwald zusammen. Im übrigen heißt »Döner« eigentlich nur »Dreher«, erst als »Döner Kebap« benennt man den »Drehbraten« und beliebten Leckerbissen vollständig richtig.

Echte Döner bestehen aus Hammelkeulen, die in Scheiben geschnitten über Nacht in ein Gefäß mit Milch gelegt werden. Erst danach wird das Fleisch gewürzt und zum Drehbraten geformt. Knoblauch-Sauce, Kräutersauce oder scharfe Sauce, Zwiebelringe, Salat, Gurke, Tomate usw. bilden die Füllung des Fladenbrots.

Nach diesem Ausflug in die Fast-Food-Kultur wenden wir uns wieder Geschichte und Architektur zu. Das sogenannte *Hallesche Tor* ist Endpunkt der Friedrichstraße. Hier stand einst das gleichnamige Stadttor der 1735 errichteten Zollmauer (siehe auch Kapitel »Spreeathen«). Nur wenige Meter davon entfernt, an der Kreuzung Wilhelm-/Stresemannstraße, ragt wie ein Schiffsbug die 1996 eingeweihte neue *SPD-Zentrale* auf. Heller Naturstein und dunkelblau verspiegelte Glasfenster verleihen dem nach Willy Brandt benannten Bau schlichte Eleganz. 1999 sollen endgültig alle Mitarbeiter aus Bonn hierher übergesiedelt sein.

Im Innenhof der SPD-Zentrale steht die 3,40 m hohe Bronze-Skulptur Willy Brandts. R. Fetting, Protagonist der »Neuen Wilden«, schuf die umstrittene unpathetische, ja spröde Statue Anfang der 80er Jahre.

**Kreuzberg** Nach Überqueren des Landwehrkanals geht es den Mehringdamm entlang zum 66 m hohen Kreuzberg, jener Erhebung, die dem Stadtbezirk den Namen gab. Nach der Bildung von Groß-Berlin im Jahre 1920 beschlossen die Stadtverordneten am 25. 9. 1921 den einstigen Stadtteil Hallesches Tor umzubenennen. Die Wahl fiel auf den Namen Kreuzberg. Der Kreuzberg verdankt seine Bezeichnung wiederum dem 20 m hohen Eisernen Kreuz, das K. F. Schinkel 1821 auf diesem Hügel erschuf. Das *Nationaldenkmal* gedenkt der napoleonischen Befreiungskriege. Neben dem Denkmal plätschert ein künstlicher *Wasserfall* und um den Kreuzberg erstreckt sich der 16 ha große *Viktoriapark* mit kleinem Zoo, Blumenanlagen und Marmorstatuen. Für Großstadtverhältnisse kurios, gedeihen auf der Ostseite des Berges in der Methfesselstraße 320 Rebstöcke. Sie setzen die 400-jährige Tradition des Weinanbaus in Kreuzberg fort. Ein strenger Winter machte ihr 1739/40 ein Ende. Riesling und Spätburgunder reifen unter der spärlichen Berliner Sonne. Bekannt sind sie unter dem Namen Kreuz-Neroberger, den die Ortskundigen jedoch wegen der ungewöhnlichen Lage des Weinberges scherzhaft »Hinterhof Südhang« nennen. Nahe dem Viktoriapark verläuft die *Bergmannstraße*, eine typische Kiezstraße mit allerlei Trödelläden, bemalten Häusern, umherziehenden Punks. Obwohl der Prenzlauer Berg im Osten mit neuen Kultkneipen und Szenetreffs Kreuzberg inzwischen fast den Rang abläuft, zieht die eigenwillige Mischung aus Restaurants, Geschäften und Kreuzberger Straßenleben immer noch viele Touristen an. Shoppen im »Plaste und Elaste« oder im »Bestform«, Kneipenbesuch im »Turandot« oder im »Parlamento«, die Auswahl ist riesig und manchmal bizarr. Den Mehringdamm wieder querend, erreichen wir über die Kreuzbergstraße die *Großbeerenstraße*, die zum Halleschen bzw. Tempelhofer Ufer führt. In der Großbeerenstraße 64 lockt die »Zyankali Bar«. Unter künstlichen Spinngeweben und grün bemoosten Stalaktiten, neben einem aufblasbaren röhrenden Hirsch kann der Gast seinen Bierdurst stillen oder zwischen Drinks wie »La Guillotine« und »Delirium tremens« wählen. Am *Tempelhofer Ufer* angelangt erwartet uns das *Museum für Verkehr und Technik*. Seit 1983 empfängt das nach dem Deutschen Museum in München

Der Bezirk Kreuzberg hat heute ca. 150 000 Einwohner und den höchsten Anteil ausländischer Mitbürger in Berlin. Etwa 50 000 Ausländer 138 verschiedener Nationalitäten leben hier.

Besonders die Umgebung der Großbeerenstraße ist ein Beispiel für den gehobenen Wohnstandard im Bezirk Kreuzberg. Dementsprechend sind auch die Preise einiger Lokale.

größte Technikmuseum Deutschlands Besucher. Zahlreiche Ausstellungsbereiche, darunter die Abteilungen Schienen-, Wasser- und Luftverkehr sowie Automations-, Rechen- und Computertechnik, und Freiflächen (u. a. mit Lokomotiven) und vor allem das »Spektrum« ziehen technisch Interessierte an, denn dort kann jeder selbst über 300 Experimente durchführen. Der Grundstein für den Erweiterungsbau eines Luft- und Schifffahrtsmuseums wurde 1996 gelegt. Wie ein riesiger Schiffsbug soll es sich dem Landwehrkanal zuwenden. Auf der anderen Seite des Kanals an der *Stresemannstraße* steht die Ruine des alten Empfangsgebäudes des Anhalter Bahnhofs. Hier trafen früher wichtige Staatsgäste in der Reichshauptstadt ein, bis die Bomben des letzten Krieges diesen einst bedeutenden Verkehrsknotenpunkt zerstörten.

Wir gehen nun die Stresemannstraße weiter nach Norden und erreichen wieder Berlins Mitte mit dem Regierungsviertel zwischen Wilhelmstraße, Leipziger und Potsdamer Platz. In der *Niederkirchnerstraße*, die von der Wilhelmstraße abzweigt, steht der imposante *Gropiusbau*, 1877–1881 von W. Gropius im Stil der Neorenaissance aus Ziegeln erbaut, heute Museum und Ausstellungsgebäude (u. a. Berlinische Galerie). Gegenüber erhebt sich der alte *Preußische Landtag*, in unseren Tagen Sitz des Abgeordnetenhauses, in unmittelbarer Nachbarschaft der Ausstellung »Topographie des Terrors«. Während der NS-Zeit waren auf der jetzigen Freifläche der damaligen *Prinz-Albrecht-Straße* die wichtigsten Überwachungs- und Verfolgungsapparate der Nazi-Diktatur untergebracht: Gestapo, Reichssicherheitshauptamt und Reichsführung SS. Dokumentationen im Freien und in alten Kellerräumen lassen diese unselige Vergangenheit nicht in Vergessenheit geraten.

**Leipziger Straße/ Leipziger Platz** An der Rückseite des Abgeordnetenhauses steht zur Leipziger Straße gewandt das *Preußische Herrenhaus*. 1904 als Sitz der ersten Kammer des Preußischen Landtages fertig gestellt diente es nach der Kriegszerstörung als Lagerraum für Bücher. Bis Ende 1999 soll es für den deutschen Bundesrat hergerichtet sein. Mit dem Einzug in das Herrenhaus, in

Zwischen Preußischem Landtag und Gropiusbau verlief von 1961–1989 die Mauer. Damit das einstige Bollwerk nicht in Vergessenheit gerät, entschloss sich die Stadt, den ehemaligen Verlauf der Mauer durch einen roten Farbstreifen auf dem Asphalt zu kennzeichnen. Mit symbolischen Pinselstrichen wurde die Aktion im Februar 1997 gestartet. Außerdem sollen ein Mauermuseum an der Bernauer Straße sowie die künstlerische Ausgestaltung einzelner ehemaliger Grenzübergänge an die Zeit der Teilung erinnern.

Großbaustelle am Potsdamer Platz

Am Leipziger Platz eröffnete 1991 der »Tresor« in den ehemaligen Schließfachkellern des alten Kaufhauses Wertheim. Der »Tresor« gilt als Geburtsstätte des Techno-Kults.

dem von 1921–1923 K. Adenauer als Präsident des Preußischen Staatsrates amtierte, will der Bundesrat an parlamentarische Traditionen anknüpfen. Gleich gegenüber wird in den nächsten drei Jahren eine neue Einkaufs- und Erlebniswelt entstehen. Die Entwürfe für das frühere Wertheim-Grundstück am Leipziger Platz, einst Standort des größten Kaufhauses Europas (1904–1945), lieferte der italienische Stararchitekt A. Rossi. Den Höhe- und Mittelpunkt des geplanten Projektes mit Kaufhäusern, Ladenpassagen, Hotel sowie Wohnungen und Gaststätten bildet das Showtheater des kanadischen »Cirque du Soleil« in Rundkuppelbauweise.

**Potsdamer Platz** In unmittelbarer Nähe befindet sich mit dem Potsdamer Platz eine weitere Baustelle der Superlative: Auf einer Fläche von 7 ha entsteht die neue »Mitte« von Berlin. Die wahrhaft atemberaubenden Pläne werden voraussichtlich bis Ende 1998 zum großen Teil verwirklicht sein. Dann werden hier 100 000 Menschen arbeiten,

Kulturforum – Philharmonie

wohnen und sich vergnügen. Die Aufzählung aller Vorhaben wäre viel zu umfangreich, doch die *INFO BOX* am Potsdamer Platz informiert darüber sehr anschaulich. Die Multi-Media-Präsentation mit Computersimulationen und Modellen bringt die Vorhaben von Daimler-Benz, Sony, A & T, BEWAG, Deutsche Telekom AG, Sorat u. a. auf der größten innerstädtischen Baustelle Europas näher.

**Kulturforum/Tiergarten** Die letzte Wegstrecke entlang des Landwehrkanals führt uns vorbei am Kulturforum. Das Gebiet südlich des Tiergartens, bis 1945 das Diplomatenviertel der Hauptstadt, entstand nach einem städtebaulichen Konzept von H. Scharoun. Rund um die *St. Matthäus Kirche* wuchsen von 1960–1984 die *Philharmonie* in Form eines Zeltes, der *Kammermusiksaal*, das *Musikinstrumentenmuseum*, die *Neue Nationalgalerie* (Entwürfe L. Mies van der Rohe), die *Staatsbibliothek*, das *Kunstgewerbemuseum* und das *Ibero-Amerikanische Institut* empor. Nur wenige hundert

Einst war der Potsdamer Platz einer der verkehrsreichsten Plätze Europas. Hier kreuzten sich Straßen, U- und Straßenbahnlinien, hier standen das Nobelhotel Fürstenhof, das Prinz-Albrecht-Palais und das Völkerkundemuseum. Die Teilung der Stadt nach 1945 ließ ihn jedoch zu Brachland verkommen.

Meter von dem in seiner Konzentration einmaligen kulturellen Zentrum entfernt nach Westen markiert der Landwehrkanal die Grenze zwischen der Parkanlage Tiergarten und dem *Zoologischen Garten*, der zu den bedeutendsten der Welt gehört. Um den *Bahnhof Zoo* und die *Kaiser-Wilhelm-Gedächtniskirche* pulsiert das Leben der westlichen City. Auch hier empfielt sich der Griff zum Stadtführer für weitere Erkundungen. Zum Abschluss bietet sich noch ein Ausflug in die *Potsdamer Straße 93* an. Der libanesische Inhaber des »HARB« lockt seine Kunden mit den duftenden Köstlichkeiten des Orients. Tausendundein Gewürz, kandierte Rosenblätter, pulverisiertes Süßholz (geraspelt) und Festtagsgebäck kann man hier kaufen, aber auch Geschirr, hübsche Dosen, Stoffe, Lampen und vieles mehr. Zeit ist mitzubringen, nicht nur um das Flair zu genießen und die richtige Auswahl zu treffen, sondern auch um zu handeln.

1841 gründete der Naturforscher M. H. Lichtenstein zusammen mit A. v. Humboldt und P. J. Lenné den ersten Zoo Deutschlands in Berlin. Mit 11 000 Tieren und in 1975 Arten gehört er heute zu den bedeutendsten der Welt.

Vom Zoologischen Garten vorbei an der Technischen Universität gelangen wir über die breite Straße des 17. Juni zur *Einsteinstraße*. Von dort sind es nur noch wenige Meter bis zur Einmündung des Landwehrkanals in die Spree.

## Der besondere Tipp:

**Bei Langeweile Geld zurück**

Das handtuchschmale 155-Plätze-Kino »Notausgang« in der Vorbergstraße sorgt mit pfiffigen PR-Aktionen für Schlagzeilen. Klassiker der 30er und 40er Jahre, aber auch der Nachkriegszeit stehen hier auf dem Programm. Viele Besucher schauen sich ihren Lieblingsfilm zum x-ten Male an. Der große, in Berlin geborene, Regisseur Ernst Lubitsch (»Ninotschka«, 1939, »Sein oder Nichtsein«, 1942) ist untrennbar mit dem »Notausgang« verbunden. Als lebensgroße Plastik sitzt er mit Zigarre in Reihe 18, Platz 1. Und wer sich bei Lubitsch-Filmen langweilt, bekommt sein Eintrittsgeld zurück, versprechen die Betreiber.

# Die Spree wird zur Havel

## Schloss Charlottenburg · Westhafen Flughafen Berlin-Tegel · Volkspark Jungfernheide · Olympiagelände Zitadelle Spandau

Anreise:
***mit dem PKW*** *über die A 115/A 100 bis Abfahrt Spandauer Damm und dann weiter entlang des Spandauer Dammes bis Schloss Charlottenburg*
***mit der Bahn*** *bis Zoologischer Garten und weiter mit der U 2 bis Sophie-Charlotte-Platz*

Zitadelle Spandau

Etwa 390 km sind wir inzwischen dem Lauf der Spree gefolgt und nur noch 8 km trennen uns von ihrer Mündung in die Havel, dem Abschluss unserer Entdeckungsreise. Von der Einmündung des Landwehrkanales in die Spree bis nach Spandau verläuft der Fluss vor allem durch unwirtliche Industriegebiete und zeigt sich daher von seiner weniger attraktiven Seite. Doch zwei Sehenswürdigkeiten im Stadtgebiet ragen heraus und sollen nicht unerwähnt bleiben, das Schloss Charlottenburg und die Zitadelle Spandau.

Neben dem Bauherren König Friedrich I. und später Friedrich dem Großen wohnten auch die Könige Friedrich Wilhelm II., Friedrich Wilhelm III. sowie der letzte Hohenzollernkaiser Wilhelm II. über längere Zeit im Schloss Charlottenburg.

**Schloss Charlottenburg** Nur wenige Meter vom Spreeufer entfernt steht das einzige noch erhaltene große Hohenzollernschloss in Berlin. Fast alle preußischen Könige haben hier mehr oder weniger häufig gewohnt. Aber in erster Linie bleibt es doch das Schloss der Kurfürstin und späteren Königin Sophie Charlotte, für die es gebaut und nach der es benannt worden ist. Eigentlich sollte es ein bescheidenes Landhaus werden, das sich die Gemahlin des Kurfürsten Friedrich III. auf dem Vorwerk Lietzow am Ufer der Spree erbauen ließ. Den Ausschlag für die Auswahl des Standortes – auch Malchow und Weißensee zog man seinerzeit in Betracht – gaben die schöne Lage und die Nähe zu Berlin. Oberhofbaumeister J. A. Nehring begann 1695 mit dem Bau des heutigen Mittelteiles. Viele weitere berühmte Baumeister bewiesen nach ihm über eineinhalb Jahrzehnte ihre Kunst an dem Gebäude. Das geplante Landhaus erweiteret sich zum Schloss Lietzenburg. Der schwedische Baumeister E. von Göthe wirkte ab 1701 an dem Bau. Ihm sind die seitliche Erweiterung, der 48 m hohe Kuppelturm, die Orangerie und der Ehrenhof zu verdanken. Die Kosten für den Bau waren enorm. Friedrich III. vereinbarte deshalb mit seiner Frau Sophie Charlotte, dass ihr jährlich 12 000 Taler aus der Staatskasse für die Unterhaltung ihres »Hauses« zuflossen. Doch da dieser Etat oft nicht ausreichte, steuerte der Kurfürst hohe Beträge aus der Privatschatulle bei. Nachdem Friedrich 1701 zum König Friedrich I. gekrönt worden war, wohnte er bei seinen Aufenthalten in Berlin häufiger im Schloss Lietzenburg, das er spöttisch »Lustigburg« nannte. Sophie Charlotte zog zahlreiche Künstler an ihren

König Friedrich I. ließ die Verkehrsverbindung vom Schloss nach Berlin verbessern. Dazu entstand eine neue Straße von Berlin zum Schloss, die heutige Otto-Suhr-Allee.

Schloss Charlottenburg

»Musenhof« und machte ihn zu einem Zentrum des wissenschaftlichen und kulturellen Lebens. Sie veranstaltete Opernaufführungen und Konzerte, dirigierte sogar selbst, lud zu philosophischen und religiösen Disputen ein und führte den berühmten Universalgelehrten Gottfried Wilhelm Leibniz in ihren Kreis ein. 1701 ernannte sie ihn zum ersten Präsidenten der von ihr initiierten Akademie der Wissenschaften. Die Vollendung der Lietzenburg erlebte die Königin jedoch nicht mehr. Als sich der Gatte »über den höchst schmerzlichen Verlust seiner Gemahlin etwas erholet und getröstet« hatte, kam er am 1. April 1705 nach längerer Zeit erstmals wieder zum Schloss, »... änderte sofort des Orts Namen und nannte den selben dero so lieb gewesenen und treuen Gemahlin zum Andenken mit dem Namen Charlottenburg«. Auch Friedrich der Große erwählte Charlottenburg, das er bereits mit seiner Hochzeitsgesellschaft nach »gehabtem Beilager mit der durchlauchtigen Prinzessin von

»Diese große Königin besaß eine unglaubliche Wissenschaft höherer Dinge und die außerordentliche Begier, immer mehr zu erforschen«, so äußerte sich G. W. Leibniz über die Königin nach ihrem Tode im Jahre 1705.

Braunschweig und Lüneburg-Beveren Elisabeth Chistina« besucht hatte, 1740 zu seiner Residenz. Sie blieb es, bis Sanssouci in Potsdam vollendet war. Das Schloss diente auch unter dem schöngeistigen Friedrich als Anziehungspunkt für die »hohe Landesherrschaft« sowie »viele auswärtige reisende Herren und Standespersonen«. Der Kurfürst von Sachsen und König von Polen Friedrich August der Starke, der Herzog von Lothringen Franz Stephan, der spätere Kaiser Franz I. u. v. a. weilten im Schloss. Ihnen zu Ehren wurden kostbare Feuerwerke angezündet und andere Lustbarkeiten geboten. Unter Friedrich Wilhelm II. erbaute C. G. Langhans das *Schlosstheater* und im Park das *Belvedere*. K. F. Schinkel fügte 1810 das *Mausoleum* für die heiß geliebte schöne Königin Luise und einen Pavillon hinzu. Königin Luise war die Gemahlin König Friedrich Wilhelms III. Sie starb bereits mit 34 Jahren im Jahre 1810. Sie gilt als die im Volk beliebteste Königin der gesamten Hohenzollerndynastie. Das Mausoleum im Schlosspark birgt auch die sterbliche Hülle ihres Mannes sowie Kaiser Wilhelms I. und seiner Gemahlin Augusta. Als letzter Hohenzollern-Monarch regierte Kaiser Wilhelm II. zeitweilig vom Schloss Charlottenburg aus und empfing dort auch mehrmals Bismarck. Danach längere Zeit unbewohnt diente es gegen Ende des Ersten Weltkrieges als Lazarett, später als Domizil der staatlichen Hochschule für Musikerziehung. Am 23. November 1943 schien das Ende der »Charlottenburger Vielfalt«, wie man das Schlossensemble wegen seiner vielen Gebäudeteile auch nannte, für immer besiegelt zu sein. Kaum mehr als die Umfassungsmauern standen nach den verheerenden Bombenangriffen der Alliierten noch. Doch schon 1947 begann der Wiederaufbau, der sich über zwei Jahrzehnte erstreckte. Die Rekonstruktion bewirkte streng genommen, dass der Besucher hier kein Original mit Alterswert, sondern eine Kopie zu sehen bekommt. Nach der Wiederherstellung verlangte der gewachsene Gebäudekomplex nach sinnvoller Nutzung: Die *Gemäldegalerie* der *Romantik* fand im Knobelsdorff-Flügel, *Kunst der Schinkelzeit* im Pavillon, *Berliner Porzellan* im Belvedere und das *Museum für Ur- und*

Für Eheschließungen der Hohenzollern-Dynastie waren vor allem Gebiets- und Machtzuwachs ausschlaggebend. Doch die Verbindung zwischen Luise und Friedrich Wilhelm III. galt als Liebesheirat. Tief verehrt wurde Luise auch von ihrem ältesten Sohn (ab 1840 Friedrich Wilhelm IV). Seine Begräbnisstätte fand er in der Potsdamer Friedenskirche, doch sein Herz sollte zu Füßen der Mutter beigesetzt werden.

*Frühgeschichte* im Schlosstheater Aufnahme. 1839 ließ König Friedrich Wilhelm IV. die Gardekasernen gegenüber dem Schloss durch F. A. Stüler errichten. Heute sind darin das berühmte Ägyptische Museum, die Antikensammlung, das Art-déco- und das Jugendstilmuseum untergebracht. Zur Besichtigung all dieser Kostbarkeiten würde allerdings kaum ein Tag ausreichen. In der schönen Jahreszeit sollte man unbedingt den Schlosspark besuchen, der sich bis hinunter zur Spree erstreckt. Er wurde ebenfalls nach dem Zweiten Weltkrieg nach altem Vorbild wiederhergestellt. 1697 hatte ihn S. Godeau als ersten Barockgarten französischen Stils in Deutschland geschaffen und mit bunten Blumenrabatten in geometrischen Formen ausgestaltet. Die von P. J. Lenné herbeigeführten Veränderungen machte man im Interesse der Einheit von Schloss und Park rückgängig. Nach der Besichtigung des Schlosses, das ca. 300 000 Gäste pro Jahr zählt, setzen wir unsere Spreetour Richtung Spandau fort.

Im Ehrenhof des Schlosses hat 1952 das Reiterstandbild des Großen Kurfürsten, das von 1703–1943 auf der Langen Brücke unweit des Stadtschlosses stand, seinen Platz gefunden. Das Abbild König Friedrichs I. steht vor dem rechten Schlossflügel.

**Westhafen** Nördlich des Schlossgartens zweigt der *Westhafenkanal* ab. Er gehört zum Wasserstraßensystem von Spree und Havel in Berlin. 1952–1956 errichtet bildet er mit dem *Spandauer Schifffahrtskanal* (entstanden 1847–1859) und dem *Hohenzollernkanal* (entstanden 1906-1913) die Umgehung der alten Spree im Norden. Der Westhafen am Schnittpunkt der drei Kanäle ist mit ca. 5 Millionen t Umschlag pro Jahr der größte Hafen Berlins. Vor allem Massengüter wie Zement, Kohle, Bauschutt, Getreide, Öl und Benzin erreichen bzw. verlassen hier die Hauptstadt. Die Hafenanlagen des Westhafens mit ihren drei großen Becken entstanden 1912–1923 bzw. 1924–1927. Geplant ist ein weiterer Ausbau ab 1999 als Teil der Elbe-Havel-Oder-Wasserstraße innerhalb des Verkehrsprojektes 17 der Deutschen Einheit für Euro-Schiffe bis 3 000 t Tragfähigkeit. Nördlich des Hafens am *Plötzensee* schließt sich der 90 ha große *Volkspark Rehberge* an. Er entstand 1926–1929 auf einem hügeligen, sandigen Forstgelände, das die Berliner im Notwinter 1919/20 abgeholzt hatten. Teiche, Tiergehege, Spielwiesen und Tennisplätze fügen sich hier zu einem Ruhepunkt im sonst dicht besiedelten Bezirk Wedding zusammen.

Der Spandauer Schifffahrtskanal ist 12,2 km lang, zweigt am Lehrter Bahnhof von der Spree ab und verbindet sich auf der Höhe der Seestraße mit dem Hohenzollernkanal. Dieser wiederum misst 7,7 km und führt zur Havel in Höhe des Tegeler Sees. Der Westhafenkanal bietet eine zusätzliche Verbindung von der Spree beim Schloss Charlottenburg bis zum Westhafen (Hohenzollernkanal).

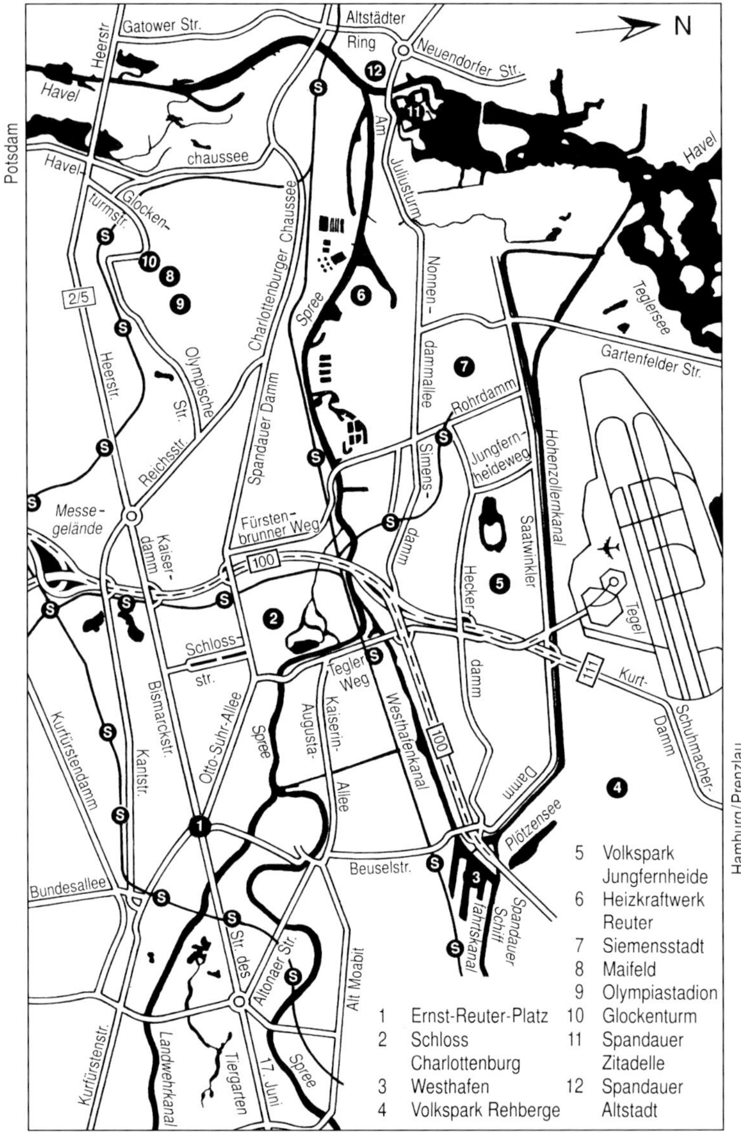
N
Potsdam
Hamburg/Prenzlau
Gatower Str.
Heerstr.
Altstädter Ring
Neuendorfer Str.
Havel
Havel-chaussee
Glockenturmstr.
Charlottenburger Chaussee
Am Juliusturm
Nonnendammallee
Spree
Teglersee
Gartenfelder Str.
Olympische Str.
Heerstr.
Reichsstr.
Spandauer Damm
Rohrdamm
Jungfernheideweg
Siemensdamm
Hohenzollernkanal
Saatwinkler Damm
Messegelände
Kaiserdamm
Fürstenbrunner Weg
Heckerdamm
Tegel
Schlossstr.
Tegler Weg
Kurt-Schuhmacher-Damm
Bismarckstr.
Otto-Suhr-Allee
Augusta-
Kaiserin-Allee
Westhafenkanal
Kurfürstendamm
Kantstr.
Plötzensee
Beuselstr.
Bundesallee
Spandauer Schifffahrtskanal
Str. des 17. Juni
Altonaer Str.
Alt Moabit
Kurfürstenstr.
Landwehrkanal
Tiergarten
2/5
100
111
1 Ernst-Reuter-Platz
2 Schloss Charlottenburg
3 Westhafen
4 Volkspark Rehberge
5 Volkspark Jungfernheide
6 Heizkraftwerk Reuter
7 Siemensstadt
8 Maifeld
9 Olympiastadion
10 Glockenturm
11 Spandauer Zitadelle
12 Spandauer Altstadt

**Flughafen Berlin-Tegel** Gleich neben dem Volkspark liegt der Flughafen Berlin-Tegel. Er entstand in seiner heutigen Form 1974 und ist mit ca. 7 Millionen Passagieren der derzeit bedeutendste der Stadt. Das Fluggeschehen lässt sich am besten von der Aussichtsterrasse beobachten. Dabei schauen wir auf das Tegeler Flugfeld, das in der Kaiserzeit die Soldaten als Schießplatz nutzten. Anfang der 30er Jahre starteten H. Oberth und W. von Braun an dieser Stelle die ersten Raketenversuche, die zur Entwicklung der V 1 und V 2 führen sollten. Nach 1945 als Militärflughafen der französischen Armee in Beschlag genommen, verlegte man ab 1968 den zivilen Flugverkehr hierher, da Tempelhof für die neuen Maschinen zu klein war.

Zu den schönen Grünanlagen im Bezirk Wedding gehören neben dem Volkspark Rehberge der Humboldthain, der Schillerpark und der kleine, von Stadtgartendirektor E. Barth entworfene Goethepark Wedding.

**Volkspark Jungfernheide** Südlich von Berlin-Tegel, zwischen Hohenzollernkanal und Spree, erstreckt sich eine weitere grüne Lunge der Stadt, der Volkspark Jungfernheide. Der Name geht auf das 1239 von Markgraf Johann I. gestiftete Benediktinerinnenkloster in Spandau zurück. Der riesige Waldbesitz der Nonnen reichte bis nach Tegel, Charlottenburg und Wedding. Nach der Auflösung der Klöster im 16. Jahrhundert diente die »Heide der Jungfern« wegen des großen Wildbestandes als Jagdrevier der Kurfürsten. 1920 bis 1923 erfolgte auf 146 ha die Umgestaltung zum Volkspark. Trotz des Lärmes durch den nahen Flughafen zieht das Landschaftsschutzgebiet stets zahlreiche Naherholungssuchende an. Nach diesem Grünzug beginnt entlang der Spree ein großes Industriegebiet, das von der Silhouette des *Heizkraftwerkes Reuter* bestimmt wird. Dazwischen liegt das *Klärwerk Ruhleben*, mit 240 000 m³ Leistung pro Tag das größte Berlins. Etwas nördlich in Richtung Hohenzollernkanal schließt sich der Stadtteil *Siemensstadt* an. Wie schon der Name vermuten lässt, prägt das Siemenswerk das Erscheinungsbild dieses Ortsteils. Bereits 1898/99 begann die Firma Produktionsstätten und Werkwohnungen zu errichten. 1920–1923 kamen die großen, in charakteristischer Klinkerbauweise entstandenen Fabrikanlagen hinzu. Zum Wahrzeichen wurde das von Siemens-Architekt H. Hertlein 1929/30 errichtete Werner-Werk mit dem 74 m hohen Uhrturm am Siemensdamm 50–57.

Auf dem einstigen Klosterbesitz entstanden neben dem Volkspark Jungfernheide auch der Volkspark Rehberge und der Flughafen Tegel.

W. v. Siemens und J. G. Halske gründeten 1847 in der Schöneberger Straße 19 nahe dem Anhalter Bahnhof das heute Weltgeltung besitzende Elektrounternehmen.

Das Olympiastadion, heute das zweitgrößte Stadion Deutschlands mit 75 000 Plätzen, ist alljährlich Schauplatz des Fußballpokal-Endspieles, des ISTAF-Leichtathletikfestes und vieler anderer Großveranstaltungen. An der Stirnseite des Tribünenringes sind auf Natursteinplatten die Olympiasieger von 1936 eingemeißelt. Derzeit befindet sich das Stadion in einem schlechten baulichen Zustand. Der Sanierungsaufwand wird auf 300 Mio DM geschätzt.

**Olympiagelände** Bevor wir uns der Spreemündung zuwenden, führt uns ein letzte Abstecher zum sogenannten *Maifeld* und dem *Olympiastadion*, die wir südlich des Flusses über die Charlottenburger Chaussee und die Reichsstraße erreichen. 1934-1936 entstanden auf einem 131 ha großen Areal zahlreiche Olympiaanlagen für die Spiele von 1936. Dazu zählen neben dem von einer 16,5 m hohen Pfeilerhalle eingefassten Hauptstadion auch das Schwimm-, Hockey- und Reitstadion. In ihrer suggestiven Monumentalität vermitteln die Bauten des sogenannten *»Reichsportfeldes«* den sich auch in der Architektur und Kunst darstellenden Herrschaftsanspruch der Nationalsozialisten. Den besten Überblick hat man vom *Glockenturm*, der in den Sommermonaten als Aussichtsplattform geöffnet ist.

Knapp 2 km sind es nun noch vom Olympiagelände bis zum Endpunkt unserer Spreereise. Leider fehlt der Spree auf ihrem letzten Wegstück nahezu vollständig jede Idylle. Oft graues, ödes Industrieland, geprägt von Kläranlagen, Fabrikhallen und Parkplätzen nimmt dem Fluss auf diesem Abschnitt jeden Charme. Hier dient er nur noch als »Lasttier« und Wasserlieferant für die Hauptstadt. Freizeitkapitäne und Ausflugsschiffe verirren sich nur selten in diesen Teil.

**Spandauer Zitadelle** Zum Abschluss empfiehlt sich ein Spaziergang zu einer viel besuchten Sehenswürdigkeit, der Spandauer Zitadelle, nur 200 m nördlich der Mündung. Auf einer Talsandinsel der Havel erhebt sich in Form eines vierzackigen Sterns mit Palas, Juliusturm und vier Bastionen eine der bedeutendsten noch erhaltenen Festungen Mitteleuropas. In ihrer heutigen Form schuf sie zum größten Teil der italienische Baumeister F. Candiono im Auftrag des Kurfürsten Joachim II. Rochus Graf zu Lynar, der auch die Schlösser Köpenick, Bötzow und Grunewald umbaute, vollendete die Arbeiten 1594 und zog sich danach als Kommandant auf die Festung Spandau zurück. Das Geschlecht der Lynars erlangte schon zu Zeiten Kaiser Karls V. Bedeutung. Rochus Guerini Lynar wurde in Italien geboren, machte als Generalkommissar aller königlichen Festungen Karriere in Frank-

Statue Albrecht der Bär, Zitadelle Spandau

reich und modernisierte in Deutschland Schlösser und Festungen. Das Heidelberger Schloss, das Jagdschloss Augustusburg bei Chemnitz, die Befestigungsanlagen in Dresden und die Festung Küstrin waren seine Wirkungsstätten. Zudem bildete er die Artillerie des brandenburgischen Kurfürsten aus und leitete den Salzhandel in der Mark. Nach seinem Tod 1596 wurde Graf Lynar in einer Gruft der Spandauer Nikolaikirche beigesetzt. Der steinerne von ihm selbst gestiftete Renaissancealtar zeigt ihn und seine Familie. Der meisterliche Bau der Zitadelle galt nach der Fertigstellung bis zum Zweiten Weltkrieg als eine der wichtigsten Festungen Preußens und durch seine Lage – von Wasser umgeben – lange als uneinnehmbar. Die erste Bau- und Siedlungstätigkeit an der Spreemündung liegt aber viel weiter zurück. Archäologen wiesen hier eine über 1000-jährige Siedlungsgeschichte nach. Bodenfunde zeigen, dass im 8. und 9. Jahrhundert das Gelände noch eine unbefestigte slawische Niederlassung trug, deren Bewohner von Landwirtschaft und Fischfang lebten. Um 1200 kamen die Askanier ins Land und übernahmen auch das Gebiet um die heutige Spandauer Zitadelle. Im 15. Jahrhundert begann der burgähnliche Ausbau. Das Abbild des ersten askanischen Herrschers in Brandenburg und Begründers des Landes – Albrecht der Bär – steht heute im Hof der Zitadelle. Im Laufe der Jahrhunderte diente die Festung als Staatsgefängnis, Waffenarsenal der Hohenzollern, nach 1871 als Aufbewahrungsort des Goldschatzes des Deutschen Reiches und im Zweiten Weltkrieg als Forschungsstelle des Heeresgasschutzlaboratoriums. Heute ist sie *Museum*. Die Zitadelle beherbergt u. a. eine wertvolle stadt- und landesgeschichtliche Ausstellung und eine ur- und frühgeschichtliche Sammlung zu den Siedlungsanfängen in Spandau. Der *Juliusturm* bietet einen guten Rundblick über Havel, Spree und Altstadt von *Spandau*. Das historische Viertel mit Rathaus, St. Nikolai Kirche, engen Gassen und schönen Bürgerhäusern sollte man unbedingt besuchen, denn wie in keinem anderen Teil des heutigen Berlins begegnet uns dort fast kleinstädtische Atmosphäre einer über die Jahrhunderte gewachsenen alten

Leuten, die den Grafen ob seiner »bürgerlichen« Arbeit kritisierten, entgegnete Lynar: »Ich aber bin der Überzeugung, dass es jedermann zur Ehre gereicht, etwas Tüchtiges gelernt zu haben, sei er Adliger oder Bürgerlicher, und dass es eine Schande ist, nichts gelernt zu haben, welchen Standes er auch sei …«

Die frühe Spandauer Burganlage diente den jeweiligen Landesherren auch als Fluchtort. Von hier aus regierten sie das Territorium. Urkunden, Briefe und Dekrete tragen häufig die Ortsangabe »Spandow«.

Stadtanlage. Ein Vogt von Spandau wurde bereits im Jahre 1197 erstmals urkundlich erwähnt, zu einer Zeit, als Berlin erst im Entstehen war. Die spätere Residenz- und Hauptstadt begann erst 1237 ihre aufgeschriebene Geschichte. Doch was nützte es den stolzen Spandauern – seit 1920 sind sie offiziell Berliner. Die jüngere Stadt verleibte sich die ältere ein.

Unspektakulär, direkt gegenüber der Altstadt von Spandau am Lindenufer endet der Lauf der Spree nach 398 km Länge. Aber bei genauerem Hinsehen von der Spandauer Seite aus erleben wir auch hier, an der Mündung der Spree in die Havel, noch einmal eine Überraschung. Die Havel, die ab der Spreemündung fortan den Namen des weiteren Flusslaufes für sich beansprucht, ist hier nicht nur schmaler und weniger wasserreich als die Spree, sondern hat bis hierher auch eine wesentlich kürzere Strecke zurückgelegt. Von ihrem Quellgebiet bei Neustrelitz erreicht sie Spandau schon nach etwa 193 km. Trotzdem wird, man mag sagen ungerechterweise, die Spree zur Havel und nicht umgekehrt, und unsere Reise geht hier zu Ende.

Besondere Anziehungspunkte in der Spandauer Altstadt sind u. a. die Fußgängerzone, die größte Berlins, die St. Nikolai Kirche, in der Kurfürst Joachim II. 1539 zum reformierten Glauben übertrat, und das um 1500 errichtete Gotische Haus in der Breiten Straße 32, das älteste noch erhaltene Gebäude Spandaus.

## Der besondere Tipp:

**Flohmarkt, Geisterbahn und Kuriositätenkabinett**

Wer in das »Klo« eintritt, sollte auf einen Gaststättenbesuch etwas anderer Art gefasst sein. Ein Wasserstrahl trifft den, der am Türsteher vorbeigekommen ist. In Terrarien hocken allerlei »grausige« Tierchen wie Vogelspinnen, Leguane und Schlangen. Ein Exhibitionist reißt sich den Mantel auf, um weibliche Besucher zu erschrecken. Auch im Inneren geht es weiter unter dem Motto »Willkommen im Tollhaus«. Puppen dreschen auf die Köpfe der Gäste ein, Barhocker kippen um und Lautsprecher übertragen aus dem verschwiegenen Örtchen Geräusche, die man nicht kommentieren mag. Übrigens ist auch das Klo sehenswert. Wer sich an das Kneipen-Umfeld, einschließlich Reagenzgläser, Urinenten und Nachttöpfe als Trinkgefäße gewöhnt hat, kann einen netten Abend in der Leibnizstraße 57 (unweit des Ernst-Reuter-Platzes) verbringen.

# Informationen und Hinweise für unterwegs

Unterwegs im Spreewald

## Auskunft

Wichtige Informationen, die für einen gelungenen Ausflug benötigt werden, erteilen die Fremdenverkehrsverbände und -ämter sowie Stadtinformationen.
Die Telefonnummer 19433 in Verbindung mit der jeweiligen Vorwahlnummer erstellt eine Verbindung mit dem jeweiligen Fremdenverkehrsamt. Dieses Angebot ist jedoch noch nicht flächendeckend aufgebaut.

**Übergeordnete regionale Fremdenverkehrsverbände:**

*Touristische Gebietsgemeinschaft »Oberlausitzer Bergland«,* Sohlander Str. 3a, 02681 Schirgiswalde, ✆ (03592) 3 48 97

*Tourismusverband Oberlausitz/niederschlesien e. V.,* Taucherstr. 39, 02625 Bautzen, ✆ (03591) 4 87 70

*Fremdenverkehrsverband »Niederlausitzer Land« e. V.,* Lindenstr. 5, 15926 Luckau, ✆ (03544) 30 50

*Tourismusverband Spreewald e. V.,* Lindenstr. 1, 03226 Raddusch, ✆ (035433) 7 22 99

*Regionaler Fremdenverkehrsverband Ostbrandenburg e. V.*, Heinrich-Hildebrand-Str. 20a, 15232 Frankfurt (Oder), ✆ (0335) 32 52 16

*Berlin-Tourismus-Marketing GmbH*, Am Karlsbad 11, 10785 Berlin, ✆ (030) 25 00 25

**Die wichtigsten örtlichen Fremdenverkehrsverbände und Stadtinformationen:**

*Zu Kapitel 1: »Die Spreequelle oder die Qual der Wahl«*

**Ebersbach** Stadtverwaltung, Reichsstr. 1, 02730 Ebersbach, ✆ (03586) 36 51 33

**Neugersdorf** Stadtverwaltung, Hauptstr. 39/41, 02727 Neugersdorf, ✆ (03586) 7 80 80

**Eibau** Fremdenverkehrsbüro, Hauptstr. 62, 02739 Eibau, ✆ (03586) 70 20 51

*Zu Kapitel 2: »Der glücklose Rivale«*

**Obercunnersdorf** Fremdenverkehrsbüro, Hauptstr. 65, 02707 Obercunnersdorf, ✆ (035875) 9 54

**Löbau** Stadtverwaltung, Stadtinformation, Altmarkt 1, 02708 Löbau, ✆ (03585) 45 04 50

*Zu Kapitel 3: »Von Rittern, Räubern und Goldgräbern«*

**Kirschau** Gemeindeverwaltung, Zittauer Str. 5, 02681 Kirschau, ✆ (03592) 3 87 80

**Neusalza-Spremberg** Stadtverwaltung, Kirchstr. 17, 02742 Neusalza-Spremberg, ✆ (035872) 36 10

**Obergurig** Gemeindeverwaltung, Hauptstr. 24, 02692 Obergurig, ✆ (035938) 5 02 32

**Schirgiswalde** Tourist-Information, Sohlander Str. 3a, 02681 Schirgiswalde, ✆ (03592) 3 48 97

**Sohland** Fremdenverkehrsamt, Bahnhofstr. 26, 02686 Sohland, ✆ (035936) 3980

**Taubenheim** Fremdenverkehrsamt, Hauptstr. 31, 02689 Taubenheim, ✆ (035872) 43 12

*Zu Kapitel 4: »Wie das Spreewasser bergauf fließt«*

**Bautzen** Bautzen-Budysin-Information, Hauptmarkt 1, 02625 Bautzen, ✆ (03591) 4 20 16

*Zu Kapitel 5: »Im Gebiet der Teiche und des Schwarzen Goldes«*

**Mücka** Verwaltung des Biosphärenreservates »Oberlausitzer Heide- und Teichlandschaft«, Alte Försterei, 02906 Mücka, ✆ (035893) 65 25

*Zu Kapitel 6: »Am Schwarzen und Weißen Schöps«*

**Mücka** Verwaltung des Biosphärenreservates »Oberlausitzer Heide- und Teichlandschaft« Alte Försterei, 02906 Mücka, ✆ (035893) 65 25

**Niesky** Touristinformation, Zinzendorfplatz 8, 02906 Niesky, ✆ (03588) 2 55 80

*Zu Kapitel 7: »Entlang der Kleinen Spree zu den Lausitzer Seen«*

**Hoyerswerda** Tourist- und Stadtinformation, Schlossergasse 1, 02977 Hoyerswerda, ✆ (03571) 45 69 20

**Lohsa** Fremdenverkehrsgesellschaft Silbersee/Lausitz GmbH, Am Silbersee, 02999 Lohsa, ✆ (035724) 5 00 34

**Senftenberg**

· Lausitzer-Braunkohlen-Aktiengesellschaft (LAUBAG) Presse- und Öffentlichkeitsarbeit, Knappenstr. 1, 01968 Senftenberg, ✆ (03573) 78 30 50

· Senftenberg-Information, Markt 19, 01968 Senftenberg, ✆ (03573) 21 70

**Wittichenau** Stadtinformation, Geschwister-Scholl-Str. 6, 02997 Wittichenau, ✆ (035725) 7 04 17

*Zu Kapitel 8: »Einst Mittelpunkt des Reiches«*

**Bad Muskau** Fremdenverkehrsbüro, Schlossstr. 3, 02953 Bad Muskau, ✆ (035771) 5 04 92

**Kromlau** Gemeindeamt, Halbendorfstr. 6, 02953 Kromlau, ✆ (03576) 22 28 28

**Spremberg** Tourist-Information, Am Markt 2, 03130 Spremberg, ✆ (03563) 45 30

### Die Karte zum Buch?

ADFC-Regionalkarten enthalten viele nützliche Tips von Radfahrern für Radfahrer.

Tip: "Berlin und Umgebung", 1:75.000
1. Auflage 1996

Erhältlich im ADFC-Buch- und Infoladen.

### Das Fahrrad zur Tour?

Beim ADFC können Sie eine kostenlose Liste der Fahrradverleiher in Berlin und Brandenburg erhalten.

### Mitradler gesucht?

Das umfangreiche ADFC-Radtourenprogramm für Berlin und Brandenburg enthält hunderte geführte Touren - nicht nur zum Kennenlernen unentdeckter Landschaften ...
Die kostenlose Broschüre finden Sie bei Ihrem Fahrradhändler um die Ecke oder fordern Sie sie einfach beim ADFC an.

### Die Hilfe zur Selbsthilfe?

In der ADFC-Selbsthilfewerkstatt können Sie Ihr Fahrrad unter fachmännischer Anleitung auf die kleine und große Tour vorbereiten.

### Die Lobby der Radfahrer?

Der Allgemeine Deutsche Fahrrad-Club (ADFC) vertritt Ihre Interessen als Alltags- und Freizeitradler. Als ADFC-Mitglied sind Sie automatisch haftpflicht- und rechtsschutzversichert, erhalten zahlreiche Vergünstigungen und stärken den Einfluß des ADFC bei seiner Arbeit für eine umweltfreundliche Verkehrspolitik.

ADFC
**Allgemeiner Deutscher Fahrrad-Club**
**Landesverband Berlin e.V.**

Brunnenstraße 28, 10119 Berlin-Mitte
Tel. 030-448 47 24, Fax 44 34 05 20
Mo-Fr 14-20 Uhr und Sa 10-16 Uhr

*Zu Kapitel 9: »Die grüne Metropole der Niederlausitz«*

**Cottbus**
· Cottbus-Information, Karl-Marx-Str. 68 (im Lausitzer Hof), 03044 Cottbus, ✆ (0355) 242 54
Zimmernachweis: ✆ (0355) 2 42 55

· Sorbische Kulturinformation »Lodka« im Wendischen Haus am Schillerplatz, August-Bebel-Str. 82, 03046 Cottbus, ✆ (0355) 79 11 10

**Peitz** Eigenbetrieb für Tourismus und Naherholung »Peitzer Land«, Markt 1, 03185 Peitz, ✆ (035601) 194 33 oder 81 15

*Zu Kapitel 10: »Die Heimat der Spree-Gondolieri«*

**Burg** Fremdenverkehrsamt, Am Hafen 1, 03096 Burg, ✆ (035603) 4 17

**Lübbenau** Fremdenverkehrsverein Lübbenau und Umgebung e. V., Ehm-Welk-Str. 15, 03222 Lübbenau, ✆ (03542) 36 68

**Lübben** TKS Tourismus,- Kultur und Stadtmarketing GmbH, 15907 Lübben, Ernst-von-Houwald-Damm 14, ✆ (03546) 30 90 oder 24 33

**Straupitz** Heimat- und Fremdenverkehrsverein e. V., Tourist-Information, Kirchstr. 29, 15913 Straupitz, ✆ (035475) 167 71

*Zu Kapitel 11: »Abseits ausgetretener Touristenpfade«*

**Bad Liebenwerda**
Naturpark Niederlausitzer Heidelandschaft, Verwaltung, Markt 20,
04924 Bad Liebenwerda,
✆ (035341) 6150

**Görlsdorf**
Landesumweltamt Brandenburg, Naturschutzstation Wanninchen, 15926 Görlsdorf, ✆ (03544) 42 43

**Luckau** Fremdenverkehrsverband Niederlausitzer Land e. V., Lindenstr. 5, 15926 Luckau,
✆ (03544) 30 50

Tourist-Informationsbüro Amt Plessa, Steinweg 6,
04928 Plessa,
✆ (03533) 52 12

**Waltersdorf** Förderverein Naturpark »Niederlausitzer Landrücken« e. V.,
Dorfstr. 36, 15926 Waltersdorf,
✆ (035454) 2 75

*Zu Kapitel 12: »Der kleine Bruder des Oberspreewaldes«*

**Lübben** TKS Tourismus,- Kultur und Stadtmarketing GmbH, 15907 Lübben,
Ernst-von-Houwald-Damm 14,
✆ (03546) 30 90 oder 24 33

**Schlepzig** Biosphärenreservatsverwaltung Spreewald,
Dorfstr. 53, 15910 Schlepzig,
✆ (035472) 2 76

**Schönwalde** Tourismusbüro Amt Unterspreewald,
Hauptstr. 49, 15910 Schönwalde,
✆ (035474) 4 05

*Zu Kapitel 13: »Ausflug zu Mühlen, trutzigen Kirchen und kleinen Städten«*

**Dahme**
Förderverein »Dahme/Mark« e. V., Jägerstr. 1, 15936 Dahme,
✆ (035451) 9 18 80

Fremdenverkehrsinformation, Töpferstr. 17, 15936 Dahme,
✆ (035451) 9 15 55

**Schlieben** Fremdenverkehrsverband Elbe-Elster-Land, Ritterstr. 8, 04928 Schlieben
✆ (035361) 8 16 99

**Wildau-Wentdorf** Mühlenvereinigung Berlin-Brandenburg Geschäftsstelle Dammühle,
15938 Wildau-Wentdorf,
✆ (035453) 2 94

*Zu Kapitel 14: »Entlang der Dahme-Wasserstraße«*

**Bad Saarow**
Tourismusbüro, Seestr. 36,
15526 Bad Saarow,
✆/Fax: (033631) 21 42

Kur- und Fremdenverkehrs GmbH, Lindenstr. 5, 15526 Bad Saarow, ✆ (033631) 86 80

**Groß Köris** Fremdenverkehrsverein »Schenkenländchen« e. V., Berliner Str., 15746 Groß Köris,
✆ (033766) 6 37 20

**Königs Wusterhausen** Fremdenverkehrsverband »Dahmeland« e. V., Am Nottekanal,
15711 Königs Wusterhausen,
✆ (03375) 29 12 69
*ab 1998:* Tourismusverband Dahmeland e. V., Im Bahnhof,
15711 Königs Wusterhausen

**Storkow** Tourismusbüro im Reisebüro Wiencke, R.-Breitscheid-Str. 4, 15859 Storkow, ✆ (033678) 731 08

**Wendisch-Rietz** Kur- und Fremdenverkehrsverein Scharmützelsee e. V., Hauptstr. 2, 15864 Wendisch Rietz, ✆/Fax: (033679) 50 45

*Zu Kapitel 15: »Unterwegs im Beeskower Land«*

**Beeskow** Märkische Tourismuszentrale Beeskow, Berliner Str. 30, 15848 Beeskow, ✆ (03366) 2 29 49

**Goyatz**
· Schwielochsee-Tourist GmbH (betreut die Campingplätze Goyatz, Jessern und Zaue), Dorfstr. 1a, 15913 Goyatz, ✆ (035478) 5 12

· Fremdenverkehrsverein Schwielochsee e. V., Am Bahnhof 27, 15913 Goyatz, ✆/Fax: (035478) 3 93

*Zu Kapitel 16: »Wo der Große Kurfürst zum Spaten griff«*

**Fürstenwalde** Fremdenverkehrs- und Tourismusverein Fürstenwalde e. V., Am Rathaus-Center 4–6, 15517 Fürstenwalde, ✆ (03361) 55 75 56

**Müllrose** Fremdenverkehrsverein Schlaubetal und Umgebung e. V., Kietz 5, 15299 Müllrose, ✆ (033606) 6 67

*Zu Kapitel 17: »Von der ländlichen Müggelspree zum hauptstädtischen Fluss«*

**Berlin** *Informationsmöglichkeiten siehe folgende Kapitel*

**Erkner** Fremdenverkehrsverein »Grünheider Wald- und Seengebiet« e. V., Fangschleusenstr. 1b, 15537 Erkner, ✆ (03362) 7 59 33

*Zu Kapitel 18: »Spreeathen«*

· *Berlin-Tourismus-Marketing GmbH*, Am Karlsbad 11, 10785 Berlin, ✆ (030) 25 00 25
Infocenter der Berlin-Tourismus-Marketing GmbH im Brandenburger Tor (Südflügel), Pariser Platz 1, 10117 Berlin

*Zu Kapitel 19: »Entlang des Landwehrkanals«*

**Berlin**
INFO-Box am Potsdamer Platz, Leipziger Platz 21, 10117 Berlin, ✆ (030) 22 66 24-0
täglich 9–19 Uhr
Do 9–21 Uhr

*Berlin-Tourismus-Marketing GmbH*, Am Karlsbad 11, 10785 Berlin, ✆ (030) 25 00 25
Infocenter der Berlin-Tourismus-Marketing GmbH im Europacenter, Eingang Budapester Straße, 10623 Berlin,

Infocenter der Berlin-Tourismus-Marketing GmbH im Bahnhof Zoo, Hardenbergplatz 1, 10787 Berlin,

*Zu Kapitel 20:*
*»Die Spree wird zur Havel«*

**Berlin**
*Berlin-Tourismus-Marketing GmbH*, Am Karlsbad 11, 10785 Berlin, ✆ (030) 25 00 25
Info-Point Airport-Center, Flughafen Tegel am Ausgang der Haupthalle, gegenüber Flugsteig 0, 10789 Berlin

## Angeln

Die Spree präsentiert sich im fast gesamten Flusslauf relativ fischreich. Auch die kleinen Seitenarme und Kanäle, Fließe des Spreewaldes und Seen wie der Senftenberger See, der Knappensee, der Schwielochsee, der Scharmützelsee, der Storkower See oder das Seengebiet südlich von Königs Wusterhausen eignen sich zum Angeln. Gefangen werden vor allem Barsche, Plötzen, Karpfen, Hechte, Zander, z. T. auch Aale. Leichter Fang winkt dem Petrijünger vor allem in den Fischzuchtregionen Oberlausitzer Teichlandschaft und Peitzer Teichgebiet. Auskünfte zum Erwerb von Tages-, Wochen- und Monatsangelscheinen erteilen die örtlichen Fremdenverkehrs- oder Angelsportvereine.

## Baden

Entlang der Spree, an ihren Seiten- und Nebenarmen sowie an dem im Einzugsgebiet liegenden Seen gibt es zahlreiche Badestellen. Die Wasserqualität ist gut bis befriedigend (letzteres gilt vor allem in der Nähe größerer Städte). Erschlossene Freibadeanstalten mit Versorgungseinrichtungen, Bootsausleihstationen sowie Spiel- und Sportplätzen findet man u. a. in Neusalza-Spremberg, im Ferienpark Bautzen-Burk, am Knappensee bei Hoyerswerda, am Senftenberger See, am Neuendorfer See (Unterspreewald), am Schwielowsee (Goyatz, Jessern, Speichrow, Niewisch, Sawall, Zaue), am Scharmützelsee (Wendisch-Rietz, Bad Saarow, Diensdorf-Radlow), am Großen Müllroser See, an vielen Dahmeseen in der Umgebung Berlins und am Großen Müggelsee in Berlin-Köpenick.

## Camping

Am Oberlauf des Flusses bis zum Spreewald sind Campingplätze relativ selten. Ihre Zahl wird jedoch in naher Zukunft vor allem in der Bergbauregion südlich/südwestlich von Cottbus mit dem Entstehen neuer Seen durch die Rekultivierung ehemaliger Tagebauflächen wachsen.

Der Standard der Campinganlagen entlang der Spree und an den Seen ist teilweise noch sehr unterschiedlich. Zu den gut ausgestatteten gehören u. a. der Campingplatz am Olba See bei Wartha, Strandcamping Niemtsch am Senftenberger See, Ferienpark Knappensee, Campingplatz Silbersee, Campingplatz Bornsdorf bei Luckau, Spreecamping Bagenz bei Cottbus, Spreewaldcamping Lübben, Campingplatz Neuendorf (Unterspreewald), Campingplatz Teupitzer See, Campingplatz Gräbendorf bei Königs Wusterhausen, Campingclub Hölzerner See, Ferienparadies Körba bei Dahme, Campingplatz am Schwielochsee bei Zaue und der Naturcampingplatz Halbinsel Raatsch bei Alt Schadow. Weitergehende Auskünfte kann man über die Fremdenverkehrsverbände erhalten.

Einen Gesamtüberblick über Lage, Ausstattung und Besonderheiten der einzelnen Campingplätze in Deutschland bietet der ADAC-Campingführer (Band 2,) der in einer jährlich aktualisierten Auflage erscheint und in allen ADAC-Geschäftsstellen erhältlich ist.

Auch der Deutsche Camping-Club e. V. (DCC) veröffentlicht einen Campingführer. Nichtmitglieder können diesen aber nur über den Buchhandel bzw. den Zubehörhandel erwerben.
Deutscher Camping-Club e. V. (DCC)
Mandlstraße 28, 80802 München,
✆ (089) 3 80 14 20

## Fahrgastschifffahrt

Ein überaus vielfältiges Angebot für Ausflüge mit dem Fahrgastschiff offeriert die Stern- und Kreisschifffahrt in Berlin. Neben Rund-, Tages- und Mehrtagesfahrten in und um Berlin bieten sich so z. B. Mondscheinfahrten, City-Touren unter den Brücken durch den historischen Stadtkern oder Seerundfahrten um die Müggelberge an.

*Informationen über:*
Stern- und Kreisschifffahrts-GmbH, 12435 Berlin,
Puschkinallee 16–17,
✆ (030) 5 36 36 00.

Auch die Reederei B. Winkler, 10555 Berlin, Levetzowstr. 12a, ✆ (030) 3 91 70 10 lädt zu Streifzügen durch die Berliner Metropole und in die seenreiche Umgebung der Stadt ein.

Ebenso ermöglichen kleine Reedereien bzw. Schifffahrtsgesellschaften Ausflüge auf der Spree, deren Nebenflüssen und den umliegenden Seen:

*Bad Saarow*: Scharmützelsee Schifffahrtsgesellschaft mbH, 15526, Seestr. 40,
✆ (033631) 24 19

*Jessern*: Schwielochsee Fahrgastschifffahrt Manfred Wiedemann, 15913, Dorfstr. 11c,
✆ (035478) 7 46

*Grünheide:* Reederei Kutzker, 15537, Waldpromenade 10
✆ (03362) 62 51

*Senftenberg*: Fahrgastschifffahrt Senftenberger See, Reederei Rolf Bothen, 01968 Großkoschen, Dresdener Str. 14d,
✆ (03573) 8 12 61

*Teupitz*: Dahmeschifffahrt Teupitz, Hans-Ulrich Kaubisch, 15755, Bahnhofstr. 50,
✆ (033766) 4 15 55

Besonders reizvoll sind Kahnfahrten im Unter- und Oberspreewald,

die den Besuchern die außergewöhnliche Landschaft dieser in Mitteleuropa einmaligen Region erschließen. Etwa 280 Kahnfährmänner und -frauen aus den Dörfern und Städten des Spreewaldes haben sich zu einer Genossenschaft zusammengeschlossen und staken ihre Gäste mit viel Geschick durch das weit verzweigte Flusslabyrinth. Größere Kahnfährhäfen, die alle gut ausgeschildert sind, befinden sich in Lübbenau, Lübben, Burg und Schlepzig u. a.

Nähere Informationen liefert der Fährmannsverein Lübben/Spreewald e. V., Ernst-von-Houwald-Damm 16, 15907 Lübben, ✆ (03546) 71 22.

### Flugsport

Zunehmend gibt es auch entlang der Spree Gelegenheit die Landschaft aus der Vogelperspektive zu betrachten. Rundflüge bieten u. a.:

Flugplatzgesellschaft Cottbus/ Neuhausen mbH, Flugplatz Neuhausen, ✆ (035605) 2 61

Flugplatzbetriebsgesellschaft Welzow mbH, Flugplatz, 03119 Welzow,
✆ (035751) 1 38 33
Fax: (035751) 6 99

Flughafen Brandenburg-Süd Cottbus, Flugplatz in Jänschwalde, ✆ (035607) 6 93

Flugplatzbetriebsgesellschaft Schwarzheide/Schipkau mbH, Postfach 1301, 01984 Schwarzheide, ✆ (035752) 6 24 73

Ballonsport Storkow, Herr Gombert ✆ (033678) 7 36 18

### Küche

Die Küche der Oberlausitz lässt oftmals böhmischen Einfluss erkennen. So werden dem Gast auf Wunsch auch böhmische Knödeln serviert, die vor allem zu Wildgerichten und Gulasch zu empfehlen sind. Zu den typischen Gerichten des Oberlausitzer Berglandes zählt u. a. die sogenannte Teichel-Mauke (Kartoffelpüree mit Sauerkraut und Rindfleisch) – bei der richtigen »Mischung« eine sehr herzhafte und wohlschmeckende Kost.
Im Gebiet zwischen Bautzen und Cottbus und besonders im Spreewald bereichert die sorbische Küche das Speisenangebot vieler Restaurants und Gasthöfe. Neben raffiniert zubereiteten Fischgerichten mit speziellen Soßen sollte man hier die Hochzeitssuppe, deren Rezept von Generation zu Generation gut gehütet wird, probieren. Aber auch die einfacheren Mahlzeiten wie gefüllte Plinsen oder Pellkartoffeln mit Quark und Leinöl sind oftmals eine Gaumenfreude.
In und um Berlin gibt es kaum typisch »heimatliche Spezialitäten«. Das Angebot reicht von der deftigen Hausmannskost und den landesüblichen Fisch- und Fleischgerichten über eine abwechslungsreiche internationale Küche bis hin zur Gastronomie der Spitzenklasse in der deutschen Hauptstadt.

## Museen (Auswahl)

*Museen im Spreequellgebiet*

**Ebersbach** Heimat- und Humboldtmuseum (Ausstellung zu Flora und Fauna der Oberlausitz, geologische Abteilung mit Mineraliensammlung, Exposition über das Hartsteingewerbe, Kunstbuchbindearbeiten von Rudof Skolande), Am Schlechteberg 1, 02730 Ebersbach, ✆ (03586) 36 55 04, geöffnet: Mi/Do 10–18 Uhr, Fr 10–15 Uhr, Sa/So 14–18 Uhr

**Eibau** Heimat- und Humboldtmuseum (Heimatgeschichte, Weberstube, Kunsthandwerk, naturkundliche Abteilung, völkerkundliche Sammlung), am Beckenberg, geöffnet: März–Nov. Mo, Di, Do, Fr 9–12, 13–16.30 Uhr, Sa/So 13–17.30

**Kottmarsdorf** Bockwindmühle (zur Geschichte der Mühlen, Zimmermannswerkzeug, Informationen zu Partnerwindmühlen und zur Erhaltung und Pflege von Mühlen), ✆ (03581) 31 44 69 geöffnet: April–Okt. Di, Do, Fr, Sa 14–16 Uhr, Mi, So 10–12, 14–16 Uhr, Juni, Juli, Aug. bis 17 Uhr, Nov.–März Führungen nach Voranmeldung möglich

*Museen im Gebiet des Löbauer Wassers*

**Löbau** Oberlausitzer Sechsstädtebund- und Handwerksmuseum Löbau – Stadtmuseum Löbau – (Stadtgeschichte, Oberlausitzer Handwerk und Kunsthandwerk, Schaukabinett zur Schmucksammlung mit dem Schwerpunkt »Bauernschmuck«, Oberlausitzer Bettgeschichte(n), historische Transportmittel, sakrale Plastik), Johannisstr. 5, 02708 Löbau, ✆ (03585) 40 41 16, geöffnet: Di–Fr 10–17 Uhr, Sa/So 14–17 Uhr

**Weißenberg** Alte Pfefferküchlerei (einziges technisches Museum des Pfefferküchlerhandwerks in Deutschland), Marktplatz 3, 02627 Weißenberg, ✆ (035876) 4 04 29, geöffnet: Di–Fr 8–12, 13–16 Uhr, Sa/So 13–17 Uhr, jedes erste Wochenende im Monat geschlossen

*Museen im Spreegebiet zwischen Neusalza-Spremberg und Kirschau*

**Neusalza-Spremberg** Reiterhaus (Baudenkmal und Heimatmuseum, Wohn- und Arbeitsraum des Oberlausitzer Handwebers, Neusalzaer Schusterstube u. a.) Zittauer Str. 37, 02742 Neusalza-Spremberg, ✆ (035872) 3 29 57, geöffnet: Mai, Juni, Sept., Okt. Mi/Do 9–11, 14–16 Uhr, Sa/So 14–16 Uhr; Juli, August Mi–So 9–11, 14–14 Uhr; Nov.–April nach Anmeldung

**Kirschau** Heimatmuseum (Geschichte der Kirschauer Textilindustrie, Ausstellung zur Burg Körse), über Gemeindeverwaltung Kirschau, ✆ (03592) 38 78 50 geöffnet: jeden 1. und 3. So im Monat von 14–16 Uhr

*Museen in Bautzen und Kleinwelka*

**Bautzen**
Alte Wasserkunst (technisches Museum und Wahrzeichen der Stadt), Am Wendischen Kirchhof, ✆ (03591) 4 15 88, geöffnet: April–Okt. tägl. 10–17 Uhr

Sorbisches Museum (ständige Ausstellung zur Geschichte, Kultur und Lebensweise der Sorben, Sondersausstellungen), Ortenburg 3, 02625 Bautzen ✆ (03591) 424 03, geöffnet: April–Okt. 10–12.30, 13–17 Uhr Nov.–März 10–12.30, 13–16 Uhr

Stadtmuseum (Regionalmuseum der sächsischen Oberlausitz, Regional- und Stadtgeschichte, Gemäldesammlung, Graphisches Kabinett, Sonderausstellungen), Kornmarkt 1, 02625 Bautzen ✆ (03591) 4 98 50, geöffnet: Mi–So 10–17 Uhr

**Kleinwelka**
Saurierpark–Urzoo Kleinwelka (Gemeinde-Eigenbetrieb),OT Kleinseidau 11, 02627 Kleinwelka ✆ (035935) 3036, geöffnet: ganzjährig 9–17 Uhr, Sommerzeit 8–18 Uhr, Dez–Jan. 9–15 Uhr

Irrgarten, ✆ (035935) 2 05 75, geöffnet: 15. März–30. April 9–17 Uhr, 1. Mai–31. Okt. 9–18 Uhr, 1. Nov.–14. März. auf Anfrage

*Museen entlang des Schwarzen und Weißen Schöps*

**Niesky** Museum (Geschichte Nieskys und Umgebung) Zinsendorfplatz 8, 02906 Niesky ✆ (03588) 2 56 00, geöffnet: Mo–Fr 9–17 Uhr, So 14–17 Uhr

*Museen an der Kleinen Spree und den »Lausitzer Seen«*

**Großkoschen** Museumshof (Senftenberger Vierseithof, bäuerliche Wirtschaftsformen um die Jahrhundertwende), Dorfplatz 13, 01968 Großkoschen ✆ (03573) 8 14 58, geöffnet: Mai–Okt. Di–Fr 10–15.30 Uhr Sa/So 13–17 Uhr Führungen sind nach telefonischer Anmeldung auch außerhalb dieser Zeiten möglich.

**Hoyerswerda** Stadtmuseum (Ausstellung zur Stadtgeschichte), Schlossplatz 1, 02977 Hoyerswerda ✆ (03571) 45 64 90, geöffnet: April–Sept. Di–So 10–17 Uhr, Mo geschlossen, Okt.–März Di–Fr 10–12, 13–16, Sa/So 10–12, 13–17 Uhr

**Knappenrode** Lausitzer Grubenbahn (Museumsbahn im ehemaligen Braunkohlenbergbau), Ernst-Thälmann-Str. 8, 02979 Knappenrode, ✆ (03571) 67 26 64

**Milkel** Schloss (Das Schloss ist geschlossen und kann nur von außen besichtigt werden, ebenso der Schlossgarten)

**Senftenberg** Festungsanlage mit Kreismuseum im Schloss und Galerie am Schloss, 01968 Senftenberg, ✆ (03573) 26 28, geöffnet Mai–Sept. Di–Fr

10–17 Uhr, Sa/So 14–18 Uhr; Okt.–April Di–Fr 10–16 Uhr, Sa/So 13–17 Uhr

*Museen in Spremberg*

**Spremberg** Niederlausitzer Heidemuseum Gartenstr. 9, ✆ (03563) 25 50, geöffnet: Di–Fr 9–12, 13–17 Uhr, So 14–17 Uhr

*Museen in Cottbus und Peitz*

**Cottbus**
Brandenburgische Kunstsammlungen Cottbus (zeitgenössische Kunst mit den Gebieten Gemälde, Plastik, Zeichnung, Grafik, Fotografie, Plakat u. a. insbesondere von ostdeutscher Künstlern, Sammlung von Künstlerbüchern/Buchobjekten sowie Faltrollos, Sonderausstellungen), Spremberger Str. 1, 03046 Cottbus ✆ (0355) 2 20 42, geöffnet: Di–So 10–18 Uhr

Fürst-Pückler-Museum (Schlossräume mit z. T. originaler Ausstattung nach Umgestaltung ab 1850 mit biograghischer Präsentation Hermann Fürst von Pückler-Muskaus, Sammlung von Gemälden, Ölstudien, Skizzen und Zeichnungen des Malers Karl Blechen (nach Ende der Rekonstruktion 1998); im Marstall wechselnde Ausstellungen verschiedener Genres) Schloss Branitz, 03042 Cottbus/Branitz ✆ (0355) 7 51 50, geöffnet: April–Okt. Mo–So 10–18 Uhr, Nov.–März Di–So 10–17 Uhr, Marstall Di–So 10–12.30 und 13–18 Uhr, Nov.–März 10–12.30 und 13–17 Uhr, Einlassschluss jeweils eine halbe Stunde früher.

Museum der Natur und Umwelt (Sammlung von Fossilien, Mineralien und Gesteinen, Wissenswertes zu Entstehung und Abbau der Braunkohle in der Niederlausitz, Ausstellung zu Flora und Fauna der Niederlausitz sowie zu Problemen des Natur- und Umweltschutzes, Am Amtsteich 17/18, 03046 Cottbus ✆ (0355) 797935, geöffnet: Di–Fr 8.30–17 Uhr, Sa, So, Fei 14–17 Uhr, Mo geschlossen.

Niederlausitzer Apothekenmuseum (pharmazie-historische Sammlung, vollständig eingerichtete Offizinen, Kräuterkammer, Giftkammer, Galenisches Labor, Untersuchungslabor, Arzneikeller), Altmarkt 24, 03046 Cottbus ✆ (0355) 2 39 97, Besichtigung nur mit Führung möglich oder nach Vereinbarung, Führungzeiten in der Regel: Di–Fr 11 und 14 Uhr, Sa/So 14 und 15 Uhr

Stadtmuseum (Geschichte der Stadt und Umgebung mit Sammlungen zur Cottbuser Teppichindustrie und Lausitzer Glas- und Keramikherstellung, wechselnde Sonderausstellungen) Bahnhofstr. 52, 03046 Cottbus ✆ (0355) 70 10 73, geöffnet: Di–Fr 8.30–17 Uhr, Sa/So 14–18 Uhr

Spreewehrmühle (technisches Denkmal, Handwerksutensilien

und Bilddokumentationen zur Geschichte der Mühle und zum Mühlen- und Müllerhandwerk), Am großen Spreewehr, ✆ (0355) 70 00 03, geöffnet: 1. Mai–15. Okt. Mi und Fr 10–18 Uhr, Sa/So 14–18 Uhr

Wendisches Museum (Ausstellungen und Sammlungen zu Lebensweise und Volkskunst sowie zur Entwicklung von Literatur, Musik, Bräuchen und Trachten der Niederlausitzer Sorben/Wenden), Mühlenstr. 12, 03046 Cottbus ✆ (0355) 79 49 30, Fax: (0355) 70 12 75, geöffnet: Di–Fr 8.30–17 Uhr, Sa/So/Fei 14–18 Uhr

**Peitz** Hüttenmuseum (Ausstellung im ehemaligen Hochofengebäude zur Geschichte des Werkes und über die Technologie der Verhüttung und Gießerei), Am Hüttenwerk 1, 03185 Peitz ✆ (035601) 2 25 96, geöffnet: April–Okt. Sa/So 11–18 Uhr, Gruppenführungen sind nach Vereinbarung immer möglich.

*Museen im Oberspreewald*

**Burg** Spreewaldböttcherei und Museum Fritz Graap (Böttcherhandwerk vom Holzeimer bis zum Holzspielzeug, mit Verkaufsausstellung), Kirchweg 19, ✆ (035603) 5 34, es gibt keine festen Öffnungszeiten

**Dissen** Heimatmuseum (Ortsgeschichte, sorbische Trachten und Festtagsstickerei, Weißstickerei, Blaudruck), Hauptstr. 32, 03096 Dissen, ✆ (035606) 2 56, geöffnet: Di–Do 9–12, 13–16 Uhr; Ostern–Okt. auch Sa/So 14–17 Uhr

**Lehde**
Freilichtmuseum (typische Spreewaldgehöfte mit historischer Einrichtung, naturkundliche Ausstellung, Kräuter- und Bauerngarten, Kahnbauwerkstatt), ✆ (03542) 26 82 geöffnet: tägl. 10–18 Uhr außer 16. Sept.–31. Okt. 10–17 Uhr

Quappenschänke (historisches Bauernhaus, Spintestube), ✆ (03542) 89 99 60, Museumsbesuch mit Gurkenverkostung, geöffnet: täglich 10–18 Uhr, Besichtigung auch außerhalb dieser Zeiten nach telefonischer Anfrage möglich.

**Lübbenau** Spreewaldmuseum (Geschichte des Spreewaldes, Kunstausstellungen, Verkehrsgeschichte/alte Schmalspurbahn), im Schlossbezirk, ✆ (03542) 24 72, geöffnet: 1. April–15. Sept. Di–So 10–18 Uhr, 16. Sept.–31.Okt. 10–17 Uhr März Sa/So 14-17 Uhr

*Museen in der Region Luckau/ Calau*

**Calau** Heimatmuseum (Sammlung zur Ur- und Frühgeschichte, zum Schumacherhandwerk, landwirtschaftliche Geräte u. ä.), Kirchstr. 33, 03205 Calau, ✆ (03541) 80 10 49 und 29 73, geöffnet: Juni–Aug. Di und Do 9–12 Uhr, sonst nach Vereinb.

**Lebusa** Mühlenmuseum (Historische Bockwindmühle), ✆ (035364) 2 28, Führungen nach Vereinbarung.

**Langengrassau** Höllberghof (historischer Bauernhof), ✆ (035454) 74 05, sommers 7–15.45, winters 9–15 Uhr, Veranstaltungen an ausgewählten Wochenenden und in den Sommermonaten

**Luckau** Heimatmuseum (Geschichte der Stadt und Umgebung), Lange Str. 71, ✆ (03544) 22 93, geöffnet: Di 9–12, 14–18 Uhr, Mi–Fr 9–12 Uhr, 14–16 Uhr, So 11–16 Uhr

*Museen im Unterspreewald*

**Lübben** Schlossturm (ehemaliger Huldigungssaal der Stände der Niederlausitz), Ernst-von-Houwald-Damm 14, 15907 Lübben ✆ (03546) 18 26 61, geöffnet: Di–So 10–17 Uhr

**Schlepzig** Agrarhistorisches Museum (historischer Bauernhof mit Ausstellung zur Landwirtschaft und Lebensweise der Spreewaldbauern), Dorfstr. 26, 15910 Schlepzig, (035472) 2 25, geöffnet: April–Okt. Di–Fr 9–16, Sa–So 10–16 Uhr, sonst nach Voranmeldung.

*Museen entlang der Dahme*

**Dahme** Heimatmuseum (Ausstellung zur Geschichte der Region und zum Handwerk des Blaudrucks, historische Trachten), Töpferstr. 16, 15936 Dahme ✆ (035451) 4 93, geöffnet: Mo–Do 9–12, 13–16 Uhr, Di auch bis 18 Uhr (Mai–Okt.) So 14–17

**Falkenberg** Bockwindmühle, Anmeldung über Herrn Pohl, ✆ (035454) 5 70

**Sagritz** Kanow-Mühle (Historische Wassermühle), ✆ (035452) 5 07, geöffnet: Sa/So 9–17 Uhr

*Museen entlang der Dahme-Wasserstraße*

**Königs Wusterhausen** Sender- und Funktechnikmuseum (Ausstellung: »Königs Wusterhausen – Wiege des Rundfunks in Deutschland«), Funkerberg Senderhaus 1, 15711 Königs Wusterhausen, ✆ (03375) 29 47 55, geöffnet: Di, Do 9–15.30 Uhr, Sa/So 13–17 Uhr, Führungen auch außerhalb der Öffnungszeiten nach telefonischer Vereinbarung möglich.

**Prieros** Heimathaus (heimatgeschichtliche Ausstellung, naturkundlicher Spreewald-Lehrpfad), Dorfaue 1, ✆ (033768) 5 02 01, geöffnet: Mai–Okt. Di–Fr 11–16, Sa/So 13–17 Uhr

*Museen im Beeskower Land*

**Beeskow** Burg Beeskow Kultur- und Bildungszentrum des Landkreises Oder-Spree (Ausstellungen zur Burg- und Stadtgeschichte, Ausstellung zur DDR-Kunst), Frankfurter Str. 23, ✆ (03366) 2 05 79 oder 2 41 86, geöffnet: Di–So 11–17, 1. Okt–30. April 11–16 Uhr

**Trebatsch** Leichhardtausstellung (Ausstellung zu Leben und Werk des Australienforschers), Altes Schulhaus, Anmeldung über Gemeindeamt Trebatsch, ✆ (033674) 3 14

**Goyatz** Regionalmuseum, Am Bahnhof 27, 15913 Goyatz, Anmeldung über Gemeindeamt ✆ (035478) 4 33, geöffnet: Juni–Aug. Mi, Fr 14–16 Uhr, Sa/So 14.30–17.30 Uhr Sept. Sa/So 14–17, sonst nach Vereinbarung.

*Museen entlang des Oder-Spree-Kanals*

**Berkenbrück** Gedenkstätte Hans Fallada (Austellung zu Leben und Werk des Schriftstellers), Ortsteil Roter Krug, ✆ (033634) 2 81, geöffnet: Mo–Fr 8–16 Uhr, Sa/So nach Vereinbarung

**Fürstenwalde** Stadt- und Kreismuseum (Geschichte Fürstenwaldes und Umgebung und Ausstellungen zur Geologie; besitzt außerdem Fachbiliothek zur Heimatgeschichte), Domstr. 1, geöffnet: Di–Fr, So 9–12 Uhr, 13–16, Sa 13–17, Mo geschlossen

**Müllrose** Heimatmuseum (heimatkundliche Ausstellung über das Schlaubetal; organisiert auch Stadtführungen und Wanderungen im Schlaubetal), Kietz 5, 15299 Müllrose ✆ (033606) 6 67, geöffnet: ganzjährig Di, 9–12, 14–17 Uhr, Mi 9–12, 14–16 Uhr, Do, 9–12, 14–17 Uhr, Fr 9–12 Uhr, Sa 9–12 Uhr, So 10–12, 14–16 Uhr, Mo geschlossen

*Museen zwischen Müggelsee und Stralau*

**Berlin-Friedrichhagen** Brauereimuseum »Berliner Bürgerbräu« (Ausstellung zur Bierbraukunst im historischen Sudhaus) Müggelseedamm 164, 12587 Berlin ✆ (030) 2 49 19 31 geöffnet: nur nach Vereinbarung, Absprache über Herrn Schmidt

Museum des Wasserwerkes (technisches Denkmal mit Ausstellung im ehemaligen Schöpfhaus), Müggelseedamm 307, 12587 Berlin ✆ (030) 86 44 76 95, geöffnet: 1. April–30. Oktober Mi–Fr 10–16 Uhr, Sa, So, Fei 10–17 Uhr 1. Nov.–30. März Mi–So 10–15 Uhr

**Berlin-Grünau** Wassersportmuseum (u. a. Ausstellung zu den Olympischen Spielen von 1936), Regattastr. 141, 12527 Berlin ✆ (030) 67 440 02, geöffnet: Di/Mi 9–12, 14–16.30 Uhr, Sa 14–16.30 Uhr

**Berlin-Köpenick** Kunstgewerbemuseum (Kunsthandwerk, Ausstellung zu europäischem Kunsthandwerk, Haldenstein-Zimmer, Großes Berliner Silberbuffet), im Schloss Köpenick, 12557 Berlin ✆ (030) 6 55 73 61, geöffnet: Di–So 10–17 Uhr

**Erkner** Gerhard-Hauptmann-Museum (Gedenkstätte und biographisch-kulturhistorisches Museum zu Leben und Werk des Dichters mit Archiv), Gerhard-Hauptmann-Str. 1–2, 15537 Erkner, ✆ (03362) 36 63, geöffnet: Di–So 11–17 Uhr, Mo geschl.
jährlich im November finden die »Gerhard-Hauptmann-Tage« statt.

*Museen in »Spreeathen«*

**Berlin-Mitte**

Alte Nationalgalerie (Gemälde, Plastiken des 18./20. Jahrhunderts), Museumsinsel, Bodestr. 1–3, 10178 Berlin, ✆ (030) 20 90 50, geöffnet: Di–So 9–17 Uhr

Altes Museum (Malerei, Graphik und Plastik des 20. Jahrhunderts, Kunststichkabinett), Museumsinsel, Bodestr. 1–3, 10178 Berlin, ✆ (030) 20 90 50, geöffnet: Di–So 9–17 Uhr

Bodemuseum (Antikensammlung, Frühchristlich-byzantinische Sammlung u. a.), Museumsinsel Bodestr. 1–3, 10178 Berlin, ✆ (030) 20 90 50, geöffnet: Di–So 9–17 Uhr

Ephraimpalais (wechselnde Ausstellung im barocken Gebäude), Poststr. 16, 10178 Berlin, ✆ (030) 24 00 20, geöffnet: Di–So 10–18 Uhr

Deutsches Historisches Museum (Zeughaus, Ausstellung zur Deutschen Geschichte), Unter den Linden 2, 10117 Berlin ✆ (030) 21 50 20, geöffnet: Do–Di 10–18 Uhr, Mi geschlossen

Hugenottenmuseum (Hugenotten in Frankreich und in Berlin), Gendarmenmarkt 5, im Französischen Dom, 10117 Berlin ✆ (030) 22 917 60, Museum und Französischer Dom geöffnet: Di–Sa 12–17, So 11–17 Uhr, Mo geschlossen

Märkisches Museum (Geschichte Berlins und Brandenburgs), Am Köllnischen Park 5, 10179 Berlin ✆ (030) 30 86 60, geöffnet: Di–So 10–18 Uhr

Neue Synagoge (Ausstellung zum Leben der Juden in Berlin), Oranienburger Str. 28–30, ✆ (030) 28 40 13 16, geöffnet: So–Do 10–18, Fr 10–14 Uhr

Pergamonmuseum (Islamisches Museum, Antikensammlung, Vorderasiatisches Museum, u. a.), Museumsinsel Bodestr. 1–3, ✆ (030) 20 90 50, geöffnet: Di–So 9–17 Uhr

*Museen entlang des Landwehrkanals*

Kunstgewerbemuseum (europäisches Kunsthandwerk), Matthäikirchplatz, ✆ (030) 2 66 29 02, geöffnet: Di–Fr 9–17, Sa/So 10–17 Uhr

Kunstbibliothek Matthäikirchplatz 6, 10785 Berlin ✆ (030) 2 66 20 53, geöffnet: Mo 14–20, Di–Fr 9–20 Uhr Studiensaal: Mo 14–20 Uhr, Di–Fr 9–16 Uhr

Martin-Gropius-Bau (wechselnde Kunst- und zeitgeschichtliche Ausstellungen, Berlinische Galerie), Stresemannstr. 110, 10963 Berlin ✆ (030) 25 48 60, geöffnet: Mo–So 10–20 Uhr, Do 10–22 Uhr

Museum für Verkehr und Technik (Technikmuseum mit Außenanlagen), Trebbiner Str. 9, 10963 Berlin, ✆ (030) 25 48 40, geöffnet: Di–Fr 9–17.30, Sa/So 10–18 Uhr

Musikinstrumenten-Museum (Sammlung von Musikinstru-

menten aus aller Welt),
Tiergartenstr. 1, 10785 Berlin
✆ (030) 25 48 10, geöffnet:
Di–Fr 9–17, Sa/So 10–17 Uhr
Mo geschlossen

Neue Nationalgalerie (Gemäldesammlung des ausgehenden 19. und 20. Jahrhunderts),
Potsdamer Str. 50, 10785 Berlin
✆ (030) 26 626 62, geöffnet:
Di–Fr 9–17, Sa/So 10–17 Uhr
Mo geschlossen

*Museen zwischen Charlottenburg und Spandau*

**Berlin-Charlottenburg**
Ägyptisches Museum (Sammlung zur altägyptischen Kultur, Papyrussammlung), Schlossstr. 70,
14059 Berlin ✆ (030) 320 912 67,
geöffnet: Di–Fr 9–17,
Sa/So 10–17 Uhr
Mo geschlossen

Sammlung Berggruen (Ausstellung: »Picasso und seine Zeit«),
Schlosstr. 1, 14059 Berlin
✆ (030) 32 695 80, geöffnet:
Di–Do 9–17, Sa/So 10–17 Uhr

Schloss Charlottenburg (Porzellansammlung, Museum für Vor- und Frühgeschichte, Galerie der Romantik u. a.),
Luisenplatz 1, 14059 Berlin,
✆ (030) 320911
Museum für Vor- und Frühgeschichte ✆ (030) 320 912 39
Galerie der Romantik
✆ (030) 320 912 02,
geöffnet: Di–Fr 9–17,
Sa/So 10–17 Uhr

**Berlin-Spandau** Spandauer Zitadelle (Ausstellung zur Siedlungsgeschichte Spandaus und zur Festung),
Am Juliusturm 1, 13599 Berlin
✆ (030) 33 912 12, geöffnet:
Di–Fr 9–17, Sa/So 10–17 Uhr

## Radfahren

Das Spreeland eignet sich durch die größtenteils flache, selten hügelige Landschaft.bestens für ausgedehnte Radwanderungen. Allerdings ist ein eigens angelegtes Radwegenetz parallel zu den Hauptstraßen noch relativ selten. Radwanderer sollten deshalb lieber auf Feld- oder Waldwege ausweichen, die teilweise auch als Radwege gekennzeichnet sind.

Im Aufbau befindet sich derzeit der »Spree-Radfernwanderweg«, der nach seiner Fertigstellung vom Spreequellgebiet des Kottmars bis nach Erkner am Stadtrand von Berlin reichen wird. Er wird eine Gesamtlänge von 360 km umfassen und in Erkner in den Europaradweg R 1 münden. Der schon fertiggestellte »Dahme-Spreewald Rad- und Wanderweg« besitzt eine Länge von 122 km und führt von Königs Wusterhausen über Märkisch Buchholz, Lübben, Lübbenau und Burg nach Cottbus.

## Übernachtungen

Die Palette der Unterkunftsangebote reicht vom mondänen Luxushotel in Berlin bis zu soliden Privatunterkünften auf Bauernhöfen. Den Schwerpunkt im Spreeland

bilden jedoch Landhotels, Pensionen und Gasthöfe. Aber auch abseits größerer Städte finden sich zahlreiche gute Hotels der gehobenen Preisklasse: u. a.
»Schlosshotel Teupitz«,
Hotel »Residenz Motzen«,
»Zum Grünen Strand
der Spree« Schlepzig,
»Sporting-Club-Hotel«
Bad Saarow

### Wandern

Eine große Anzahl gut markierter Wanderwege erschließen die Reize der Spreelandschaft. Umfassende Auskünfte erteilen die regionalen Fremdenverkehrsämter und -vereine, die auch zahlreiche Informationsblätter zur Verfügung stellen.

56 detaillierte Wanderwegebeschreibungen für die Urlaubsregion Spreewald können über den Heimat-Verlag Lübben, Bahnhofstr. 38, 15907 Lübben bestellt werden ✆ (03546) 24 83.

### Wassersport

Die Spree, z. T. auch ihre Neben- und Seitenarme sowie die Seen ihres Einzugsgebietes sind ein ideales Wassersportgebiet. Bootsausleihen an fast allen Seen bieten Gelegenheiten für Kahn- und Tretbootfahrten. Zum Segeln und Surfen eignen sich besonders die größeren Gewässer wie der Senftenberger See, der Knappensee, die Talsperre Spremberg, der Schwielochsee, der Wolziger See, der Teupitzer See und der Scharmützelsee. Durch die vielen Flusswindungen und Nebenarme ist die Spree ein Eldorado für alle Freunde des Paddelsportes – das gilt ganz besonders für den Unter- und Oberspreewald, die Spree im Beeskower und Storkower Land, aber auch für Nebenflüsse wie die Dahme.

Ambitionierte Wasserwanderer können im Spreewald das »Spreewaldabzeichen« erwerben. Dafür müssen sie im Zeitraum vom 1. April bis 31. Oktober eines Kalenderjahres 4 Routen zwischen Cottbus und Schlepzig (Unterspreewald) befahren. Wenigstens 10 der insgesamt 12 Kontrollpunkte sind zwischen den genannten Orten anzusteuern, wo die ausgehändigten Kontrollkarten gelocht werden. Nach Zusendung der Kontrollkarte erhält der Wasserwanderer das Spreewaldabzeichen in Form eines Bootsaufklebers und einer Urkunde. Seit 1995 haben bereits mehr als 400 Sportfreunde die Bedingungen für das Spreewaldabzeichen erfüllt. Auskunft zu den Teilnahmebedingungen erteilt:

ESV Lok RAW Cottbus,
Abteilung Kanu, Rolf Sturtz
Neustädter Str. 3, 03046 Cottbus
✆ (0355) 79 62 30

Empfehlenswert ist die aktuelle Wasserwanderkarte »Wasserwandern im Oberspreewald« 1:25000, erschienen im Euro-Verlag Cottbus (DM 6,95). Zu beziehen ist die Karte über den Buchhandel, den Verleihstationen für Paddelboote sowie ausgewählte Fremdenverkehrsämter.